荆楚文庫

〔成化〕重刊公安縣志

〔明〕魏奇 修 〔明〕梁善 纂

〔康熙〕楚荆公安縣志畧

〔清〕孫錫蕃 纂修

〔康熙〕公安縣志書

〔清〕孫錫蕃 纂

荆楚文庫編纂出版委員會
崇文書局

荆楚文庫

〔成化〕重刊公安縣志
CHENGHUA CHONGKAN GONGANXIAN ZHI

〔康熙〕楚荆公安縣志畧
KANGXI CHUJING GONGANXIAN ZHILÜE

〔康熙〕公安縣志書
KANGXI GONGANXIAN ZHISHU

圖書在版編目（CIP）數據

〔成化〕重刊公安縣志 /〔明〕魏奇修；〔明〕梁善纂．
〔康熙〕楚荆公安縣志畧 /〔清〕孫錫蕃纂修．
〔康熙〕公安縣志書 /〔清〕孫錫蕃纂．— 武漢：崇文書局，2021.11
（荆楚文庫．方志編）

ISBN 978-7-5403-6450-2

Ⅰ．①成… ②康… ③康… Ⅱ．①魏… ②孫… ③梁…
Ⅲ．①公安縣－地方志－明清時代 Ⅳ．①K296.34

中國版本圖書館 CIP 數據核字（2021）第 180404 號

責任編輯：吕慧英　薛緒勒
整體設計：范漢成　曾顯惠　思　蒙
責任校對：董　穎
責任印製：田偉根
出版發行：崇文書局有限公司（中國·武漢）
地址：武漢市雄楚大道 268 號 C 座
電話：(027) 87680797　郵政編碼：430070
録排：武漢偉創偉業廣告有限公司
印刷：湖北新華印務有限公司
開本：787mm×1092mm　1/16
印張：22
版次：2021 年 11 月第 1 版　2021 年 11 月第 1 次印刷
定價：110.00 元

ISBN 978-7-5403-6450-2

出版説明

湖北乃九省通衢，北學南學交會融通之地，文明昌盛，歷代文獻豐厚。守望傳統，編纂荆楚文獻，湖北淵源有自。清同治年間設立官書局，以整理鄉邦文獻爲旨趣。光緒年間張之洞督鄂後，以崇文書局推進典籍集成，湖北鄉賢身體力行之，編纂《湖北文徵》，集元明清三代湖北先哲遺作，收兩千七百餘作者文八千餘篇，洋洋六百萬言。盧氏兄弟輯録湖北先賢之作而成《湖北先正遺書》。至當代，武漢多所大學、圖書館在鄉邦典籍整理方面亦多所用力。爲傳承和弘揚優秀傳統文化，湖北省委、省政府決定編纂大型歷史文獻叢書《荆楚文庫》。

《荆楚文庫》以『搶救、保護、整理、出版』湖北文獻爲宗旨，分三編集藏。

甲、文獻編。收録歷代鄂籍人士著述，長期寓居湖北人士著述，省外人士探究湖北著述。包括傳世文獻、出土文獻和民間文獻。

乙、方志編。收録歷代省志、府縣志等。

丙、研究編。收録今人研究評述荆楚人物、史地、風物的學術著作和工具書及圖册。

文獻編、方志編録籍以一九四九年爲下限。

研究編簡體横排，文獻編繁體横排，方志編影印或點校出版。

《荆楚文庫》編纂出版委員會

二〇一五年十一月

總目録

荆楚文庫

〔成化〕重刊公安縣志

〔明〕魏奇 修
〔明〕梁善 纂

《荆楚文庫·方志編》編纂組

組　長：劉偉成　陽海清（執行）

副組長：劉傑民（執行）　王　濤　謝春枝　郝　敏　嚴繼東

范志毅（執行）

參編人員（以姓氏筆畫爲序）：

王　濤　李云超　宋澤宇　范志毅　郝　敏　柳　巍　馬盛南

陳建勛　夏漢群　梅　琳　陽海清　彭余焕　彭筱瀓　楊愛華

雷　静　劉偉成　劉傑民　劉水清　謝春枝　戴　波　嚴繼東

編　審：周　榮

顧　問：沈乃文　李國慶　吳　格

前言

《（成化）重刊公安縣志》二卷，明魏奇修，明梁善纂，明成化十六年（一四八〇）修，嘉靖二十三年（一五四四）鄒廷濟刻本。

該志卷端下題『儒學教諭梁善纂修，公安知縣魏奇校刻，邑人鄒廷濟重刊』。《中國地方志聯合目録》《中國古籍總目》著録爲『明魏奇修，梁善纂，明成化十六年修，嘉靖二十二年鄒廷濟刻本』。《中國地方志總目提要》著録爲『明魏奇修，梁善纂，鄒廷濟增補，成化十六年修，嘉靖二十二年增刻本』。考察全志確由邑人鄒廷濟增補部分内容後重梓，稱增刻本恐不能明其重刊之義，此次著録依《聯合目録》《古籍總目》著録爲鄒廷濟刻本。

魏奇，安徽宣城人，舉人，成化十四年（一四七八）任公安縣知縣。梁善，江西臨川人，成化辛卯（一四七一）舉人，官公安縣教諭。鄒廷濟，太學生。

《稀見地方志提要》載：『公安爲荆州府屬邑，去府城六十里，本漢武陵郡之孱陵縣地。漢建安中以劉備爲左將軍領荆州牧，立營于油河口，號爲左公，因名公安。晋置江安縣，劉宋爲南平郡治所，復改爲公安，陳置荆門治於此，隋以孱陵縣省入，唐仍其舊。宋升爲公安軍，尋復爲縣，端平三年孟珙任荆湖制帥，遂遷縣治於油河口之東南，元仍舊，明因之，編户三十五里。』

是志前録有永樂十年（一四一二）鮑綸序、正統元年（一四三六）房齡序、成化庚子（一四八〇）梁善序、嘉靖癸卯（一五四三）蔡玘（《明代刊工姓名全録》記）序（缺首葉A面），後有『後語』（僅存半葉）。從其前四後一之序文梳理，鮑綸上任後見志書抄寫舛訛者多，遂與佐尹黄彬、判簿朱勝清、掌教唐善興、司訓劉常重編刊梓。时隔二十餘年房齡又加纂輯，其序稱『重刊舊志』。成化戊戌（一四七八）薛先生提督學校，慮邑志多所殘缺，乃敦請學官儒士重加修纂，郡守范侯限時分修，延梁善等舉修，初成於成化庚子（一四八〇）。梁善序言稱：『前憲副莆陽嚴先生命修之稿遺失不存，舊志雖存，多泛而不切、混而無別……乃與同寅唐德潤、劉尚禮旁搜博採，條分類析，可增者增之，可損者損之。』後嘉靖癸卯四月八日鄒廷濟重梓，至甲辰（一五四四）五月之望成，其記『敘之詳者憲部正郎德清蔡先生也，與議者則有沂州王君宗續、餘姚陳君寶、海寧查君秉直、蔚州王君淳……贊之者則有文君相、劉君珠、毛君文炳，同邑人也。校正者督府參軍兄澤也。」志末小字鐫『金陵吴萬成鋟刻鄒長泰謄寫』。目録葉鈐有『稽瑞樓』印，版心下刻『莊簡鄒氏家藏舊本』。

是志分上下二卷。卷首除序文列縣境圖；卷上列建置沿革、疆域、里至、山川、坊街、關鎮、鄉村、土産、貢賦、户口、均徭、風俗、形勢、學校、廨舍、城池、壇壝、倉場、鋪舍、寺觀、祠廟、橋梁、津渡、井泉、堤堰、景物、古蹟、丘墓、宦蹟、人物、恩蔭、孝子、節婦、王親、仙釋；卷下列題詠、文翰、記傳、制誥、公移。重刻本主體『悉因房氏梁氏之舊』，僅於貢賦等門之後酌情添加後事。『宦蹟』『人物』『恩蔭』『文翰』增續較多，『貢賦』『户口』『寺觀』『橋梁』『津渡』『井泉』『丘墓』『節婦』『記傳』『制誥』所續内容有限，多爲一兩條。志末之『公移』僅爲兩條，一爲正德，一爲嘉靖，則此類當爲鄒廷濟所加，於體例有增。

此志僅羅列小類，名目稍顯冗雜，各類下内容也有些單薄。其成書於明中期，未列『星野』，却屬難得。其類有應合而分者，若景物、古蹟、人物諸項者。

此志僅國圖藏有刻本之膠捲，上海圖書館、湖北省圖書館藏有抄本，缺葉缺字與刻本同。湖北省圖抄本抄寫精美，内容、行款一依刻本。鳳凰出版社《善本方志集·中國地方志集成》曾影印抄本。兹據國圖刻本之膠捲影印。（宋澤宇）

目録

公安縣志舊序

永樂十年秋八月予奉
上命任斯邑縣令至日沐浴齋戒祀神謝
恩理事越三日五鼓既作徧謁諸廟拜
先師孔子升堂考課畢進諸生詢之一邑古今人物
事蹟忽一生手持藁帖來陳於予予展而視之乃
公安志書也其間抄寫舛訛者多遂與佐尹黃公
彬判簿朱公勝清掌教唐公善與司訓劉公常及
邑庠諸生相與較論編爲次序付生員王壽勝錄
令匠氏刋梓以貽後人若好古博雅之士與吾同
志者請勿其隱共附說焉是歲壬辰十月既望承
仕郎公安縣知縣金斗古舒鮑綸謹志

重刋公安縣舊志序

粤自禹貢分別九州而荊州居其一公安則爲其屬邑東連石首西接江陵南距澧陽北控潛江其山川之形勝如此至若蜀先主之屯營南齊庾黔婁之政績吳呂蒙之廟宋寇萊公之竹其人物之雄偉又如此然而圖志不作將遂湮微而後世莫之知矣孰謂地靈人傑有不資於紀述而後傳哉予不敏承乏是邦故於是書嘗自公暇輒加纂輯凡其建置沿革疆域廣袤里至遠近風俗政治與夫花木鳥獸之類靡不具載若夫戶口錢穀之富庶學校賢材之樂育郵傳之遞往來壇遺之奉祭祀廨舍之安居橋梁之架濟寺觀祠廟于以紀興廢之由科目仕宦于以知人物之盛陂塘以之而灌溉津渡因之而涉險文辭以備參考吟咏以陶性情事無巨細綱舉目張俾後之視今亦猶今之視昔則斯志之作庶乎見聞之一助云爾

正統元年歲次丙辰八月朔旦荊州府公安縣儒學教諭盱江房齡書

華簡勳氏家藏舊本

重刊公安舊志序

成化戊戌冬

湖廣憲副會稽薛先生由監察御史奉
璽書來提督學校不二年士習丕變婚冠有禮淫祀以革射儀以熟德之感人其易如此而又慮及郡邑志書多所殘缺乃行移有司敦請學官儒士重加修纂郡守豐城范侯奉行惟謹即限以日月分修于州邑而大尹魏君公輔暨寮宷馮君廷貴柴君崇實李君廷珎向君自警亦遵承不怠禮延善等以司是舉竊惟郡邑之志即郡邑之史史貴於信故凡山川之源委風俗之美惡

學校之興廢人物之臧否宦蹟之長短文墨之純駁必公於去取明於凡例然後可以傳世不然則是非顛倒綱目錯雜寧不幾晉陳壽予魏以天子而待漢以列國耶公安爲荆州上邑山川文物莫之或先志書載之詳矣柰何
前憲副莆陽嚴先生命修之藁遺失不存舊志雖存多泛而不切混而無別侯公羽士之流也而歸諸人物風俗未爲不美也而目諸勁悍二聖洲江北新生之洲以江寺基當之萊公竹枯竹掛紙感生之筍以時俗傳誦之説雜之他如土產不分門類宦蹟不著長短文墨又無考據之實即是而觀殆非所謂可信之史孰不以譏壽者譏之善不敏深慮修之不信譏之復作乃與同寅唐德潤劉尚禮旁搜博採條分類析可增者增之可損者損之別侯公於仙釋驗風俗於前人更新說於二聖洲遵鑑説於萊公竹至若土產宦蹟文墨之類則悉考究其實而序次之庶幾一展卷之間而百里之江山古今之人物舉在目前其於一邑之風化又或可以小補云爾雖然管窺蠡測多見其不知量尚賴我神明太守重加筆削而獻諸
憲副先生先生必有至當歸一之論善當拭目以俟

成化庚子春鄉貢進士荆州府公安縣儒學教諭臨川梁善謹書

該帝績綱絡極變態之詳述叙示勸鑒之義王國既有内史而列侯各備記載雖大小異體而取意同揆所以通適治道貽來事之準也典墳丘索其來云久即成周王侯所傳政事瞭然在人迨夫侯國更為郡縣則列國之史亡成周之意遠矣夫今之

縣等古侯國而文獻不具將何以徵輶軒之使病於採掇壅於上聞則太史氏亦奚從而次其闕失耶

國家方會昌符獨隆文化寓内晏謐經制漸弘薦紳先生各欲明道德之廣崇跡古今之同異爰寓筆削譔為典章繇是列國之史稍稍出焉顧公安者江漢上游荊州要區也吴蜀遺壘至今尚存雲夢沃野以勤惰係其盈耗由

聖治緝熙而兵農政舉吏道蒸蒸境内無虞君予樂觀其盛王誠齋之文學曹士美行誼張仲宜之敢言鄒莊簡之勛歷卓

亡達可風後人乃使載籍中荒梓事未
爲名邑之茂典彰
昭代之懿休竟誰託哉太學生鄒君名廷
濟莊簡之子襲其家風銳情竹素久矣既
乃觀光上都彌尚風誼凡莊簡經國之書
已悉讐校傳之士林遂及縣志欲申定之

此其垂述之雄心彬彬之盛致也可附莊
簡以施于後世矣鄒子承歷憲部而余叨
長屬司聞來質余欲將葺本稍飾藻采余
以志緣一邑取于詳核若剽遷固之辭無
况內之實正作史者之陋也質樸少文
何害乃悉因房氏梁氏之舊云

皇明嘉靖癸卯五月端陽日

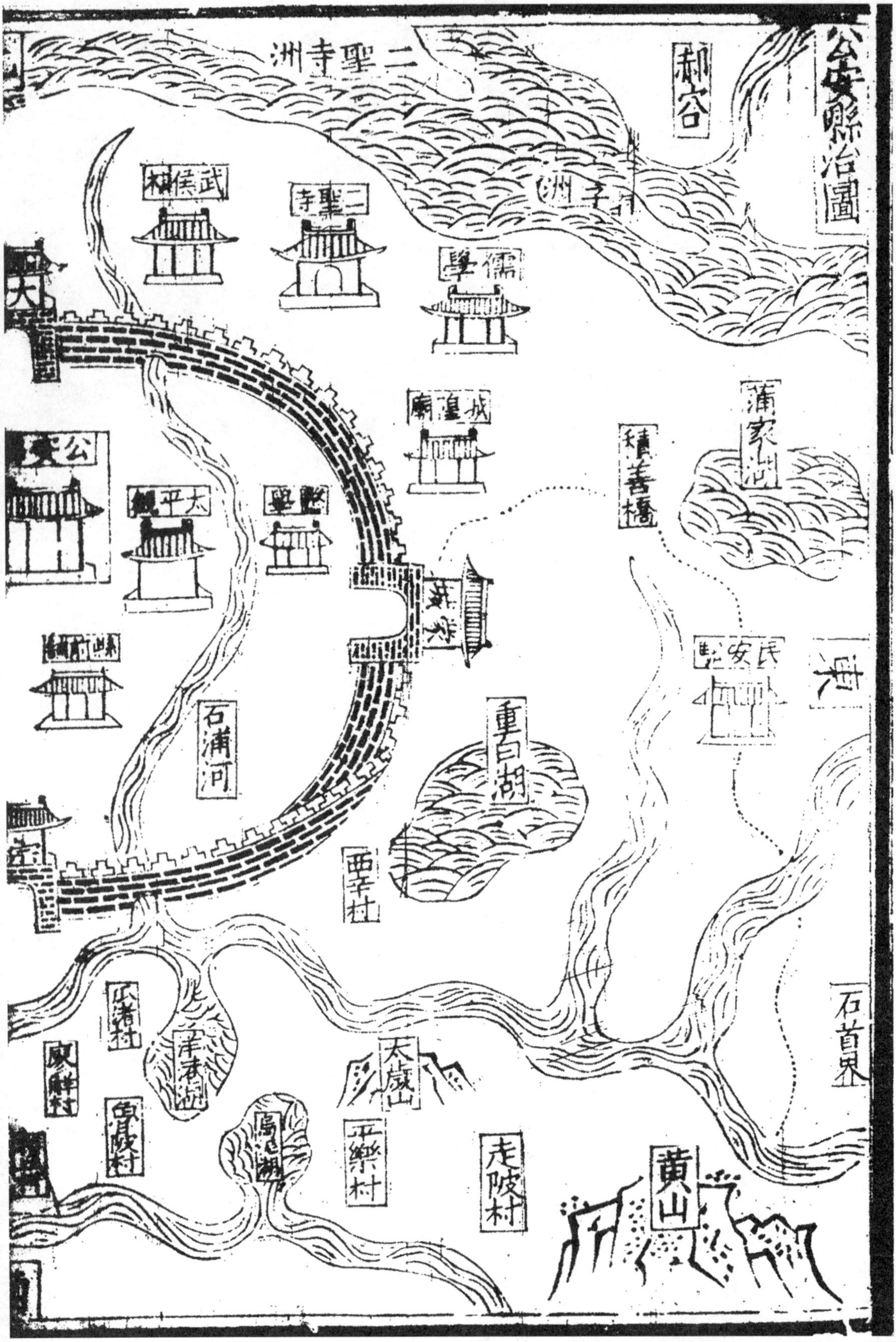
公安縣治圖
郝谷
二聖寺洲
洲子
武侯村
二聖寺
儒學
城隍廟
太平觀
蒲家洲
積善橋
民安
重白湖
石浦河
西羊村
石首界
太嶽山
平樂村
走陂村
黃山
瓜渚村
烏尾陂村

北
邑厲壇
竹林道院
油河口
劉備營
巡檢司
南岳廟
灌洋村
山川壇
布政司
按察司
絕湖
養濟院
申明亭
旌善亭
社稷壇
三穴橋
孫黃驛
東西七里村
長安村
澧州界
豐樂鄉
白湖村
求安鄉
谷昇村

重刊公安縣志目錄

上卷

下卷

縣志目錄終

重刊公安縣志卷上

儒學教諭梁　善纂修
公安知縣魏　奇校刻
邑人　鄒廷濟重刊

建置沿革　孱陵漢名　江安晉名　南平劉宋名

公安縣荆州府屬邑去府六十里本漢武陵郡之孱陵縣地漢建安中以劉備爲左將軍領荆州牧立營於油河口號爲左公因名公安晉置江安縣劉宋爲南平郡治所後改公安陳置荆州於此隋以孱陵縣省入唐仍其舊宋陞爲公安軍尋復爲縣端平三年孟珙任荆湖制帥遂遷縣於油河口之東南元仍舊國朝因之編户三十五里在城二里在鄉三十三里

疆域

廣一百三十里　袤一百一十里

里至

四至

東至本府江陵縣郝家穴界四十五里

南至澧州安鄉縣中峯谷界一百里

西至本府松滋縣陽賽圻界一百里

北至本府江陵縣文村庄界十五里

八到

東到本府監利縣二百七十里

南到澧州安鄉縣一百六十里

西到本府松滋縣二百二十里

北到本府荊門州二百四十里

東到本府石首縣一百二十里

西南到澧州一百九十里

西北到本府江陵縣七十里

東北到本府潛江縣一百五十里

本縣至

湖廣布政司水路八百九十里

陸路八百七十里

南京水路二千六百五十里

陸路二千二百五十里

北京水路六千七十里

陸路二千七百五十里

太歲山在縣治平樂村四十里其脉絡固莫能考但本縣俱平地而此山特高五六丈延亘一二里亦足以為一邑之奇觀云

川

荊江去縣治北三里其源出梁之岷山至荊南始大公安順流而下合漢水入于海所謂江漢朝宗于海是也

油河去縣治北三里按說文油水出武陵孱陵西東南入江則河名有自當春夏之交江水泛溢入于油河逶迤三十里至三穴橋出焉

石浦河去縣治一里舊蹟褊淺舟航不通正統

二年知縣俞雍以民輸納不便奏准自粮倉開起周廻一縣十里至蒿港作堤瀦水蒿港之船陸運堤上更以小舟而公安人民便之

洋港湖去縣治二十里瓜渚村

貴紀湖去縣治八十里茅穗村

蒲家湖去縣治三十五里西辛村

重白湖去縣治四十里西辛村

車湖去縣治七十里牛頭村

神油湖去縣治四十里大光村

坊街

坊

敷教坊在倉堤街

淳民坊在縣衙街

樂善坊在米市街

梅園坊在二聖寺街

永寧坊在斗湖堤街

狀元坊在儒學街

普化坊在儒學街

省元坊在儒學街

雙鎮坊在二聖寺街

永清坊在石浦河街已上俱年久傾頹不存

宣化坊在太平觀西天順年間改坊爲福民閣成化十五年知縣魏奇撤去閣而仍爲是坊

澄清坊在分司街

萊公祠坊在油河堤街先是名萊竹坊至成化九年縣丞陳愷改爲是坊重建

迎恩坊先是在油河口天順七年知縣黃紹宏改於巡撿司東重建嘉靖三年典史王璋拆毁

攀桂坊在倉堤街永樂丁酉知縣鮑綸爲舉人張斌立

折桂坊在斗湖堤街永樂庚子知縣鮑綸爲舉人王恂立

青雲坊在石浦河街宣德五年知縣　爲舉人劉子儉立

進士坊在斗湖堤街宣德五年知縣　爲進士王恂立已上四坊俱年久傾頹不存

繡衣坊在倉堤街正統五年知府劉永爲監察御史張斌立

跨鰲坊在二聖寺街景泰元年知縣劉敏爲舉人陶惟恭立今廢

煥奎坊在七里街景泰四年知縣劉敏爲舉人文魁立成化三年知縣黃紹宏重修

儒宗坊在斗湖堤街景泰四年監察御史趙敔爲祭酒王恂立今廢

登雲坊在十字街景泰四年知縣劉敏爲舉人何皡立

步蟾坊在斗湖堤街景泰四年知縣劉敏爲舉人謝鎮立

冲霄坊在憲司前街景泰四年知縣劉敏爲舉人陳和立今廢

登雲坊在斗湖堤街景泰七年知縣劉敏爲舉
人朱麃立
掇科坊在倉堤街景泰七年知縣劉敏爲舉人
王吉立　今廢
文魁坊在鎮安橋街景泰七年知縣劉敏爲舉
人李芳立
雙桂坊在鎮安橋景泰七年知縣劉敏爲舉人
李茂立
青雲得路坊在斗湖堤街天順三年知縣劉敏
爲舉人王軾立

蟾宫折桂坊在石浦河街天順三年知縣劉敏
爲舉人劉昭立　今廢
步武坊在石浦河街天順三年知縣劉敏爲舉
人蔡衡立
掇科坊在石浦河街天順七年知縣劉敏爲舉
人陜茂立
金榜題名坊在斗湖堤街天順八年知縣黄紹
宏爲進士王軾立
登第坊在石浦河街天順八年知縣黄紹宏爲
進士陜茂立

進士坊在縣治東街天順八年知縣黄紹宏爲
進士李芳立
世科坊在斗湖堤街成化元年知縣黄紹宏爲
舉人王洎立
踵武坊在斗湖堤街成化四年知縣黄紹宏爲
舉人王準立
附鳳坊在石浦河街成化七年知縣黄紹宏爲
舉人王祥立
奇英坊在城隍廟街成化十年知縣陳鏞等爲
舉人周敬立　俱廢

聯璧坊在石浦河街成化十四年知縣魏奇主
簿李珏崢爲舉人李英立
豸繡坊在斗湖堤街成化十四年知縣魏奇縣
丞馮富等爲四川副使王軾立
進士坊在斗湖堤街弘治元年知縣　　爲進
士朱輔立
飛黄坊在崇明門外弘治二年提學副使沈鍾
知縣陳潤爲舉人鄒文盛立
接武坊在鎮安橋街南弘治二年提學副使沈
鍾知縣陳潤爲舉人何璿立

聯芳坊在太平觀前街弘治五年巡按御史汪
宗器知縣陳潤爲舉人何珊立
進士坊在十字街弘治六年巡按御史田濟知
府段正知縣陳潤爲進士鄒文盛立
進士坊在十字街弘治六年巡按御史田濟知
縣陳潤爲進士何珊立
世光坊在斗湖堤街弘治十二年知縣　爲
戊午科舉人王貢立
都諫坊在十字街弘治十五年巡按御史王約
守巡道右叅政凃旦僉事方仁知府吳彥華

爲户科都給事中鄒文盛立
大司馬坊在斗湖堤街弘治十八年巡按御史
翁理等爲太子太保南京兵部尚書王軾立
都憲坊在十字街正德十五年巡撫副都御史
秦金巡按御史陳則知府姚隆知縣王綱等
爲都察院右副都御史鄒文盛立
古循良坊在大斯門街嘉靖八年巡撫都御史
黄衷知縣王魯等爲直隸睢寧縣知縣贈南
京刑部郎中何皥立
尚書坊在孱陵門外街嘉靖十二年巡撫副都
御史林大輅爲資政大夫户部尚書鄒文盛
立
欽賜莊簡書藏坊在白湖村官道左嘉靖十六年布
政使司左叅政韓璒知縣劉三省等爲户部
尚書贈太子少保謚莊簡鄒文盛立
[illegible]

街
澄清坊街在縣治前成化十五年知縣魏奇砌

倉堤街在縣治布政司分司前
十字街在縣治城隍廟前
斗湖堤街在縣治來寧坊
米市街在縣治儒學左
孱陵街在大光村舊縣建治於此
學前街在櫺星門前先是逼近民居不稱瞻仰
成化六年知縣黄紹宏用官價買到隣人許
勝宗明清地基左右俱以八字墻頭爲界約
八丈有零前則有塘一口直抵寺基而路通
矣故學前街由之以名焉

關鎮

關

關口四處，一在縣治東儒學後，一在縣治西永寧坊，一在縣治南澄清坊，一在縣治北巡檢司前。先是不過設立柵欄以為保障。成化十二年，縣丞馮富乃更易箭樓四座。成化十五年，知縣魏奇於縣治左右無關要路建立柵欄六處，而主簿李珏、縣丞柴真又相繼修葺冷鋪十有餘處，是以民居有警而盜賊由茲息矣。

鎮

市鎮二處，一在斗湖堤街，一在城隍廟前

孱陵市在大光村

郭道口市在茅穗村

孫黃市在東西七里村

王家市在牛頭村

索家市在茅穗村

高家壋市在灌洋村

竹家崗市在瓜渚村

橫堤市在西辛村

楊賽圻市在白湖村

毛家市在魯陂村

黃家圻市在走陂村

鄭公渡市在谷昇村

浮萍橋市在茅穗村

鄉村

淳風鄉五村

廖解村一里　瓜渚村一里　大光村一里

灌洋村一里　板橋村一里

永安鄉二村

谷昇村一里　東西七里村一里

長安鄉四村

長安村一里　走陂村一里　魯陂村二里

特丘村一里

平樂鄉二村

平樂村一里　西辛村一里

長樂鄉四村

刀環村一里　牛頭村一里　茅穗村四里

白湖村一里

土產

穀類
稻 黍 稷 麥 粟 麻 豆 蕎麥
果類
桃 李 柿 柑 棗 梅 藕 菱 梨
榴 杏 橙 胡桃 銀杏 枇杷 芡實
葧薺 茨菰
木類
楊 柳 桑 柘 桂 栢 松 櫟 檀
樠 梨 槐 桐 楓 栗 椿 黄连樹
黄楊 蠟樹 烏桕 冬青 梧桐

竹類
筀竹 白竹 班竹 苦竹 水竹 石竹
叢竹 鳳尾竹
草類
荻 蘆 蔞蒿
菜類
瓜 蘋 菘 芥 葱 韭 蒜 茄 莧
茭 匏 筍 蒼蓮 苦蕒 萵苣 韮
藥類
艾 白芷 菖蒲 紫蘇 薄荷 枸杞 蒿

根 蒼耳 茱萸 益母草 桑白皮 香附
子 山梔子 車前子
花類
菊花 荷花 桂花 雞冠 李花 梨花
梅花 桃花 榴花 玉簪 葵花 萱草
薔薇 水仙 金鳳 芙蓉 梔子 木香
月月紅 迎春 百合
畜類
牛 馬 驢 騾 羊 猪 犬 猫 鷄
鵞 鴨

禽類
雉 鳩 烏 鵲 雀 鶯 鴿 鷰 百舌
野鴨 鷺鷥 鵁鶄 鴛鴦 布谷 杜鵑
獸類
獐 麂 兎 鹿 狐 獺 虎 鼠
魚類
鯉 鯽 鰱 鱅 鮀 鯿 鯖 鱖 龜
鼈 蝦 鱔
介虫
蛙 蛇 蠶 蜂 蝶 蟬 螺 蚌 蠅

螢 蟻 蚊 蜻蜓 蟋蟀 蜘蛛 燈蛾

貨物

絲 綿 綿花 棠麻 苧麻 布 絹

貢賦

貢

自禹貢紀荊州杶榦栝柏惟箘簵楛包匭菁茅之外歷代以來無考

國朝歲進野味三十二隻

活天鵝五隻 活鶿鴣五隻 活獐四隻

活鴈十八隻

歲辦皮翎二萬七百張根

雜皮七百張 翎毛二萬根

歲造串四光素三色紵絲一十八疋零一丈

丹礬紅紵絲六疋 深紅紵絲七疋

黑墨綠紵絲五疋零一丈五尺

賦

自禹貢紀荊州厥田惟下中厥賦上下之後歷代賦額不可考

朝 宣德七年黃冊内官民田地塘二千八百二十五頃三十七畝三分八釐

夏稅大小麥共一千七百四十四石九斗八升四合八勺九抄二撮租絲桑絲七斤二兩二錢五分二釐七毫折絹五匹零二丈一尺四寸二分五釐

秋粮米豆芝麻共二萬一千一百二十八石八斗九升八合一勺七抄九撮

正統七年黃冊内官民田地塘二千八百三十六頃五十七畝五分四釐

夏稅大小二麥共一千七百四十八石三升七合五勺五抄五撮租桑絲七斤二兩二

錢五分二釐七毫折絹五匹零二丈一尺四寸二分五釐

秋粮米豆芝麻共二萬一千一百八十五石七斗七升四合二抄九撮

景泰三年黃冊内官民田地塘二千八百五十一頃九十二畝七分一釐

夏稅大小二麥共一千七百六十石四斗一升七合九勺九抄租桑絲七斤二兩二錢五分二釐七毫折絹五匹零二丈一尺四寸二分五釐

秋粮米豆芝麻共二萬一千二百五十石五
斗二升五合一勺八抄九撮
天順六年黃冊內官民田地塘二千九百一十
四頃七畝六分四釐
夏稅大小二麥共一千九百三十七石五斗
七升七合八勺九抄租桑絲七斤二兩二
錢五分二釐七毫折絹五匹零二丈一尺
四寸二分五釐
秋粮米豆芝麻共二萬一千四百一十石八
斗六升三合九勺四抄四撮

成化八年黃冊內官民田地塘二千九百五十
五頃三十八畝四釐
夏稅大小二麥共一千九百四十六石六斗
五升四合七勺租桑絲七斤二兩二錢五
分二釐七毫折絹五匹零二丈一尺四寸
二分五釐
秋粮米豆芝麻共二萬一千四百四十五石
九斗八升二合五勺一抄四撮
嘉靖元年內官民田地塘三千二十頃七十畝
七分八釐

夏稅大小二麥共二千五十二石三斗一升
六合
秋粮米豆芝麻共二萬一千六百八十九石
七斗九升

課程

本縣額辦酒課鈔四十三貫二百文房地賃鈔
一百八十九貫六百文
稅課局一處正統元年奉文裁革本縣帶辦商
契稅課鈔九千八百貫二百文
洋港湖河泊所額辦魚課鈔六千七百八十三

貫八百一十七文實鈔六千四百九十五貫
八百一十七文乾魚九百六十斤折課鈔二
百八十八貫
魚油四千七斤四錢五分六釐
魚油二千四百七斤四錢五分六釐抵
折熟鐵魚油一千六百斤抵折黃麻
魚鰾一十五斤抵斤折魚線膠翎毛鵝
翎二萬六千七百一十四根每翎毛一千
二十五根折熟鐵一斤共折熟一千
六十八斤八兩九錢六分

户口

前代户口無志可考

國朝　宣德七年黄册内民軍雜役等户共六千七百
五十五户人口三萬七百二口
男子一萬五千二百八十九口
婦女一萬五千四百一十三口
正統七年黄册内民軍雜役等户共五千五百
七十户人口二萬八千二十五口
男子一萬五千八百九十二口
婦女一萬二千一百三十三口

景泰三年黄册内民軍雜役等户共五千五百
一十九户人口二萬九千五百七口
男子一萬七千一百二十口
婦女一萬二千二百八十七口
天順六年黄册内民軍雜役等户共五千四百
一户人口三萬三百二十五口
男子一萬七千五百九十二口
婦女一萬二千七百三十三口
成化八年黄册内民軍雜役等户共五千四百
一户人口三萬一千二百六十二口
男子一萬八千一百二十一口
婦女一萬三千一百四十一口
嘉靖元年黄册内民軍雜役等户共五千六百
三十户人口共三萬五千二百三十九口

均徭

銀役

遼府各官柴薪六名共銀七十二两
襄府柴薪一名銀十二两
榮府各官柴薪五名共銀六十两
舖排夫一名銀六两

屠户一名銀四两
布政司書手一名視舊減一名銀八两
按察司柴薪二名共銀二十四两
太府水手二名每名銀十二两自里甲改入
抽分廠解户一名銀六两
本府同知柴薪二名
通判二名
推官一名共銀六十两
本縣各官柴薪九名共銀一百八两
馬夫四十名共銀一百六十两

縣學齋夫六名共銀七十二兩
膳夫二名共銀四十兩
歲貢盤纒銀十五兩
文廟二祭每祭銀十七兩
山川壇二祭每祭銀六兩
社稷壇二祭每祭銀四兩五錢
邑厲壇三祭每祭銀五兩
鄉飲二次每次銀六兩
孫黃驛支應銀一百六十兩每季銀四十兩
孱陵驛二百八十兩視舊減銀四十兩

民安驛一百二十兩視舊減銀八兩

力役

布政司皂隸二名每名銀六兩視舊減二兩
抽分廠夫三十二名每名銀一兩
布按分司門子各一名每名銀二兩五錢
府館門子一名銀一兩二錢
本府直堂皂隸三名視舊減三名每名銀三兩五錢
司獄司禁子二名視舊減二名每名銀六兩
本縣直堂皂隸三十六名視舊減四名
門子四名每名銀二兩五錢

庫子一名視舊減一名每名銀三兩伍錢
禁子六名每名銀四兩
縣學門子四名
祭器庫子一名每名銀四兩
沙市巡司弓兵四名每名銀三兩
油河巡司弓兵四名每名銀三兩
建陽巡司弓兵六名每名銀三兩
孱陵驛館夫三名每名銀二兩四錢
鋪陳庫子二名每名銀二兩
孫黃驛館夫二名每名銀二兩四錢

鋪陳庫子二名每名銀二兩
民安驛館夫二名每名銀二兩四錢
鋪陳庫子一名銀一兩
備倉斗級二名視舊減二名每名銀三兩
大江官渡夫八名每名銀一兩二錢
三穴橋官渡夫四名每名銀一兩二錢
孫黃官渡夫四名每名銀一兩二錢
各鋪兵四十二名每名銀三兩
預備倉老一名定銀五兩
上觧户一名銀三十兩

中鮮户一名　銀二十兩

鄒尚書守墓門子一名　定銀二兩

風俗

宋元隱居守節有張普二家修政立事有何杜數人綱維振奮拎上有冠忠愍公孟忠襄公廉文正公迨至　國朝又承

列聖風化之久是以士勤職業民力耕桑良有以也舊志以爲好尚鬼神殆亦有之而人多勁悍之說豈非誤與

人性質朴不事奢靡學者知耻守廉農者廣種薄歛好鬼神尚勁悍　、出本府志

形勢

五堤環遶衆水周流靈蹟記所謂水高地下井邑居民若盆盎然是其驗矣

學校

舊學基在邑之普化坊宋朝𠞰塑廟貌爲釋奠之所後因歲久弗治前元大德八年縣丹毛好義重修葺之教諭江公望有記後因戊戌年間兵燹皆爲瓦礫

國朝洪武二年開設知縣許德以竹林書院改爲學校

洪武二十六年知縣趙友應𠞰建廟堂經閣齋廡囷庫公廨年久傾頹正統八年知縣俞雍悉皆撤而新之學士楊溥有記近年以來雖無前者之盛而風雨震凌不能無壞成化十四年知縣魏奇等奉到

欽差湖廣等處提刑按察司副使薛綱諱案驗力加修葺頗爲壯麗今分紀于后

大成殿正統八年知縣俞雍建立高二丈五尺深二丈四尺計五間二十楹歲久柱石

榱桷朽壞成化十四年縣丞馮富更換二柱十五年知縣魏奇修葺　弘治元年知縣陳潤重修

神像

大成至聖文宣王四配十哲十五位俱知縣俞雍重塑

神號

大成至聖文宣王至兩廡共一百二十三位以木爲之朱漆黑字成化六年知縣黃紹宏重建嘉靖八年禮部題正祀典改稱

大成至聖先師孔子神位四配改稱先賢神

位
明倫堂知縣俞雍建立高一丈七尺深二丈
三尺計三間十六楹歲久損壞梁棟亟傷
成化十五年知縣魏奇更換嘉靖十六年
知縣劉三省重修
尊經閣知縣俞雍建立高二丈計五間二十
五楹歲久損壞成化十三年知縣陳鏞縣
丞馮富更換修治　今廢
敬一亭在明倫堂後嘉靖九年知縣王會奉
勅合建立中列

御製及視聽言動四箴碑石
櫺星門三座　泮池一座　有橋
戟門五間　三相祠三間　今廢
會講堂三間　東西兩廡十間
庫房三間　宰牲房三間
祭器庫二間舊藏銅器零碎五十餘件錫器
一百六十件木爛臺籩豆俱各年久損壞
成化九年主簿唐堅新置燭臺一百五十
成化十三年縣丞馮富新置籩豆三百
育英時化齋共六間　號房十三間

會饌堂三間　右已上三處俱天順五年知
縣俞縉修建成化十四年知縣魏奇等重
加修補
教諭住房在明倫堂東南前後房屋六間
訓導住房二所
一所在學門西前後房屋六間
一所原在射圃內不利成化十三年縣丞
馮富用價買到學門東地一片起立房
屋三間主簿李珏起立三間
射圃在明倫堂東南舊基隘狹弗稱成化十

五年知縣魏奇重新開闢地基起立房屋
三間偏房二間琵笙磬籠鹿中楅豐侯之
弓矢俱全
學倉三間
學門內街一座先是逼近池塘多為崩塌成
化十一年知縣陳鏞用教諭梁善之言填
塞前池成化十四年主簿李珏甃砌兩傍
栽樹嘉靖九年知縣王會門外設立屏墻
啓聖祠在文廟東嘉靖十年奉文刱建以祀
叔梁紇題稱

啓聖公孔子神位以顔無繇曾點孟孫氏配
之稱曰先賢神位又以程珦蔡元定從祀
稱曰先儒神位

名宦祠

南齊孱陵令庾公黔婁
宋公安縣知縣張公戩
國朝公安縣知縣俞公雍

鄉賢祠

朝列大夫國子監祭酒王公恂
直隸睢寧知縣贈南京刑部郎中何公鯙

太子太保南京兵部尚書王襄簡公軾
太子少保戶部尚書鄒莊簡公文盛
承事郎四川江津縣知縣王公貟

[redacted]

廨舍

公安縣乃宋孟珙忠襄公剏建衙門前元大德
十一年本縣達魯花赤燕勸農事只兒哈郎
建正誼堂自爲記後因戊戌年間兵燹廨舍
不存
國朝洪武元年開設知縣許德剏建洪武二十五年知
縣趙友應添建後堂廨舍年久不能無壞正
統二年知縣俞雍重建祭酒胡儼有記景泰
四年知縣劉敏再建參議方勉有記近年以
來雖無更易而脩葺之功居多今分紀于後

正廳知縣劉敏重建高一丈九尺深二丈一尺
計五間二十楹歲久椽桷朽壞成化十三年
知縣魏奇重修葢覆
後堂五間知縣趙友應建立成化十一年知縣
陳鏞重修
鼓樓三間知縣劉敏重建成化十四年知縣
前等重修

儀門三間　嘉靖十四年俱被回祿知縣劉正省等建立　幕廳三間
左右司房各十二間以上俱知縣劉敏重建
成化十五年知縣魏奇重修
龍亭儀從庫三間成化十二年知縣陳鏞新建
知縣住房前後六間
縣丞住房前後六間
主簿住房六間舊房傾圮成化十二年主簿李
珏重建
典史住房前後六間

墻垣共四百一丈有零俱成化十四年知縣魏奇主簿李珏重築

按察司分司在縣治東正統十四年知縣劉恕等重建歲久損壞成化六年知縣黃紹宏重修成化十四年知縣魏奇再修

正廳五間　大門三間　直舍一間

後廳三間　廚房三間

布政司分司去縣治一里倉堤街舊無正統九年知縣俞雍以革去稅課局舊址改建年久損壞景泰三年知縣劉敏重建

正廳三間　大門三間　直舍一間

後廳三間　廚房三間

油河巡檢司去縣治三里新安橋北先是在油河口洪武三年開設巡檢謝福剏建舊司被水崩塌天順七年改建嘉靖二十一年奉文改建於孫黃渡

正廳三間　鼓樓三間　巡檢住房三間

孱陵水驛去縣治三里油河口洪武元年開設爲公安站知縣許德剏立洪武二年改爲公安驛洪武九年又改爲孱陵水驛舊驛被江水崩塌景泰三年知縣劉敏移進新建

正廳三間　鼓樓三間　直舍三間

後廳三間　廚房三間　驛丞住房三間

孱陵馬驛去縣治一里宣化坊洪武十四年開設驛丞楊道宏剏建舊驛損壞正統九年知縣俞雍等新建

正廳三間　鼓樓三間嘉靖五年典史王璋無故拆毀

後廳三間　馬房六間　廚房三間

驛丞住房三間

陰陽學舊在縣治半里澄清坊洪武十七年開設訓術劉源得剏建舊學倒塌正統十年知縣俞雍改於太平觀東重建後因本府官梁按部乏居遂借爲府廳成化十一年知縣陳

鏞重修

正廳三間　大門三間　後堂三間

左右廂房四間

醫學去縣治半里倉堤街洪武十七年開設訓科何桂昌剏建舊學倒塌改於淳民坊正統八年知縣俞雍等新建

正廳三間　門屋三間

孫黃馬驛去縣治六十里東西七里村洪武十

四年開設驛丞材信剏建舊驛官廳廊房俱
各損壞景泰四年知縣劉敏重立
正廳三間　後廳三間　直舍三間
廊房六間　厨房三間　驛丞住房三間
民安馬驛去縣治六十里西辛村洪武十四年
開設驛丞趙仕文剏建舊驛官廳廊房俱各
損壞成化七年知縣黃紹宏重修
正廳三間　後廳三間　直舍三間
廊房三間　厨房三間　驛丞住房三間
洋港河泊所去縣治八里瓜渚村洪武二十年

令設河官梅幹剏建舊所倒塌正統九年知
縣俞雍等新建
正廳三間　門屋三間　河泊住房三間
僧會司去縣治三里梅園坊二聖寺内洪武十
五年開設景泰元年僧會紹琛重建
正廳三間
道會司去縣治半里淳民坊太平觀内洪武十
五年開設宣德九年道會張道應重修
正廳三間
旌善亭在縣衙前洪武八年署縣事巡檢趙翁

剏建舊亭倒塌景泰三年知縣劉敏重建成
化八年知縣吳魁重修
申明亭在縣衙前洪武六年知縣賈大用剏建
舊亭倒塌景泰三年知縣劉敏重建成化八
年知縣吳魁重修各鄉有亭俱廢惟縣前尚
存
養濟院在縣衙西洪武六年知縣賈大用剏建
舊院倒塌景泰五年知縣劉敏重修成化十
五年知縣魏奇重建
演武亭乃訓練民快之所在邑厲壇北成化十

年知縣陳鏞主簿李珏重建縣丞馮富典史
向銘相繼修葺
社學一所在縣治宣化坊成化六年知縣黃紹
宏建成化十五年知縣魏奇重修

城池

舊無古稱呂蒙城未見其蹟正德六年知縣周
鉞築土爲城尋復傾塌嘉靖二年本縣奉
欽差撫治副都御史徐蕃公移令知縣周臣等募磚石
築之周圍八百零五丈高一丈四尺爲門四
座上覆以樓　蒙城門東　崇明門南

孱陵門西　大昕門北

池未成濠惟北門外距大江

壇壝

社稷壇去縣南一里孟撫㘽洪武三年知縣許德翀建景泰三年知縣劉敏重修

石主高二尺五寸方一尺埋於南正中露圓尖埋土中二尺

神號

縣社之神　縣稷之神右牌二位以木爲之朱漆黑字

庫房三間　神厨三間　齋房三間

風雲雷雨山川壇去縣治衙西半里洪武三年知縣許德翀建景泰四年知縣劉敏重修舊屋倒塌成化十年知縣陳鏞重建

神號

風雲雷雨之神　本縣境內山川之神

本縣城隍之神右牌位以木爲之朱漆黑字

神厨三間　庫房三間　齋房三間

邑厲壇去縣治三里北正統八年知縣俞雍建

神厨三間　宰牲房三間　厲文碑一座

鄉厲壇每里一所今廢

義塚

宋崇寧中令州縣以常平錢置漏澤園葬民死無歸者

國朝因之本縣路當要衝政繁不暇及此嘉靖二十二年邑人鄒廷濟捐俸買民地於崇明門外二里許立石以識焉光祿寺署正蜀人李松題石

倉場

豐備倉在縣治半里鎮安橋北收貯官吏俸給

舊倉損壞景泰四年知縣劉敏重修

糧倉一處在倉堤街乃二聖寺空地正統十三

年知縣俞雍借爲糧倉起倉五十餘間每年出地課米百餘斛先是墻傾成化十二年縣丞馮富圍築土墻八十餘丈成化十五年知縣魏奇重修

預備倉六所一坐落縣治南半里澄清坊一坐落孫黄驛前一坐落走陂村一坐落茅穗村一坐落平樂村一坐落大光村俱景泰五年知縣劉敏重建年久傾頹數多成化十五年知縣魏奇重加修葺又於市倉增添倉屋二間孫黄倉增添官廳一間舊積谷二萬餘石

知縣魏奇新增一萬餘石

舖舍

舖舍二十一處俱洪武元年知縣許德䂓建景泰四年知縣劉敏重建成化五年知縣黃紹宏重修

東路自縣前舖起至沙堤接石首界八舖

縣前舖　昇福舖　井子舖　積善舖

梁家舖　芭茅舖　民安舖　沙堤舖

西路自縣前舖起至黃鍾接澧州界十舖

友橋舖　桑壇舖　三穴舖　范林舖

灌子舖　孫黃舖　塔岡舖　郝鄔舖

張庄舖　黃鍾舖

北路自縣前舖起至灌洋接江陵界三舖

窰頭舖　下灌洋舖　上灌洋舖

寺觀

寺

大二聖禪寺按靈蹟云東晉太和三年道安惠遠二法師卓錫開基於邑之江濱初名安遠寺太元元年有二聖感應之兆至唐貞觀中又有黃衣化身之兆宋興國五年改爲興化禪寺紹興七年又改爲報恩光孝禪寺景定五年敕加大聖青葉髻王爲精進如來二聖妻至德爲妙果如來黃衣使者爲忠烈侯尋改爲大二聖禪寺

國朝洪武乙卯因寺基多被江水傾潰改於梅園坊年久萬壽寶閣鍾樓兩廡俱各損壞景泰元年僧會紹琛重修天順二年正殿復遭回祿僧會紹琛重建塑像弘治四年僧會圓愷重蓋佛殿及鍾樓經閣嘉靖十年僧會滿空更換正殿梁柱修蓋及墻券天王殿門樓新諸牌

額未襍勝國時所藏敕命圖冊更爲整備嘉靖二十二年復貿木重立經閣及鍾樓觀音堂三世相承滿空修葺之功尤多焉

禮部尚書石首張璧翰林學士蒲圻廖道南荊州知府大理李元陽左布政何珊俱有文

法海寺至元年間僧法海開基於廖解村

清化寺開皇二年智者禪師開基於灌洋村

大光寺隋開皇年間智者禪師開基於大光村

谷昇寺宋乾道年間僧德智開基於谷昇村

惠果寺宋紹興年間明賴禪師開基於特丘村

報慈寺元延祐二年蓋菴禪師開基於特丘村

大陽寺宋紹興元年法興開基於東西七里村
淨居寺宋紹興年間志源禪師開基於刀環村
大車寺宋宣和年間遠公和尚開基於走陂村
天崇寺宋景定年間僧古無能開基於刀環村
法華寺隋朝智者禪師開基於白湖村
古墻寺宋法隆和尚開基於西辛村
齊居寺宋嘉定年間寅上人開基於孱陵市
普光寺前元大德二年襲師祖開基於茅穗村
報本寺宋元豐年王上人開基於茅穗村
觀音寺宋宣和年間榮安和尚開基於瓜渚村

章田寺宋景祐年間開基於魯陂村
觀音寺隋開皇年間開基於茅穗村
神臺寺宋淳熙年間僧福養開基於西辛村
支田寺隋開皇年間智者禪師開基於牛頭村
靈化寺東晋年間智者禪師開基於茅穗村
雙田寺東晋朝僧法遠開基於谷昇村
南禪寺宋紹興年間霞上人開基於大光村
龍溪寺宋紹興年間明菴禪師開基於走陂村
弘治年間支封吏科給事中邑人鄒庶重刱
江陽寺宋元豐年間江陽和尚開基於茅穗村

牛頭寺隋開皇年間惠上人開基於牛頭村
利濟寺宋淳祐年間森上人開基於長安村
龍門寺宋淳祐年間開基於長安村
大德寺宋景定年間月溪和尚開基於長安村
淨土寺隋開皇年間智者禪師開基於魯陂村
諸天寺宋景定年間月溪和尚開基於平樂村
義堂寺宋紹興年間慈潤禪師開基於長安村
二聖洲寺宣德間僧會法瑛重建正統間僧會
紹琛重盖嘉靖十年僧會滿空修正殿方丈

廢寺

白泉寺宋紹興年間僧竺正秀開基於走陂村
新興寺宋紹興年間僧法眼開基於谷昇村
永福寺隋開皇間智者禪師開基東西七里村
大澤寺宋乾道元年僧法海開基於大光村
長壽寺宋咸平年間僧彥慶開基東西七里村
華嚴寺宋景定年間僧綽翁和尚開基西辛村
資福寺宋淳熙年間義賢禪師開基於廖解村
良田寺宋嘉熙年間了安上人開基於走陂村
接待寺宋咸淳間智愍上人開基東西七里村
普濟寺景定年間開基於西辛村

太歲寺開基平樂村　樂善寺開基於魯陂村
明照寺開基於大光村
福田寺開基於谷昇村
皇慶寺開基於平樂村
蔡田寺開基於平樂村

觀

太平觀景定壬戌年道士屈守元開基於市鎮淳民坊至元皇慶壬戌道士何妙冲重建殿宇有嗣教四十三代天師張宇初所書牌額舊觀殿宇玉皇三官樓閣及兩廊俱各年遠

損壞正統元年道會張膺重建嘉靖二十二年本觀署印住持龍雲真等各捐已貲重修殿閣山門　崇陽舉人陳魯有記

洞真觀宋淳祐年間道士景公開基於瓜渚村
刻木觀宋景定三年月溪道人開基於魯陂村
紫虛觀宋□年間開基於市鎮永寧坊
崇元觀宋景定三年道士楊如真開基於特丘村白雲山景泰元年道士雷吾震重修
廣德觀宋紹興年間道士王公紹開基廣餅村
悟真觀宋咸淳年間道士邵月潭開基魯陂村

崇真觀宋寶祐年間道士竺公開基於大光村
洞神觀宋淳祐年間道士舒守庸開基於谷昇村
玉清觀東晉大定間道士周添遜開基長安村
白雲觀宋紹興年間道士自化開基於谷昇村
長生觀宋宣和年間道士卞法言開基牛頭村
白馬觀開基於特丘村
福星觀開基於平樂村
紫霄觀宋慶元二年道士楊復菴開基大光村
玉虛觀至正年間道士張守玉開基於走陂村
東昇福觀宋紹興年間開基於西辛村
西昇福觀宋紹興間道士龍清全開基茅穗村

廢觀

冲真觀宋宣和年間道士李守中開基倉堤街
靈應觀宋延祐年間道士陳天祐開基西辛村
洞神觀宋太平興國年間開基於西辛村

祠廟

楚國武定公祠在縣治北三里梅園坊二聖寺後舊爲白塔寺元至正年間勅立事實詳見宦蹟類　今廢
萊公祠公姓寇名準字仲華州人以丞相出

雷州司戶卒歸柩過公安縣民斬竹掛紙逾月枯竹生筍衆異立祠祀之舊名竹林道院在縣治油河堤街宋天聖年間剏建咸淳巳巳金門道人重建邑人房灝有記元至元年間縣令薛友諒重建進士廬陵劉坦有記

國朝宣德五年道士趙道庸修建正統十年知縣俞雍重建增樓三間僉事韓陽有記成化十年知府趙璉以舊祠隘狹弗稱會同知縣陳鏞增買民地重建大祠高二丈二尺深二丈一尺計五間十八楹未幾謝官歸家知縣陳鏞完

修嘉靖七年戶部尚書鄒文盛奏修祀事奉

旨允行嘉靖十三年本府通判王聘建立廟門及築圍牆圖其奏議并布政使何珊撰記廟門題額三碑俱鄒廷濟立

呂蒙祠蒙定荊州遂封爲孱陵侯祠在縣治東寧坊洪武三年知縣許德重建

城隍廟在蒙城門外東清坊街洪武元年廟祝周道寧剏建

國朝初封爲威靈公洪武二年改封顯祐伯神號受有

誥命景泰四年知縣劉敏重建隘狹弗稱成化二年知縣黃紹宏措置木植磚瓦督令廟祝周文達重建成化十一年知縣陳鏞復建坊牌一座扁曰威靈鑒察

東嶽廟

一廟在西辛村渡口頭延祐年間僧祖祐剏建被火正統十年知縣俞雍新建年久傾頹住持道士文永通重修

一廟在廖解村廣德觀右紹興年間道士王公紹與耿公居士開基正統二年住持道士李希貞修建

一廟在平樂村宋鼎定年間月溪道人開基

關王廟王姓關名羽字雲長解州人昔爲荊州牧郡人感其德遂立廟以祀焉一在西辛村井子舖街洪武年間

湘王殿下道經其地修建舊廟傾圮成化十三年廟祝[redacted]化緣重修一在縣治西關外三百步正統八年知縣俞雍重建年久損壞成化十六年春

欽差鎮守湖廣太監王諱定由澧州經過瞻眺久之乃樂施白金若干命主簿李珏添措木石鼎建廟宇三間門屋三間教諭梁善有記嘉靖八年本縣備料

重蓋再立小門坊一座扁曰翊漢忠良

謝相廟在縣治斗湖堤西關外未詳何人剏建蓋其地遠見安鄉黃山而黃山有劉宋謝晦都督軍事刺荊州嘗過黃山顧瞻久之柩經其處舟不行因葬焉民爲立祠祭以八月二十九日且公安俗有五堤四相之說無乃以謝公晦合寇孟廉公而爲四相者歟

南嶽廟在縣治永寧坊正統三年廟祝楊大銘剏建舊廟傾頹成化十二年義官李德明重建

武侯廟侯姓諸葛名亮字孔明琅邪陽都人贈丞相謚忠武民禱有應蝗不傷禾乃建廟崇奉廟在縣治大光村舜陵街至元戊子民人李鎧剏建其地舊有燈油田地業隸於廟後爲侵沒成化年間本縣查復在官後給帖令廟祝曾種以供歲祀嘉靖四年知縣周臣以風水家之說將舊廟擇改爲縣前照面坊屏尋以事累材力兩費居民不忍遺像廢棄遂募緣暫搆小屋祀之

護界廟在縣治普化坊前元壬辰梓辛和尚剏建景泰三年知縣劉敏重建舊廟傾圮成化十二年知縣陳鏞等重建

蕭公廟在市鎮東北正統二年知縣俞雍重修

西湖廟即屈原祠在縣治油河口　晏公廟在渡口正統九年知縣俞雍建

龍王廟在縣治羅相祠東北　五通廟在縣治淳民坊

橋梁

鎮安橋在市鎮永樂十一年知縣鮑綸剏建舊橋傾塌正統三年知縣俞雍等重建

新安橋在市鎮洪武六年知縣賈大用剏建正

統四年知縣俞雍等重建成化十五年油河巡檢蘇榮復建

象城橋在市鎮正統四年知縣俞雍等用磚石重建

新橋在市鎮昔以木爲之正統四年知縣俞雍等用石重建

永清橋在市鎮昔橋傾圮正統六年知縣俞雍等重建

石浦橋在市鎮昔以木爲之正統七年知縣俞雍等用石重建

通遠橋在市鎮昔橋傾塌正統十年知縣俞雍
重建
南星橋在市鎮正統十年知縣俞雍等重建
三穴橋在大光村舊橋傾圮正統九年知縣俞
雍新建教諭阮吉長有記景泰五年知縣劉
敏等重建嘉靖十四年户部尚書鄒　辭免
當道表彰坊牌銀兩移助繼修本橋
欽差巡撫湖廣兼贊理軍務都察院右副都御史林[諱
大幹]爲修飾牌坊以崇碩德事據公安縣申稱
致仕户部尚書鄒　批蒙本縣送該本縣遵奉
先任
巡撫衙門案驗支庫銀肆拾兩解送本職修理
坊牌蒙此除將前銀原封隨批帶回貯庫外恭

惟本院膺
昭代保釐荆楚之寄舉成周表厥宅里之典禮加褒殘
風勵後進甚盛心也甚盛心也但本縣近年以
來頻罹旱澇百度費弛殆有急於坊牌之末務
者看得縣西三穴橋一座實爲南北通衢傾圮
已久基址尚存每遇水漲往來病涉時無乘輿
之濟未見輿梁之成本職時或過此心甚惻然
今家有此盛舉若舉而加之橋梁其勢易爲其
務宜先合無本縣備申
巡撫衙門守巡荆南等道俯鑒愚衷急此先務
先行本府定委堂上官一員親詣橋所相驗果
懇修理却將前銀給助灰石其有不足聽委官
多方措處務速完成垂之永久是當道舉王
政之大行旅頌濟川之功在本職亦陰受其賜
矣　坊牌雖圮實係不急之務抑何足惜也哉若
以　鈞批已行不蒙准允雖荷禮意之隆益
懷沽名之恐尤當固辭不忍安受緣本縣係本
職父母之邦特以情難　上通因文借批煩爲
照察轉達施行隨蒙
欽差巡撫湖廣等處地方兼贊理軍務都察院右僉都

御史翟[諱鵬]批據由不受坊牌工價則守已之
節槩見轉欲助官修理橋梁則利物之志尤深
前輩高風大率如此銀已貯庫仰府即委能幹
官踏看本橋估計工費若干此繳　橋今未修
蒿港橋在瓜渚村正統十年知縣俞雍等改渡
爲橋被水衝壞成化十三年知縣陳鏞縣丞
馮富措木石委義官李蓉重建正德十四年黃山鄒公屬貴州僉事蔡潮撰助修文本處節被江漲水澇未行修舉
積善橋在西辛村至元年間善人霍宗榮化緣
剏建正統二年知縣俞雍建
界溪橋在白湖村元統年間知縣張元凱剏建
和尚橋在瓜渚村洪熙元年僧智昶重建

秀峰橋在西辛村宣德四年僧智昶重建
高家壋橋在灌羊村洪武四年善人張亥直建
黃鍾橋在白湖村元統二年知縣張元凱剏建
浮萍橋在茅穗村昔無正統四年知縣俞雍等
重建
趙公橋在谷昇村昔以木爲之正統五年知縣
俞雍等用石剏建
報恩橋在谷昇村鮑家壋昔無嘉靖十七年邑
人鄒廷濟用灰石剏建　橋高一丈六尺寬九尺三十
黃溪橋在万環村昔橋崩塌正統九年知縣俞

雍等剏建
新堤橋在瓜渚村正統九年知縣俞雍用磚石
重建
東公橋在西辛村昔橋傾圮正統九年知縣俞
雍等重建
陶家橋在縣東一里正統十年知縣俞雍等用
石重建
恩波橋在曾陂村舊名白馬橋昔無嘉靖十四
年尚書鄒文盛以俸資貿石成之更新名者識
上惠也有記

任公橋在特丘村
判官橋在長安村
謝堰橋在廖鮮村昔橋久廢嘉靖二十二年河
南沈丘知縣邑人何愷妻鄒氏剏建
磚橋在廖鮮村
湖尾橋在瓜渚村嘉靖十年邑民何佑剏建

津渡

大江渡在西辛村　孫黃渡在東西七里村
芭芒渡在西辛村　蘇家渡在東西七里村
太歲渡在平樂村　簡家渡在西辛村
嚴灘渡在平樂村　辛家渡在牛頭村
霸城河渡在走陂村　惠果渡在曾陂村
江曾渡在廖鮮村　王家堰渡在茅穗村
流橋渡在大光村嘉靖甲午邑人鄒廷濟同耆民樂助築路七里建橋一座
新渡在谷昇村　尹家渡在谷昇村
鄭公渡在谷昇村　大陽渡在東西七里村

井泉

竹林書院一井　二聖禪寺一井
縣前鋪一井　尚書坊街一井
莊簡坊街一井　石津河一井

堤堰

趙公堤在西辛村正德十三年撫治都御史王鏳之詢民患委官稱繼築之
斗湖堤在東寧坊　倉堤在敷教坊
油河堤在萊公祠坊　橫堤在布政分司北
已上俱宋端平三年孟珙忠襄公所築公安
俗有五堤四相之說此乃堤之五也
大江禦水堤在縣治北未詳何代所建上接江
陵界下抵石首界通長二百餘里累因江水
潰決堤塍旋救無計僧會蒲堅於嘉靖二十
一年祈神保障鑄鐵獅以鎮之本縣耆設圩嵓老人數名

堤防水患每遇江漲分撥臨堤尋視或某處低窪滲漏崩壞即呈縣起夫趁時補築仍添委廉能屬官一員兼同管理庶克有濟

廣德南塘在廖解村　楊石東塘在平樂村已上二塘俱洪武三十四年縣丞崔廣開挑成化十五年典史向銘奉文再爲濬築人享其利

景物觀瀾憩勝二亭附

孱陵縣在縣治大光村二十五里縣名建置乂矣至漢劉備始改孱陵爲公安故通鑑亦稱建安十八年備遷劉琦于公安此也然猶至南齊更黔婁爲令於此而又曰爲孱陵令豈非因襲舊名然歟縣治土城遺蹟至今猶存

劉備營在縣治油河口按通鑑建安十四年吳孫權以備領荊州牧周瑜分南岸地以給備故備得屯營於油河口而有是名杜子美詩謂江深劉備營是也

呂蒙城世傳以爲孱陵舊址是也舊志云吳孫權據荊州以蒙爲南郡太守封孱陵侯後公安之民祀蒙爲土主謂其邑曰蒙城然考諸通鑑建安二十四年權據荊州呂蒙未及受封而疾發卒年四十二且城號亦無所據則此所謂爲守爲侯者豈蒙既死之後權追封之而城因杜子美有詩稱野曠呂蒙城從而名之者歟

聖母塔在縣治茅穗村大賢里之西乃智顗禪師葬其母而累之也先是禪師未生其母得異夢既生而聰慧異常故人稱其塔爲聖母至今尚存其蹟詳見仙釋類

呂仙亭在縣治斗湖堤三里故老傳云洞賓濯足於此後人作亭以表其蹟洞賓姓呂名嵓河南府人唐天寶年間以進士授江州德化縣令私行廬山遇鍾離受天仙劍法得九九

之數號純陽子熙寧九年遊湖州飲沈思家酒數斗無酒容既而憩岳州白鶴寺老樹精見之下拜以是觀之則此之濯足無乃憩岳州後由洞庭西行而至此歟神仙之說未可信也亭今廢

二聖洲在縣治江北與二聖寺舊基相對廣一十里袤四里先是至元年間寺基多被江水崩塌而江之北忽生此洲人皆以爲二聖感應所致遂有此名舊建庵洲上爲寺詳見寺觀類

萊公竹在縣治萊公祠內宋乾興元年丞相寇

準被讒出貶雷州司户參軍天聖元年準卒於雷州詔許歸葬道過公安民皆設祭於路折竹揷地掛紙錢焚之逾月枯竹生笋衆謂忠義所感立廟號竹林祠兵部尚書湛若水書壁立萬仞四字

三相祠在儒學内宋端平三年四川宣撫使兼荆湖制帥孟珙忠襄公以萊公遺蹟而翔書院以竹林名以處四川流寓之士蓋以前賢之氣節期於諸生也淳祐丙午理宗親灑宸翰賜名公安書院至元乙亥二年太師逌陽文正公蕉希憲鎮江陵頗民俗粗安乃曰風教不可後也遂大興學且日親至教官講授以倡他郡撤官學以復竹

林書院置書一萬四千卷學者日盛後邦人思寇萊公之忠節孟忠襄公之功始與文正公之振復乃改萊公竹林祠爲三相祠舊立講堂之後今遷戟門之左歲時致祭焉今廢

觀瀾所在油河口象鼻嘴即昔屈原廟臨江原建有亭凡迎送當道以爲師生駐候之所而此地獨高俯視迴瀾甚愜人意亦爲孱陵佳麗云舊基今廢不存

憩驂亭在高港渡東嶽廟前凡往來由此每遇水漲間乏舟以渡必於茲少憩焉今廢

古蹟

舊學基在縣治普化坊米市街東其地極廣濶泮池戟門殿宇左右齋房基址見存先是多爲隣人吳璟吳貴等占據開闢爲田至成化十六年因鄉壓首告已復田五坵於儒學嘗業但占據尚多不能盡復云餘見景物類

丘墓

元

臺省治書何廷蘭墓在廖解村

廉訪司事普元理墓在普家堰

國朝

祭酒王公恂墓在板橋村邑人鄭廷濟爲公立石道左有祭文

漢中知府曹公子徽墓在長安村

御史張公斌墓　僉事郭公繼宗墓

兵部尚書王公軾墓在牛頭村縣西六十里正德二年卒勑祭葬嘉靖十五年邑人鄭廷濟爲公立神道石

雎寧知縣贈郎中何公逵墓

參政陝公茂墓

贈户部尚書鄒公溪墓俱在瓜渚村

湖州府同知李公芳墓在棗解村

尚書鄭莊簡公文盛墓在白湖村縣西南九十里嘉靖十六年卒勑遣左參政韓璐諭祭學士東吳顧鼎臣

南陽府同知朱公輔墓 在大光村
主事鄭公文瑞墓 在西辛村

官蹟

吳

呂蒙字子明汝南人少依姊夫鄧當當爲孫策將數討山越蒙年十五六竊隨當擊賊當不能禁止策召見奇之引置左右數歲鄧當死張昭薦蒙代當拜別部司馬蒙陰令兵人作絳衣行縢陳列孫權見之大悅益增其兵策卒權以蒙爲中郎將寵任日隆嘗勸令就學以廣才畧及代魯肅屯陸口密勸權襲取關羽權善之遂以蒙爲大都督統兵襲羽蒙兵法嚴整經過人無干歷及據荊州獲羽首未及受封而疾發時權在公安迎治內殿竟不愈卒四十二邑人祀蒙爲土主號邑曰蒙城
詳景物類

南齊

庾黔婁字子貞爲孱陵令政有異績父易在家遘疾婁忽心驚流汗即棄官歸家家人悉驚其忽至時易疾始二日醫云欲知差劇但嘗糞甜苦易泄利婁輒取嘗之味轉甜滑心愈憂苦至夕每稽顙北辰求以身代父喪廬墓仕終散騎侍郎子肖吾累官義陽太守孫信仕梁爲抄撰學士

宋

孟珙忠襄公宋理宗時爲四川宣撫使兼荊湖制帥屯兵於公安因家焉公於端平年間遷改縣治修築五堤復刱公安竹林書院以處四川流寓之士雖在軍中手不釋卷

程千秋知縣事時群盜欲犯公安千秋帥縣民禦之岳鄂間澧皆賴以安民間多繪像祀之就命通判荊南府

元

中書平章政事廉希憲字善甫封恒陽王謚文正本畏吾氏其父布魯凱牙爲廉訪使之命時適公生顧曰是兒必大吾門吾聞古者以官受氏天將以廉氏吾宗乎吾其從之遂改廉姓公於至元十一年來鎮江陵撤官屋以復竹林書院徵學田以贍學之用度尤置書一萬

四千餘故當時學者目爲盛焉

毛好義大德間至文章典雅政事嚴明興利除害令行禁止

楚國武定公阿里海牙乃畏吾氏幼聰穎而辨長躬農耕喟然曰大丈夫當立功國家何至與細民勤力畎畝乃從事大將卜憐吉歹薦其忠謹得宿衛潛藩自至元初歷仕省憲十一年授中書右丞統兵南下克平諸郡公乃移師江陵師至公安誓曰自今功者徙兒陞長百夫百夫長千夫千夫長萬夫萬夫取進

止因南風火沙市戰城上又戰城中屠之江陵精銳於是焉盡守將高達出降公下令安集除宋苛法衣食懌登江陵之民於是大賚爲初公師經公安兵不血刃市不易肆民皆

按諸乃爲立祠以奉焉

[illegible]元瑄字仕開濟南人前元元統年間來尹公安年逾六十矣學問廣博尤善屬文爲政清簡不事浮靡崇尚風化民樂其業後爲膠州太守民多慕之

參顯文字子儀世居睢陽少從父宦遊江南苦習儒業明書經尤長於禮擢泰定丁卯進士後爲公安令恪守清貧德政昭著憲臺屢嘗以文章政事爲後人規範至正戊戌兵燹之際飢饉荐臻一家淪喪殆盡而顯文潔身守義終不以利祿動心常晏如也

只兒哈即未詳何處人元大德十年任公安達魯花赤善勸農事善於屬文長於爲治建立正誼堂自撰有記

國朝

知縣

許德未詳何處人洪武二年任當兵燹之初凡學校公廨一一修舉可謂善於爲政者也

趙友應未詳何處人洪武二十五年任

鮑綸直隸舒城人永樂十年任蒞政之初即欲首修志書以有學有爲之士也

俞雍字文熙直隸毘陵縣人由監生正統二年任平易近民有猷有爲凡所謂徭役賦歛刑罰貢獻之類行之頗中乎節而又專以修舉廢墜爲心學校公廨橋梁道路煥然可觀宦蹟之著當以公爲首稱

劉恕直隸宣城縣人由監生正統十四年任
劉敏陜西同官縣人由舉人景泰三年任
俞縉直隸華亭縣人由監生天順四年任
黃紹宏江西宜黃縣人由監生成化元年任
吳魁江西新淦縣人由監生成化八年任
陳鏞直隸長洲縣人由監生成化九年任
魏奇直隸宣城縣人由舉人成化十四年任
馬良玉四川成都衛人由進士成化二十二年
任陞監察御史
陳潤直隸泗水縣人由監生弘治二年任陞應

天府推官
王寅四川巴縣人由舉人弘治九年任陞徐州知州
金深河南光山縣人由舉人弘治十二年任
繆洙江西饒縣人由舉人正德元年任
周鉞直隸宿州人由進士正德五年任
彭昉直隸吳縣人由進士正德十年任
劉璉江西安福縣人由監生正德十一年任
王綱廣西全州人由舉人正德十四年任
周臣雲南洱海衛人由進士嘉靖元年任
熊暹四川富順縣人由進士嘉靖七年任

王魯福建莆田縣人由舉人嘉靖九年任
江鎰直隸歙縣人由監生嘉靖十一年任
吳鈺福建莆田縣人由舉人嘉靖十二年任
劉三省四川簡州人由舉人嘉靖十四年任陞
湖廣常德府同知
沈祐江西餘干縣人由監生嘉靖十九年任
龍雲廣西臨桂縣人由舉人嘉靖二十二年任

縣丞

彭泰江西吉水縣人由進士洪武二年授任
江遠江西浮梁縣人由知印正統十一年任

汪愷直隸祈門縣人由監生天順元年任
李孜河南河內縣人由監生成化元年任
陳愷浙江會稽縣人由監生成化五年任
馮富四川榮昌縣人由吏員成化十一年任
柴真浙江鄞縣人由監生成化十五年任
江淵[redacted]人由[redacted]弘治二年任
王金直隸高郵州人由監生弘治七年任
于鑾陜西陜州人由監生弘治十四年任
段成直隸六安州人由監生正德四年任
喬禺河南南召縣人由監生正德八年任

尹縉江西泰和縣人由監生正德十二年任
朱衮雲南[illegible]人由監生嘉靖元年任
吳徹四川灌縣人由監生嘉靖五年任
懷銓直隸華亭縣人由監生嘉靖六年任
任相山西代州人由監生嘉靖十四年任
廖仕暱廣西梧州府人由監生嘉靖十九年任
吳鵬江西鄱陽縣人由監生嘉靖二十二年任

主簿

張瑾江西鄱陽縣人由吏員正統十一年任
鄭善江西臨川縣人由吏員天順七年任

唐堅四川定遠縣人由吏員成化三年任
張瑾江西臨川縣人由舉人成化八年任
李珏河南扶溝縣人由監生成化十一年任
高永寧[illegible]人由[illegible]弘治二年任
趙慶[illegible]人由[illegible]弘治五年任
范守仁四川宜賓縣人由吏員正德元年任
張漢四川新寧縣人由監生正德十年任
王欽陝西汧縣人由監生正德十三年任
薛志魁直隸安東人由監生正德十五年任
魏月枝四川梓橦縣人由監生嘉靖五年任

陳常廣東連州人由監生嘉靖十二年任
陳蘭直隸六安州人由吏員嘉靖十四年任
謝文朝廣西羅城縣人由監生嘉靖十七年任
李九疇山東掖縣人由監生嘉靖二十二年任

典史

吳暹直隸吳江縣人由吏員景泰七年任
史通山西蒲州人由吏員成化元年任
李庸廣東四會縣人由吏員成化五年任
向銘四川涪水縣人由監生成化九年任
黄仁傑四川資陽縣人由吏員弘治元年任

陳政陝西[illegible]人由吏員弘治二年任
趙大源四川[illegible]人由吏員弘治五年任
曹良江西餘干縣人由吏員正德九年任
王璋直隸霍丘縣人由吏員嘉靖元年任
周夫祥福建莆田縣人由吏員嘉靖九年任
鄧仲勳四川瀘州人由吏員嘉靖十四年任
鄒章直隸當塗縣人由吏員嘉靖十六年任
王廷用福建閩縣人由吏員嘉靖二十二年任

教諭

房齡江西南城縣人由舉人正統元年任歷官

翰林檢討
阮禮浙江山陰縣人由監生正統九年任
楊敬四川江津縣人由監生景泰五年任
王縉四川渠縣人由監生天順六年任
梁善江西臨川縣人由舉人成化八年任陞知縣
俞大經江西南城縣人由舉人成化十七年任
吳璲直隸江都縣人由舉人弘治六年任教諭
有方功績茂著陞通判
李瑛陝西咸寧縣人由舉人弘治十四年任
蔡炫廣東南雄府人由舉人弘治十八年任

艾琥直隸金壇縣人由監生正德九年任
張瀾直隸丹徒縣人由監生正德十年任
余楷四川青神縣人由舉人嘉靖元年任
白經廣西臨桂縣人由舉人嘉靖五年任
吳可久廣西臨桂縣人由舉人嘉靖十四年任
潘球浙江天台縣人由監生嘉靖二十年任

訓導
鍾會江西高安縣人由舉人景泰二年任
侯宏直隸五河縣人由監生景泰七年任
楊孜四川彭山縣人由監生天順元年任

胡永秀四川內江縣人由舉人天順七年任
王璉四川涪州人由舉人成化三年任
劉寬四川嘉定州人由監生成化八年任
周尚元四川永川縣人由監生成化九年任
王翼直隸太倉衛人由監生成化十年任
唐璉江西浮梁縣人由監生成化十二年任
劉遜直隸巢縣人由監生成化十三年任
劉濟望江西安福縣人由舉人弘治元年任
章鉞貴州[illegible]人由舉人弘治二年任
黃啟河南確山縣人由監生弘治十五年任

朱銘浙江衢州府人由監生弘治十七年任
徐鐸江西金谿縣人由監生正德四年任
于銓雲南[illegible]人由舉人正德五年任
王文英四川長壽縣人由監生正德十二年任
梁胤廣西平南縣人由監生正德十三年任
蘇世顯福建晉江縣人由監生嘉靖五年任
王球江西高安縣人由監生嘉靖六年任
蔣璲廣西平樂縣人由監生嘉靖七年任
劉邦輝江西信豐縣人由監生嘉靖十三年任
康璉河南新野縣人由監生嘉靖十八年任

高甦田川内江縣人由監生嘉靖二十年任

李文卿江西建昌縣人監生嘉靖二十三年任

巡檢

游文弼 潞州人吏員天順六年任　朱麟 内黄人吏員成化二年任

郝俊 饒陽人吏員成化六年任　李鎰 南昌人吏員成化九年任

蘇察 永寧人監生成化十三年任　馮敬端 嘉定州人吏員成化十六年任

門閲齡 内江人吏員嘉靖十九年任　寇景昌 臨淄人吏員嘉靖二十二年任

驛丞

孱陵　孫黄　民安

李昱 河間人承差正統八年任保陞知州　余[redacted] 臨川人承差正統九年任

吳昇 高堂人監生成化元年任　林叢 萊陽人承差成化三年任

杜金 金堂人承差成化三年任　王讓 海州人承差成化九年任

張豫 忻州人承差成化九年任　蘇志達 臨川人承差成化十一年任

羅綺 宜賓人承差成化十三年任　宋茂 夾縣人承差弘治七年任

王璉 夾縣人承差弘治十六年任　李景春 任丘人承差正德六年任

趙芳 雄縣人承差正德[redacted]年任　鮑大相 陵水人吏員嘉靖元年任

趙智 大理人承差嘉靖六年任　宋夢周 樂陵人承差嘉靖十三年任

牛道立 河内人承差嘉靖十四年任　謝賢 思南人承差嘉靖二十一年任

李逢時 開州人承差嘉靖二十一年任　何邦仁 大理人承差嘉靖二十二年任

河泊

李存仁 碭山人監生成化元年任　萬哲 崇人監生成化八年任

湯明倫 巴縣人吏員嘉靖六年任　魏鸞 開吾人吏員嘉靖十五年任

訓科

周瑜 由醫士宣德七年任　蔣魁 由醫士景泰二年任 俱本縣人

訓術

張顯良 由陰陽宣德九年任　杜昭 由陰陽成化十三年任 俱本縣人

僧會

宗教 洪武廿六年任　大榮 永樂年間任

法瑛 宣德年間任　智隆 宣德九年任

紹琛 正統六年任　承登 成化十六年任

圓演 成化二十三年任　圓愷 弘治元年任

覺溥 正德八年任　滿空 正德十四年任

尋茂 嘉靖十三年任 俱本縣人

道會

張道應 宣德九年任　鄭惟遂 天順二年任

賈德真 成化六年任　賀德澄 成化十八年任 俱本縣人

人物

宋

張景 公安人隱居城南仁宗召問曰卿在江陵何處居對曰兩岸綠楊遮虎渡一灣青草護龍洲復問曰所食何物景答曰新粟炊魚子飯嫩冬瓜煮鱉裙羹

元

何廷蘭字德芳其先鳳翔人徙居公安元皇慶年間甫弱冠歷仕數朝政迹昭著至元間爲朝臣媄嫉其短放歸田里後内臺監察御史劉渤謝國賓道童楊元祥建言本臺治書何廷蘭負經濟之長材秉不阿之大節踐登臺省三十餘年納忠陳善歷歷可觀蒙准改正起復任用命下則已殂矣有進士魯貫所撰行狀傳于世

杜敏字時可漢嘉人厥祖爲昔兵亂自蜀下流

至公安因家焉兄弟六人好學不倦俱以儒業顯仕後敏仕秘書監著作郎歷陞雲南省憲處事不繁人服其簡約翰林太學士歐陽玄贊曰純篤之學練達之資論直而不傷世器方而能適時壁水鼓篋曲臺塤篪或提儒綱或把郡麾鳴峙大著之庭鷺振清廟之儀茲蓋蜀珍之秉瑚璉之宗彝也

普原理其先高昌人也宦居江南因家焉至正壬辰年間由進士任監察御史後僉江南湖北廉訪司事時所治郡縣已皆入於寇遂詣湘憲假分司印徵兵屬郡以信天討而清疆土卒不如意復還京師上書論事慨然有志以安天下嘗曰使民咸被國家實仁之澤則吾之志願畢矣未幾授嶺南參知政事兵潰之際兄弟皆被賊縶而投之水火一門死者過半而原理終不以威武屈其志自號安節先生有詩集存焉

國朝

王㤿字用誠由進士授檢討太理寺丞巡撫貴州賑窮撫髂民夷懷畏遷國子祭酒博學工文操行簡約年五十九歲卒于任歸家之日行李蕭然有誠齋文集藏于家　有傳

何晫字太古領景泰癸酉鄉薦任直隸睢寧知縣爲政以至誠爲本每遇旱澇祈禱輒應在任九年有麥兩岐三穗蝗不入境之異且謙讓弗居縉紳咸歌頌之有睢寧三異集傳于世登仕郎百歲翁三山游堅贊曰堂堂氣宇穆穆儀容義方乎外仁存乎中惟其生也鍾光岳之精英故其出也膺國家之大用其作宰花封也甘雨驅蝗而麥秀三岐其異政著聞也都憲褒嘉而縉紳歌頌小民懷其遺愛請隻舄䀆謳樓以識去思士林儼其或遷轉善政鐫碑碣以求傳誦信可以及夫豚魚仁足以被乎輩動乃謙讓而弗居恒請共而持重此于所以踏德範以贊揚冀以播循吏千載之清風也　有傳

王軾字用敬號三湖居士舉進士初任大理寺副入蜀審錄平反者三百餘人陞擢蜀憲副遇旱請官銀十數萬賑貸之民賴全活者甚衆歷仕　四朝位至　太子太保操持清謹家無餘貲有詩文集并恤刑錄行于世詳見湖廣通志

鄒文盛字時鳴號黄山舉弘治間進士初授吏科給事中忤逆瑾出守保定府後歷任都御史巡撫貴州時維香爐山苗阿背等叛亂公受　命兼制川湖軍兵征勦斬首無算𤣥夷

底定由是嚴戢將士脅從罔治苗隣數寨全活者千餘人及捷　聞特錫武廕獎勞公意初不矜其功也陞侍郎進陟尚書在户部時裁冗費以節財用奏蠲貸以培邦本議處鹽錢二法及會同開通惠河請官清查馬房饟料奏革權貴陳乞田土之類時論韙之公事三朝終始一節乞休林下聞望益隆卒年七十有八　賜謚莊簡加贈　太子少保行誼風節縉紳所推鄉評謂克全五福無愧一生有默庵集瑣闈奏議并靖蠻疏稿歸田等錄

傳于世翰林院侍講學士廖道南贊其像曰維公懋德德厚而無疆維公峻業業廣而有常維公崇節節貞而允臧維公揚烈烈永而愈光始者給諫乾綱攸闢雅章乃忤逆瑾而出殿畿内之邦既而數政蕃垣惠播甘棠乃司臺紀而獨鑑綴外之靈德音秩秩輿誦洋洋有陸惠寰之數存真幾介石有韓稚圭之毅而雍容宅若即其混也粹乎光風霽月闡其義也凜乎烈日嚴霜於乎豈非　昭代之偉人而前無與敵荷彌性之休祉而後益克昌者邪　有神道碑銘

進士

前代無考

國朝

王必寧　中洪武壬午科登癸未第任浙江富陽縣知縣

王仲實　中永樂庚子科登辛丑第任大理寺評事

王恂　中永樂庚子科登庚戌第歷任翰林院檢討修撰大理寺丞司業祭酒

李芳　中景泰丙子科登甲申第任浙江海寧縣知縣湖州府同知

王軾　中天順己卯科登甲申第歷任大理寺評事寺副寺正副使按察使都察院僉都副都御史大理寺卿南京兵部尚書加太子太保致仕謚襄簡

陝茂　中天順壬午科登甲申第歷任主事員外郎中漢中府知府參政

朱輔　中成化癸卯科登丁未第任直隸宜興縣知縣南陽府同知

鄒文盛　中成化丙午科登弘治癸丑第歷任左右都給事中保定府知府參政布政使都察院副都御史侍郎南京右都御史户部尚書奉勅致仕加贈太子少保謚莊簡

何珊　中弘治壬子科登癸丑第歷任南京刑部主事員外郎中重慶府知府副使按察使左右布政使

鄉文瑞中嘉靖辛卯科登戊戌第任戶部主事

李和芳中嘉靖甲午科登戊戌第任四川內江縣知縣陞監察御史

李台中嘉靖乙酉科登辛丑第任[redacted]

舉人

何永壽中洪武甲子科任陝西莊浪衛學教諭

林思義中洪武庚午科任縣丞

易紹宗中洪武癸酉科任鹽運使

林敬直中洪武丙子科任教諭

張禮中洪武丙子科任直隸交河縣知縣

鄉壽中洪武己卯科任四川敘州府通判

郭繼宗中洪武己卯科歷任山東按察司僉事

馮文魁中洪武己卯科任四川嘉定州學正

匡一定中洪武己卯科任直隸真定府學教授

徐士奇中洪武己卯科任四川仁壽縣學教諭

陳如川中洪武壬午科任四川成都縣學教諭改河南安陽縣教諭

陳元亨中永樂乙酉科

宋友謙中永樂戊子科任監察御史

胡文宗中永樂戊子科

楊懋中永樂戊子科

王壽中永樂甲午科

張斌中永樂丁酉科任直隸無錫縣知縣陞監察御史

張敏學中永樂丁酉科任江西[illegible]縣主簿

張暉中永樂癸卯科

龔富中永樂癸卯科

祝榮宗中宣德己酉科任應天府學訓導山東鉅野縣學教諭

劉子儉中宣德壬子科

陶惟恭中景泰庚午科任直隸[illegible]山縣學訓導江西贛縣學教諭

謝鎮中景泰癸酉科任直隸宿松縣知縣

何皐中景泰癸酉科任直隸[illegible]縣知縣京刑部郎中

文魁中景泰癸酉科任浙江寧波府通判[illegible]雲南臨安府通判[illegible]州府通判

陳和中景泰癸酉科

李茂中景泰丙子科

王吉中景泰丙子科

朱麃中景泰丙子科任四川江安縣知縣

蔡衡中天順己卯科任直隸真定府同知

劉昭中天順己卯科

王洎中成化乙酉科

王準中成化戊子科任直隸東鹿縣[illegible]教諭

王祥中成化辛卯科

周敬中成化甲午科任江西新喻縣知縣上林苑監丞

李英中成化丁酉科任四川南溪縣知縣

何瑢中成化丙午科

王贇中弘治乙卯科

李堅中弘治乙卯科任四川敘州府通判

王貢中弘治戊午科任四川江津縣知縣

咼校中弘治戊午科

楊廷傑中弘治戊午科任四川眉州知州復任貴州永寧州知州

毛廷爵中弘治戊午科

李大本中正德癸酉科任江西新城縣知縣

朱諫中正德癸酉科任江西廣信府通判復任福建汀州府通判

王順中正德丙子科

李璋中嘉靖壬午科任四川巫山縣學教諭彭山縣知縣

李文芳中嘉靖乙酉科任四川定遠縣知縣[redacted]

咼文光中嘉靖戊子科[redacted]

劉珠中嘉靖丁酉科[redacted]

歲貢

徐勝先應永樂元年貢任直隸保定府通判

陳順昌應永樂二年貢任典史陞府知事

李德榮應永樂三年貢任縣丞

楊原王應永樂四年貢

侯坦應永樂五年貢任雲南陸凉州同知

曹繼宗應永樂六年貢

陳覬應永樂七年貢任浙江瑞安縣縣丞

余勉應永樂八年貢任河南王府典儀

桑復禮應永樂九年貢

魯貫應永樂十年貢

張籍應永樂十一年貢

周文質應永樂十二年貢

桂謙應永樂十三年貢

劉友諒應永樂十四年貢

馬德應永樂十五年貢任江西臨川縣知縣

易震應永樂十六年貢

張智應永樂十七年貢

易恭應永樂十八年貢

楊濟應永樂二十年貢

羅文用應宣德元年貢

楊宗喆應宣德四年貢任江西廣信府照磨

王元凱應宣德[redacted]年貢任[redacted]府知事

楊文質應宣德七年貢任直隸永平衛經歷

傅郁應宣德八年貢

何俊應宣德九年貢任倉大使保陞[illegible]山知縣
蔡吉應宣德十年貢任南京户部主事大理寺丞
曹子徽應正統三年貢任中軍都督府經歷漢中府知府
鄒洧應正統五年貢任貴州普安州判官
王賢應正統七年貢任四川梁山縣知縣
胡文敬應正統九年貢任貴州思州府推官馬龍州同知
馮鎣應正統十年貢任福建福寧衛經歷
胡禎應正統十二年貢任山東靈山衛經歷
王璉應正統十二年貢任[redacted]縣丞
鄉繡應正統十三年貢任直隸贊皇縣縣丞

何淵應景泰元年貢任浙江永康縣縣丞
王忠應景泰二年貢
劉傑應景泰三年貢任直隸淮安府照磨
譚弼應景泰四年貢任江西萬安縣主簿
王瑛應景泰五年貢
王質應景泰六年貢
郭榮應景泰七年貢循例受七品散官
張鳳應天順元年貢
李秀應天順五年貢任浙江淳安縣縣丞
吳選應天順六年貢任河南祥符縣主簿

毛錦應天順六年貢
王永隆應天順六年貢　田璧
陳溥應天順六年貢任浙江海寧縣縣丞
田苗應天順八年貢任直隸無爲州判官
王儒應成化二年貢
張遇應成化四年貢任直隸靜海縣學訓導四川蓬溪縣學教諭
陳綱應成化六年貢任四川嘉定州判官
杜美應成化八年貢任直隸宛平縣縣丞
桑林應成化十年貢任直隸蒲城縣縣丞
薛鴻應成化十二年貢任四川南川縣學訓導

李完應成化十四年貢
王鉞應成化十六年貢任直隸無極縣學訓導
嚴寧應[redacted]年貢任四川富順縣縣丞
李實應弘治[redacted]年貢
廖儼應弘治[redacted]年貢任廣東仁化縣知縣
杜衡應弘治五年貢任四川筠連縣知縣
郭溥應弘治七年貢
趙英應弘治[redacted]年貢
何昆應弘治[redacted]年貢
傅訓應弘治[redacted]年貢

張謹 應弘治[redacted]年貢

許鑾 應弘治[redacted]年貢任浙江雲和縣主簿

薛寅 應正德元年貢任直隸德州判官

謝序 應正德[redacted]年貢任雲南亦佐縣知縣

曹文惇 應正德三年貢

曹文績 應正德六年貢任四川巴縣學訓導慶符縣學教諭

陳伯福 應正德九年貢任直隸新城縣學訓導

陝佐 應正德十一年貢

王藎 應正德十三年貢任福建崇安縣縣丞

成章 應正德十四年貢

伍廷佐 應正德十六年貢

蔡大武 應正德十六年貢

劉定 應嘉靖元年貢

曹文才 應嘉靖二年貢

何怡 應嘉靖五年貢任直隸石埭縣知縣後任廣西永淳縣知縣

曹文道 應嘉靖五年貢

李琰 應嘉靖七年貢

謝文煥 應嘉靖九年貢任四川南充縣學訓導陞岷府教授

朱裳 應嘉靖十一年貢[redacted]

馮鍠 應嘉靖十二年貢[redacted]

李遇春 應嘉靖十五年選貢[redacted]

曹文會 應嘉靖十五年貢任山東肥城縣學訓導[redacted]

蕭塤 應嘉靖十七年貢[redacted]

陝民望 應嘉靖十七年貢[redacted]

文相 應嘉靖十八年貢[redacted]

文材 應嘉靖十八年貢[redacted]

曹文方 應嘉靖十九年貢[redacted]

周佑 應嘉靖十九年貢[redacted]

陳範 應嘉靖二十年貢 董佐 應嘉靖二十三年貢

例貢

王佐 任鴻臚寺序班鳴贊

曹璧 任四川鄰水縣主簿

熊傑 任四川忠州判官

王潔 任山東青城縣主簿

許綸 任淮府審理 馬禮 陝俊

倶成化二十年

毛廷圭

李秀[redacted]

曹文昇

何愷 任四川雅州判官河南沈丘縣知縣

桑文魁
李貢
李璹
周韡任福建松溪縣縣丞
李賞
王希夔任直隸武進縣主簿
李璟
毛珠
鄒廷椽任直隸丹徒縣主簿
魯邦文

祝仕遇
蕭韶
俱正德三年以後
曹文佐
毛文泰
俱嘉靖五年
李巡春
毛文炳
鄒廷濟
咼文簡

毛文福
鄒璞
龍廷忠
鄒璲
毛武烈
汪世儀
曹總
俱嘉靖十四年至十八年止

恩廕

王資輔之子任直隸崑山縣主簿

鄒廷澤文盛之子任南京右軍都督府都事陞左府經歷
王貞輔之子弘治間以平貴州普安米魯功授錦衣衛世襲總旗後陞百戶
鄒廷濟文盛之子正德間以平貴州香爐山阿傍功授錦衣衛世襲百戶恭遇嘉靖新政革免

封贈

陶選父廷桂贈奉訓大夫工部員外郎　母徐氏贈宜人
妻沈氏贈宜人　繼室吳氏封宜人　俱洪熙元年
王恂父貴華贈翰林院檢討徵仕郎再贈奉政大夫國子監司業
母孫氏贈孺人再贈宜人　妻張氏贈孺人再贈宜人
俱正統十二年　景泰四年

曹子徽父敏贈中軍都督府經歷　母郭氏封太宜人

妻蕭氏封宜人　俱景泰四年

蔡吉父仲榮封承德郎南京戶部主事　母龍氏贈安人

繼母[illegible]氏贈安人　妻劉氏封安人　俱景泰四年

江淮衛知事曹瓊封脩職郎　成化十一年

王軾父讓封文林郎大理寺右寺右評事　母張氏封孺人

妻張氏封孺人　俱成化四年

陝茂父廷蘭贈承德郎南京戶部主事　母黃氏封太安人　俱成化八年

王軾祖父原道贈大理寺卿　祖母孫氏贈淑人

父讓贈通議大夫大理寺卿　母張氏贈淑人

妻張氏封淑人　俱弘治十一年

鄒文盛父廉封徵仕郎吏科給事中　母易氏封孺人

妻馬氏封孺人　俱弘治十一年

何珊父知縣白皐贈奉政大夫南京刑部郎中

母陳氏贈太宜人　妻牟氏封宜人　俱弘治十八年

鄒文盛祖父漁贈通議大夫都察院右副都御史加贈資政大夫戶部尚書

祖母胡氏贈淑人加贈夫人　父廉加贈右副都御史加贈戶部尚書

母易氏贈淑人加贈太夫人　妻馬氏封淑人加封夫人

俱正德十四年　嘉靖十六年

人材

田文質洪武十四年任工部主事　劉朝宗任主事

祝選任知府　熊達任同知

崔英任河南南陽府同知　張哲任同知

郭榮任四川重慶府推官　田貲任知縣

田時任知縣　李德新任浙江定海縣縣丞

狂宗貴任主簿　姚良佐任縣丞

周致中任主簿　張必達任典史

祝安道任大使　楊遠任訓導

楚原吉任吏目　林思恭任巡檢

高存仁任巡檢　康益任大使

冉興任大使　崔子誠任大使

馬友信任典史

吏員

雷斌任苑馬寺寺丞　張楫任江西贛縣縣丞

何崇文任縣丞　張彥明任縣丞

張廣任縣丞　袁凱任縣丞

譚原亨任主簿　邢思聰任四川江津縣主簿

陶選任主事工部員外　尹信任掾史

尚文任典史　祝禮任典史

清源任兵部主事　周銘任典史

王璽任王府典膳　王永任縣丞
陶容任廣東除文縣典史　潘勝任巡檢
劉清任巡檢　李智任司獄
唐禮任典簿　張韶任大使
龔友良任典史　譚彥明任大使
柳政任大使　侯奎任大使
李泰任貴州大使　文忠任大使
曹瓊任南京江淮衛知事　吳聰任大使
鄧義任副使　吳瓘任江西吉水縣縣丞
黃選任直隸建平縣主簿　潘淵任山東西津縣主簿

張義任典史　王富任大使
孔選任典史　唐源任驛丞
李真任福建壽寧縣縣丞　謝選任山西平陽府倉大使
高貴任黃州衛經歷　文思洪任通州大使
朱友仁任通州大使　王瓊任太平衛知事
龍乾任浙江溫州府倉大使　王亮任驛丞
曹子綱任大使　何大才任巡檢
丁文任四川石泉縣典史　鄧貴任吏目
童榮任吏目　趙諒任直隸趙州巡檢
孫義任吏目　雷福任大使

劉洪任廣東[redacted]縣典史　崔文宦
劉永任南京虎賁衛經歷　郝秀
周文榮任廣東曲江縣縣丞　徐錦任典史主簿江西萬安縣縣丞
蔣澄任京衛經歷雲南鄧川州同知　熊華任四川倉大使
胡釗任四川[redacted]驛丞　王廷璋
殷以芳任廣西香山縣巡檢　李淳任河南夾縣縣丞
吳時任直隸郁門縣典史　劉應奎任福建南城縣典史
馮清任海南衛知事四川合州判官　張中
蘇廷相任倉大使　雷隆任浙江鹽運司大使
王槐魁任浙江布政使司照磨衛經歷　王昇任四川保寧府司獄

蔡善任浙江杭州府倉大使　雷昂[redacted]
牟廷宣[redacted]　葉金[redacted]
熊德[redacted]　周廷輔[redacted]
郝鉦[redacted]　寨文臣[redacted]
曹廷祿[redacted]　劉儀[redacted]
王良[redacted]　田本秀[redacted]
蘇文彬[redacted]　李昇[redacted]
陳霖[redacted]　何祖梅[redacted]
楊勝秀[redacted]

義官

楊昇　俱天順四年納米三百石受七品散官　蕭誠

李蓉

王彥德　李德明

楊榮　俱成化三年納米二百五十石受七品散官　龍漢

胡景洪　俱成化四年納米二百五十石受七品散官　潘如琳

王軏　俱成化十四年納銀五十兩受冠帶　桑茂

何璁　俱正德七年納銀三十兩受冠帶　鄒文紀

李萃　俱正德三年納銀三百兩受指揮僉事　鄒文獻

義民

伍得清　毛本清　馬良　洛繼祖

廖廷茂　吳以政　王安仍　周繼祖

劉文清　向興受　蔣貴　俱正統七年納穀一千石奉

璽書旌表其門

林守成　成化初蘇寮商人以漆一囊寄守成而去至弘治中其商始來適守成遠出商意以其漆不存乃告之官時知縣任公寅召問之守成歸致漆縣庭封識如故啟視漆乾結皆中存十兩漆王公嘆良久杖其商而錫守成米肉以旌其義

孝子

國朝

林守成　早喪父繼母曹氏臨之甚嚴而守成事之益謹曹卒棺在家鄰居火風甚急守成乃升屋呼天俄而風果返卒無恙時人驚爲孝感

王賞　充廩膳生少有孝行及卒父軾爲題其墓莆田鄭紀有志

節婦

楊儀妻李氏　夫卒時年二十一誓不改節自少至老鄉里稱之

馬旐妻駱氏　夫早亡矢志不踐二庭乃撫其孤至老而卒

尚校妻成氏　相夫勤學中弘治戊午鄉試逾年夫卒成時二十一矢心堅志織紝自供節守三十餘年教子文光中嘉靖戊子鄉試有司覈實以聞

李寶妻王氏　時年十九夫卒無子誓不再嫁孀居愈厲人皆賢之

尚懋妻劉氏　年二十四撫子成立貞守爲鄉閭法有司以表其門

熊儒妻傅氏　夫亡事姑姑嘗病傅禱於神刲股作羹以進即愈其志守不易有司以節孝嘉之

王親

遼國正妃　毛廷式女正德六年擇配

華陽府妃　王欽女嘉靖十五年擇配

僊釋

晋

智顗禪師厥族潁川散騎孟陽公之次子也晋室離亂還於荊南顗生於公安母氏懷孕時夢五色香煙遶身復夢吞白鼠母氏覺身心如虛空因而卜之曰白鼠者白龍化之也父母慶喜既而生顗穎悟異常長而出家遠遊辭母母曰汝今遠遊其旨何依顗乃指其茅化為穗指其水化為油後母喪葬於大賢里之西累一塔名曰聖母塔至今尚存其顗而茅穗村因此以得名也

元

羽士侯大中號損齋於儒書道業拔出時人前元泰定初應召朝廷建設國醮宣授師號而歸未逾年有芝二莖並產於堂前每莖七朵色如青玉識者以為人傑地靈之應也所著詩集傳于世有翰林學士元明善撰記

重刊公安縣志卷上終

金陵吳萬成鋟刻
鄒長泰謄寫

公安縣志

下

重刊公安縣志卷下

儒學教諭梁 善纂修
公安知縣魏 奇校刻
邑 人 鄒廷濟重刊

題詠

唐

公安懷古 杜子美

野曠呂蒙城江深劉備營寒天催日短風浪與雲平灑落君臣契飛騰戰伐名維舟倚前浦長嘯一含情

移居公安山館

南國晝多霧北風天正寒路危行木杪身遠宿雲端山鬼吹燈滅廚人語夜闌鷄鳴問前館世亂敢求安

公安送李二十九弟晉肅入蜀余下沔鄂

正解柴桑纜仍看蜀道行檣烏相背發塞鴈一行鳴南紀連銅柱西江接錦城憑將百錢卜漂泊問君平

移居公安敬贈衛太郎

衛侯不易得余病汝知之雅量涵高遠清襟照等夷平生感意氣少小愛文辭河海由來合風雲若有期形容勞宇宙質朴謝軒墀自古幽人泣流年壯士悲水煙通徑草秋露接園葵入邑豺狼鬬傷弓鳥雀飢白頭供宴語烏几伴棲遲交態遭輕薄今朝豁所思

留別公安太易沙門

隱居欲就廬山遠麗藻初逢休上人數問舟航留製作長開篋笥擬心神沙村白雪仍含凍江縣紅梅已放春先踏廬峰置蘭若徐飛錫杖出風塵

公安送韋二少府匡贊

逍遙公後世多賢送爾維舟惜此筵念我能書數

字至將詩不必萬人傳時危兵甲黃塵裏日短江湖白髮前古往今來皆涕淚斷腸分手各風煙

曉發公安數月憩息此縣

北城擊柝復欲罷東方明星亦不遲鄰鷄野哭如昨日物色生態能幾時舟楫眇然自此去江湖遠適無前期出門轉眄已陳迹藥餌扶吾隨所之

醉歌行贈公安顏少府請顧八題壁

神仙中人不易得顏氏之子才孤標天馬長鳴待駕馭秋鷹整翮當雲霄君不見東吳顧文學君不

見西漢杜陵老詩家筆勢君不嫌詞翰升堂爲君掃是日霜風凍七澤烏蠻落照銜赤壁酒酣耳熱忘頭白感君意氣無所惜一爲歌行歌主客

宋

過公安　趙抃

劉郎浦上公安渡我過高吟老杜詩烟浪幾重江幾曲箕蘆風物似當時

泊公安縣　陸游

春闈蜀道何遼哉公安渡頭今始回無窮江水與天接不斷海風吹月來船窓帘捲螢火鬧沙渚露

下蘋花開少年許國忽衰老心折舵樓聞笛哀

公安縣　陶商翁

門沿大堤入路趁淺沙行樹短天根起山窮地勢傾孤舟難泊岸遠水欲沉城夜半求津濟烟中荻火明

國朝

公安寓目　薛瑄 御史

兩回持節過公安澤國風霜指顧間江勢遠盤三峽水地形平入五溪山呂蒙營廢蒼烟合劉備城空白日閑過欲荊南窮勝蹟歸心咫尺到　天關

公安懷古　和杜子美先生韻　會稽韓陽 僉事

址廢左公宅基留呂守城橋毀道路遠堤堰捍江平寇相存遺祀野叟著姓名載廣工部句賡罷有餘情

寓公安作

去歲端陽在　帝京今年持節按江城官途莫盡泊親祀公館惟聞競渡聲圃艾有苗還可採觴蒲無酒不須傾明年此日知何地謾寫新詩記客程

公安道興　餘姚吳節 通判

公安縣治楚江濱綠水人家遶郭田土地饒腴民

樂業山川鍾秀地多賢驛樓半擁臨堤柳僧寺斜籠斷岸烟幾度公餘閒縱目夕陽長送渡頭船

遊二聖寺　前人

帝遣緇流此設宮楚江雲水足盤桓禪房雨過松篁秀佛殿風和燕雀攢實藏散花香影細金蓮簇地露華寒好山多爲僧家占清界偏宜靜處觀

贈御史張君仲冝　邑人王恂 祭酒

聖明御寰宇群賢集如雲之子宰名邑燁然聲譽聞領薦入烏府公論藹朝紳豸冠錦繡衣文采何彬彬朝回望鄉邑永懷堂上親別時已白頭于今

又幾春一朝承　恩命發舟潞河津鄉山指日到
素願諧茲辰金風散微凉露浥黃花新升堂重獻
壽毋子意欣欣危酒為君酌為詩為君陳人生孰
無親榮養能幾人忠孝等丘山富貴如輕塵我抱
風木思泣子彌傷神翹首望南紀清淚欲沾襟

過寇相祠　晉陵卜同 僉事

瞽竭丹心報主知戰和真繫宋安危運籌自古多
帷幄保障從來勝璽綵忠感枯篁生稀筍澤遺舊
栢長孫枝我瞻祠像英靈在一束生芻有所思

寇萊公祠　邑人王軾 兵部尚書

大事當頭只自知誰能協力濟艱危君王不肯為
孤注宗社將應到色絲嘗有通天犀作帶可無補
地竹生枝人生得喪真如夢古往今來可再思

謁寇相祠　山陰薛綱 提學副使

忠誠非不受君知自是功高勢必危決策澶淵心
似鐵竄身南海命如絲烝羊不報生前怨枯竹還
萌死後枝今日公安拜公像高山仰止起遐思

弔萊竹祠　邑人鄒文盛 户部尚書 前給事中

相在塵埃豈預知孤舟端合濟川危折衝卯試千
鈞弩補衮還資五色絲巴峽丹宗存舊栢冢城脩
竹再新枝當崖往復應難避天道循環可再思

又

名在當時虜亦知北門鎖鑰繫安危恩頒犀帶堅
如礪禍起羨讒細若絲奸骨已消炎海瘴忠魂猶
托渭川枝天留奇跡昭忠節撩我懷賢不盡思

登二聖寺藏經閣　吳縣彭昉 知縣

江心傑閣偶來遊高處還宜寄遠眸鳥道縱橫煙
雨外蜃樓窩結浪濤頭碧欄干倚羈情渺清簟紋
凉午夢悠巫峽楚江天下句舊題應與並風流

遊二聖山門　東魯閻閎 給事中

萬里雄遊小駐鞭珠林瑤閣俯江川中原回首憐
天末長至關心到日邊青葉譬王威力猛黃衣使
者肉身堅定能護我歸來健願對蓮花細問禪

寇公祠餞江編脩使蜀　王恂

仙舟西去遡流遊江上登臨弔古時錦纜攀巴
子國檝漿先拜寇公祠綵袖霧鎖迷芳徑脩竹雲
高長茂枝千載忠良遺恨遠嗟君此日思無涯

寄邑庠諸友

三十年前好用功毎懷懿訓愧懵懵詩書訓迪資
先覺化育甄陶仰

聖裏芸閣凉生槐葉露芳池香散藕花風懸知撫景
多清暇百歲光陰慨轉蓬

秋潦往視 時正德丙子　彭昉

白露蒹葭冷孤城風日淒水涵平野濶天入大江
低木末飛晴鷺庭皐沐晚霓荒墳埋石筍古塔湧
璇題小溆多魚笱誰家有稻畦長歌且回棹桂樹
日華西

拜萊公祠　滇南周臣 知縣

寇老有心枯竹知澶淵不顧雷州危自把身當孤
注子竟能力引千鈞絲棲鳳倒窺翻面葉篳龍盡

長無根枝古今不泯真忠蹟只與路傍人復思

過公安　武陵陳洪謨 兵部侍郎

澧陽三日地燈火又公安兩過江流闊秋深野色
寒閭閻人苦急官府政從寬乂謝觀風寄翻思攬
轡難

謁寇丞相祠

萊公祠已舊秩祀典還新　昭代褒崇厚樞臣正
議申 國朝時從御萬曆間建自 駿奔喧里社俎豆式明禋枯竹今
猶茂鴻名未不湮忠邪天自鑒報復理常因嚮相
今何在砦唇有路人

癸丑除日寓留臺作　王軾

半百年加五閒愁日有千蓼莪嗟永感棠棣恨無
緣一樂今難再孤忠尚自堅田廬虛舊業回首思
茫然

過公安　吉水毛伯温 監察御史

曉發公安道星稀月未西野橋危渡馬茅店遠鳴
雞絶塞驚鴻盜頽垣泣寡妻救時無上策到處漫
留題

寓洗心堂　樊川許宗魯 提學副使

亭臨池畔靜池水浸亭清草露沾衣濕荷風拂扇

輕退公臨爽塏澄慮對空明滄浪有遺詠吾擬濯
冠纓

寄題寇萊公祠　澧陽李如圭 僉都御史

澶淵決策士咸揚豈意奸臣中暗傷總向北門爲
鎖鑰又從南海泛舟航嫉邪秉道時難合徇國忘
身願已償今日公安祠廟將天嘉忠節長琳琅

書二聖寺壁　鐵傘王汝賓 行人

公安二聖寺傳說自南朝臨市鐘聲隔金珠佛相
攢空階餘野草虛響去江灘一咲真成偶揮毫老
衲看

水潦因賦自譴　嘉定姚隆荆州知府

風雨荆江兩岸秋逆流百丈上官舟雨摧楊柳垂
青淚風撼蘆花點白頭沮洳謾看豐草合閭閻猶
望苦蕎收不才濫任專城寄矯詔漸無汲黯籌

題鮑萊公祠　石淙楊一清吏部尚書大學士

半畝荒基數尺牆宋家賢相表新坊樓臺不用生
前起祠宇能延没後香未援一丁眞負國纔爲孤
注已尊王後人不建親征策和議終成輸靖康

贈黄山鄒公歸楚　濮陽李廷相侍郎前翰林學士

先生久欲謝朝纓今日眞爲畫錦行已三疏

帝寧遂雅志一時誰不仰高名旗開謝野延詩侶歸卧
黄山絶世情自是湖南添勝事豈書珍重有餘榮

壽鄒司徒七十四　滁州孫存荆州知府今布政使

當年五老陟公廢此日三台照壽星尚父膺揚周
曆永伏波矍鑠漢功銘風來王物曾裁出雨過庄
廬草木青天爲吾皇求一德故於元老勒康寧

遊二聖禪林　崑山張意工部郎中

青鸞黄衣呈佛相珠宫寶剎據梅岡劫灰慣使長
風便鍛力猶能毒蜃降香火頻年來賈客溪毛伏
臘走村翁閒凭虚閣舒塵眼煙水雲山接應忙

侍御李時芳外補　海寧朱渾寺丞

春榜秋臺兩見蹟青驄俄爾蹶霜蹄非關烏府難
容豸要使牛刀試割鷄天上暫時遺斧扆海濱多
日望雲霓聖朝圖治須賢俊應有徵書降紫泥

贈三湖王公致政　永新劉稱[redacted]

裴度當年絶似公太平歸老幾人同勳庸已向
先朝著德望尤誇晚節崇渙汗恩光昭異典從容
禮度仰高風懸車自爾膺多福况復盈庭有桂叢

閔雨有感　邑人何珊布政

田疇龜坼稻難移望斷層霄雨不施胼手未緣躬
耒耜齋心聊共禱神祠百端賦役蒼生苦一點

誠
上帝知願霈甘霖蘇積旱斡旋元化轉豐熙

過三穴橋舖　莆田鄭弼知府

寒澗水清淺夕陽古道斜鴈聲隨野落馬跡去途
賒東野憐貧病少陵遠室家平生甘廢徙踪蹟半
天涯

寄題萊竹祠　無錫秦汴後府都事

華山高聳廻埃塵幻出平章作宋臣澶水締盟孤
注杳雷陽感竹物靈眞春風祠宇留遺像江郭松

楸薦採蘋欲拜末由輸景哲新詩聊寫附湘鱗

贈縣令李時英歸　當塗楊覲府同知

一髮纔添鏡裏秋雙凫不住下林丘忠勤已了公家事笑傲還尋故國遊花簇荊門如有待鳥喧巫峽欲相留丈夫進退當如此卧轍攀轅總是休

何雎寧三異　嘉魚李承勛按察使

吁嗟三代前異政皆尋常自彼循吏衰世乃稱龔黄龔黄亦未易奏牘何多良惻惻雎寧尹積誠感穹蒼禱雨雨轍隨拜蝗蝗自殭古頌兩岐秀今麥三穗揚閭閻縱公論何緣達廟廊恨無韓范心拔

君厲四方恨無班馬筆傳君史冊光恨無盧扁技令君壽命長天道久始定敢謂終茫茫瀧岡表潛德萬古傳歐陽君道自能久吾喙何須張

謁鄒莊簡公墓　邑人劉珠舉人

如今海内公何逝休息蒼生偶望中晚節世傳跡少傳真心我識呂司空墓前自合來高鳥地下憑誰起卧龍我奠一觴三酹酒百年雙淚豈無從

贈别觴朱秉正　貞齋江汝璧翰林院侍讀

橋門衿佩羨蜚雄梓里山川喜借公六月仙槎凌斗極九秋冠蓋鬱雲虹分麾正屬催科日開府仍

當擅扼中公撫兵防有別治在橫峯報政定知消息好尉予先

寄北未鴻

公安八詠事實詳見景物類

孱陵縣　曲阜孔克學教授

孱陵古邑暮雲稠朝市遷移水自流歷問往年賢令邑孝廉惟説吏黔婁

三相祠

兩朝冠帶肅威儀異世同符會有期相業巍巍耀今古百年配享復增誰

萊公祠　合州李實都御史

獨令賢哲艱危日正是姦邪諂佞時身没瘴鄉前數定功安王室老蒼知千竿鳳尾萊公竹百砌龍鱗忠愍祠我忝清朝都憲紀下車寧惜賦哀詩

劉備營　南城房齡教諭

當年曾拜左將軍威鎮荊州築此營炎祚已隨天運改精忠猶共日華明三分鼎峙人何在萬古江流水自清基址可憐零落久夕陽啼柳亂鴉鳴

聖母塔

宴罷瑶池去不還巍巍寶塔已經年指茅作穗禪機妙點水爲油秘法玄一柱直連銀漢表七層高

犨楚江邊獨憐毋子今何在巔得芳名後世傳

二聖洲

開基建寺向江邊千古英靈貌儼然舊日樓臺水
不見當時誥命尚流傳子規聲斷斜陽裏蘆荻花
開古寺前一片白雲芳草地不知甲子幾千年

三柏祠

馳譽丹青入廟庭義氣懍帶老公卿忠肝義膽清
風古畫棟雕梁空月明政事文章垂汗簡君臣魚
水際昇平只今文武多才俊豈待三公獨擅名

孱陵縣　　宣城魏奇 知縣

黔婁昔日令孱陵德政曾於此著名孝行已將風
俗化循良猶照簡編清秋風禾黍連阡陌夜雨桑
麻滿故城舊日甘棠今尚在月明猶聽頌歌聲

呂蒙城

關羽當時久據荊誰於江漢敢提兵明公決策摧
前壘吳主優封鎮此城廟食尚存歸化像邑人猶
頌古來名英靈耿耿昭如在顧瞻　皇猷致太平

呂仙亭

孤亭南敞地清幽此日登臨事勝遊鐵笛不聞仙
已去白雲常在水空流霜寒遠樹千林暗月冷平

湖一鏡秋我欲乘槎問牛斗天風願借步蓬洲

二聖洲

大江心擁一沙洲上有叢林分外幽古木陰陰巢
白鷺蒹葭密密拂漁舟波濤洶湧渾無恙鼎負潜
藏已見攸不是神功侔禹蹟安能千古峙中流

劉備營　　臨川梁善 教諭

油河幾載建兵屯拒操連權舉事尊可恨虎臣輕
授首荊州千里爲吳吞

聖姑塔

崔嵬石筍聳雲端象教尊親世亦難幾度芹宮遥

送目尖尖誤作筆峯看

萊公竹

紙錢焚後竹青青天遣禎祥表德馨忠直已亡邊
釁作當時誰拔眼中丁

呂仙亭　　巢縣劉遜 訓導

不濯滄浪濯斗湖洞庭雲樹正模糊苔封丹竈遺
今古塵掩棋枰半有無小徑雨餘回舞鶴高亭夜
靜引啼烏仙翁久去遺蹤在尚有遊人作畫圖

二聖洲

楚江浩浩下東流二水中分有一洲巨浪掀騰渾

莫洗叢林突兀更多幽蘆花明月迷歸雁沙渚輕
風漾去舟二聖悠悠千載後于今勝槩獨名留

萊公竹　前人

拂髮何事疾忠良致使仁賢貶異方旅櫬有舟歸
故里紙竿生筍動穹蒼名徵史冊丹心著人仰祠
堂百代香行看脩叢含晚操瀟灑飽歷舊風霜

聖母塔　劉珠

塔深入泉壤母恩猶自深塔高凌日月母恩高莫
尋兒去母何食茅花成穗森如林兒去母何見江
水如油照陸沉學佛雖幻化猶念慈母心嗟哉讀

書者不識蓼莪音顏色逝白髮日耳惜黃金傾當
春暉下坐此寶塔陰

寇公竹

澧水感名伏大年公安綠竹有祠堂兩間正氣猶
枯槁千載孤忠表霜風雨聲悲哀比特見孫陰
自厚南方古來好事誰相並蜀相宮前老栢蒼

劉備營　龔梅洪字彥儒士

漢家中葉多殘賊帝胄稱戈起義圖司馬史編空
予魏杜陵詩詠失吞吳烟生斷岸平蕪合日落荒
村舊壘孤極目江干嗟往事蕭蕭苦竹間黃蘆

觀瀾所　天台潘球教諭

江自西來復東逝遊子迢迢寄所思更好觀瀾適
幽賞逢人盡說大夫祠

文翰

宋

大二聖禪寺靈蹟記　馮楫參知政事

余聞佛菩薩以波羅密舟於生死海則濟衆生無
有休息故六度無極諸經之所以褒讚也若乃緣
法所契願力所暨顯見一方昭然若揭日月者茲
亦無依無着無住之中法如是耳是以五臺峙東

北控制北狄文殊居焉峨眉據西南限隔南蠻普
賢在焉江淮汴泗之衝水母爲患僧伽鎮焉然則
大聖青葉髻王二聖妻至德如來之公安其猶是
歟是邑漢孱陵之舊境今江陵之次畿江會楚蜀
舟通數道水高地下井邑居民如處盆盎雖築隄
爲防而蟻潰是懼不有佛力何所恃賴故自東晉
太和三年寶印手菩薩道安法師護法菩薩惠遠
法師卓錫開基建寺於邑之江濱名其額曰安遠
寺迄太元元年春仲一日夜有邑令周通夢二神
扣門語之曰汝輩多爲不善殘害有生將陷泥塗

葬於魚鱉農者不穀蠶者不絲吾誓以西方之法
安鎮是壤由是翌日家傳戶告萬口一辭了無或
異亦聞空中語云還見吾否吾往昔因中乃童子
身於寶藏如來前得授菩提記號曰青葉髻王妻
至德如來賢刧千佛下生之數也故來鎮于境土
又有語曰今西北有香木二根浮流而來自洞庭
泝洄至此已三歲矣將有西來二鄯行者立吾二
像於是縣令同諸父老訪於江濱果得之復遇被
褐剪髮者從容相揖縣令曰得非西來鄯行乎荅
曰然具語其故行者許諾借之公安以取浮木爲

立二像運斤之日靈光匝寺若煙非煙如雲非雲
郁郁紛紛不聞其聲不見其形七日像完清風四
來靈光忽散啓戶視之遽失西來二鄯行者唯見
二金剛像屹然如山精光射人莫不震悚時是年
仲春八日也自是四衆皈依有禱皆應行者無飄
沉之懼居者免昏墊之虞野耕桑蠶各得其所而
夏秋洚水泛溢妖物作害崩潰隴岸淹没田疇有
司禱於大二聖見於雲中現像手執降魔寶杵縮
水金環以伏妖孽於是水患寖息民賴以安厥後
或現足蹟以驚群迷或示屐痕以堅净信或託諸

夢寐或流爲讖兆或敷諸靈既余按大藏經中二
聖本願祕隨利經譯之所載驗於此乎昔遠法師
預記一千年後有肉身菩薩改吾道場于梅園建
立仍復如故至唐貞觀二年有杭人史其姓清其
名者作鉅商駕舟從浙而來大二聖化爲童子身
在途路中求與鼓枻商者曰二豎子力能勝吾舟
耶童子曰客無慮但得夜行請客自睡至夜商者
寢于舟中童子鼓舟商有從者密覘之童子現勇
猛二神挾舟如飛從者報於商商亦覰之知其神
也戒從者勿視從亦寢莫知其舟所逝但聞草木

之聲雞鳴商者起視舟在寺側不見童子商者趨
寺觀見二神像與夜鼓舟之神靡異也遂感立化
于寺俄而貌變赤色垂頷如龍衆皆驚愕沙門用
麻覆身以香泥塑其肉像崇奉在寺一日附於童
體曰吾是娑伽羅龍王化身感大二聖修悟道深
救護衆生特來匡翊玄教護衛道場又曰百年後
有叛夫欲損吾軀終亦莫能至唐季果有巢寇犯
境欲挽仆之力終不逮遂發乘矢射不中而去顧
有汙痕之迹種種靈通不可盡述迄我皇宋列聖
御宇以來佛神之靈顯尤加昭灼以故雲堂海衆

滿至伍百遂以其寺爲薦嚴之所壓襃賜封額太
平興國五年賜額興化禪寺天聖三年改爲萬壽
禪寺崇寧四年勑加天寧萬壽禪寺紹興七年改
爲報恩光孝禪寺景定五年勑加大聖青葉髻王
爲精進如來二聖妻至德爲妙果如來勑封娑伽
羅龍王化身黄衣使者爲忠烈侯又勑佐神感應
判官爲助順侯又改爲大二聖禪寺今年秋孟四
日夜余以王事之西蜀舟經公安江上忽然雲霧
晦冥風濤大作舟人莫能措其手足舟幾覆没俄
聞空中語云爾等勿怖吾當救護語畢舟竟到岸

賴以獲免迄曉視之正在寺側余乃知佛神之靈
顯也於是秉香詣寺謁謝索其靈蹟住持綽翁遂
出本授余仍請余更增益之余感佛神救護之惠
而又重綽翁之請故併其前之靈蹟樂爲之記遂
命工鋟諸石以著無窮云 景定五年甲子孟秋立石

重修竹林寇公祠記 房灝 鄧度判官廳公事

忠愍萊國公本朝之賢相也有大勳於社稷不幸
遭讒死於南方柩至公安邑人迎而祀之插竹於
地者盡生是天地神明顯公之忠也有祠於此宜
矣祠立於天聖中迄今二百餘年邑人之奉祀者

不輟景定壬戌之秋居民失火延及祠宇一炬土
木不存自春歷夏長爲茂草之墟觀者嘘焉遊者
嗟焉住持者未免戚戚焉有道人金愚者以興造
爲己任回視其麻衣葛屨而已矣無一物可直百
錢者何以伸其志於是徧訪有力之家高門懸箔
無不詣也日儲月積勤苦三年而後修造之功視
昔有加焉先塑公像而給之上棟下宇朱碧櫺户
供獻之物靡不周具北有門南有室西有堂東有
庫又創真武之殿於其側以爲四方雲水之客掛
搭往來者朝夕焚香誦經之所若愚者亦有勞矣

愚道人也知天下之有萊公而尊事之其志亦可
尚矣一日公七世孫訥譙與愚同來訪予話及興
造始末欲得文以記之灝曰予嘗攝邑巴東訪公
遺蹟兵燹之餘咸無有焉及卜居公安始得拜公
之像灝於公安鄉里後學也尋常景行先哲於方
冊今使不肖姓名得附大賢於翠琰之上其爲榮
也多矣何敢辭因作迎神送神二詩請併刻諸石
每年中元前一日俾作祭者歌之於庭雖不足奉
揚公之弘功偉烈亦可以助邑人之思云爾其詞
曰 公之來兮揚揚其旆紅雲爲扇兮青雲爲蓋

鶴爲前驅兮鸞爲後隊赴中元兮生辰之會公之心兮惟國是衛初不計兮一身之利害公之功兮生靈是賴初不知兮小人之蜂蠆公之名兮昭乎千載如日月兮無遠弗届彼微雲點綴兮何足蔕芥公之歸乎九天緲緲翩翩兮上仙公安之民兮思賢歲時奉祀兮謁處有肴兮如山有酒兮如川香氣騰兮紫煙燭光爍兮金蓮疾病有禱兮必痊風雨應期兮無愆福吾民兮千萬年　咸淳己巳年立石

祭丞相冦公祠文　張欽夫

國有大議發言盈庭紛紛鄙夫蹙縮經營豈國之愛惟謀厥身從違之間興喪所分不有英哲孰相其成一言之決九鼎莫傾允矣萊公社稷之臣定計澶淵功垂日星匪功之艱其見克明惟見之獨勇莫我嬰黄蓋一張虜膽已醒是曰廟勝豈幸之云彼孅雖巧寧屈其伸是非之公久焉一新蕞爾茲邑公所嘗臨民之愛公孔悲以恍有翦者竹爲之發生我來拜公起而涕零才難道遠孰起九原何以昭之不在斯文

元

重修公安書院記　文子璋荊湖北道崇舉

大元混一區宇詔有司興修學校宣明教化維時士方謀生不假往往視禮爲迂闊自德意一敷而儒教復重乃眷顧荊湖并命提舉省府以公安爲儒人輻湊之地俾監司其閭士昉有所宗余懼瘝曠不足以仰稱上旨布之一道然修弊舉廢當自近始慨惟公安書院創於壬寅之春孟忠襄公倣漢文翁石室舊規取萊公竹名之曰竹林書院在縣之東北厥位面坤蓋取坤文之義燕居有殿明倫有堂祠廪齋舍廡門各得其度自是涵養教育人材輩出識者謂其與蜀學頡頏真不誣也乙亥四月燬于火正殿獨存於烈焰中殆所謂巋然魯靈光者天其未喪斯文歟先是在學者請于行省廉平章國公既復學田以爲贍學之用又撥行衙以助修造之材然僅能再刱講堂儀門及兩祠堂其他闕典尚多至於中堂祝聖頁謁則致齋無地平居講貫則游息無所士類草翦過者寒心余乃諗于衆曰士君子生斯時也捨學校而奚依然則修學非吾儕事乎矧欽奉綸音亦職分所當盡余何敢不力柰人情難與慮始可與樂成廼白之行省阿里平章國公蒙爲主盟大書扁額繼荷按察

宣慰總府諸司一力扶持諸生議論始定遂乘公暇親爲規畫俾糶學租以充修造或分任而起蓋或協力以贊助於是八齋有舍櫺星有門魁星有堂前賢有祠兩廡俱備百廢俱舉宛如舊規屋計三十四間竹木磚瓦工傅之費計寶鈔八百四十六貫二百文食米八十二石零九升興工於巳卯之秋落成於庚寅之春仲丁舍菜竣事招語生於公堂酌之酒而爲之言曰自古一代之治必有一代之學孟子謂學校庠序是已有國有家之先務也蓋孝弟忠信人之大本禮義廉恥國之四維苟

明此理則黼黻皇猷維持國勢皆有所賴夏商周之享國長久用此道也當今主聖臣賢崇尚儒學則相與講明義理以延續萬年無疆之休庶不負朝廷教育之意若夫操筆弄翰以徼利達此則孔門之所不取諸生曰然於是乎書　至元庚辰仲春立石

竹林寇公祠堂記　廬陵劉坦　進士

忠愍萊國寇公蔽於讒謫死瘴鄉喪歸次于公安野祭於竹既乃茁苗竟成脩林後人即其所祠之令餘三百年西落薛君交諒來令茲邑伏謁祠下顧瞻遺像與家藏本不相似命工改作并神宇更新焉垂成而代至乃囑邑士徐森成之既成將伐石爲紀徐森嘗執經于子俾圖投簡辭不獲請則相與言曰竹植物也於人爲君子當其雪大摯萬物盡凋獨挺然不改其操春霆發榮迸地而出蟄焉故也今是竹出于芟夷之餘非有宿植而生意勃不可遏謂造物者表公之節非耶公在朝無所阿附小人嘩沓必欲置之死地不知公之處死也素矣百世之下聞風興起凜凜猶有生氣彼丁謂王欽若輩雖衣冠廣庭視之如泉下人終與草木俱腐而已薛君景行先哲揭處而妥靈惟恐其貌

弗克肖其德必有與之肖者矣貌表於外者也德蘊於內者也臨大節而奪遇外患而休朝夕身親炙之如隔宇宙尸而祝焉其顙寧不有泚祠成之後甲午四月竹生於檻一本兩岐瑞應圖牒夫是竹也生意明於肇紀之元佳績彦於新廟之奕謂以是表公之節千萬世不易吾言矣其在後之人善封植之庶無愧於公亦無負於人之望云

至元甲午五月立石

重修公安縣儒學記　江公望 教諭

魯泮修而多士爲德心之廣鄭鄉立而子衿有挑

達之憂學校之興廢有關人材之盛衰其來尚矣
是故古之王者建國君民教學爲先學校庠序之
設未嘗少緩誠以明倫之地實爲風化之源三綱
五常之理皆於此乎開明欽惟大元混一區宇崇
重學校專命臺臣勉勵修明惠至渥也聖天子嗣
登大寶首以孔子之道垂憲萬世有國家者所當
崇奉發爲德音布告中外大哉王言尊崇先聖可
謂至矣江陵爲湖右巨鎮公安又爲江陵巨邑民
物阜繁昔稱望縣渤海毛公來尹兹邑以學道愛
人爲第一事公退之餘慨念儒宮爲政教之本歲

久弗治有負聖朝崇奉之美意必欲葺而新之大
德癸卯山南江北憲僉法忽魯丁分司按治來謁
先聖顧瞻廟宇日就傾頹作新之意與公脗合公
承命惟謹與達魯花赤禿忽赤主簿劉讓縣尉宋
廷瑞典史楊文炳共董其事然以三數年來旱澇
相仍贍學錢粮所入者寡勸諭諸儒協力修葺士
皆樂從自櫺星門而儀門自儀門而禮殿以至橋
道墉墻翕然重修學官門額巍然創建規模復振
輪奐輝煌觀瞻一新公又慮祭器之易於敝壞也
范之以銅先捐已俸以率諸生命工鑄造尊壘爵

洗篚簠簋豆籩悉皆備具此至春秋祀事孔明禮器
秩然儀文粲然視昔有光不特此也書林禮殿公
又奉憲僉命撤而新之兩學之氣象一新合邑之
士民稱頌修泮之能殆與魯僖異世齊美公望承
乏職教幸事大夫之賢服役其間修理畢工俾爲
之記公望不敏何敢以固陋辭雖然公之脩是學
也所以克盡其心者豈徒以是爲觀美哉上以崇
奉先聖下以作成人材蓋欲人有士君子之行也
則士之游斯息斯必思古先聖賢所傳者何事學
校庠序所申者何義相與朝益暮習學問思辨內

及諸心而篤行之循仁義禮智之四端脩孝弟忠
信之四者而使此理常流行於父子君臣夫婦長
幼朋友之間昭昭乎宮庭屋漏而無愧洋洋乎日
用飲食而無忘俾身脩家齊以爲治國平天下之
本而無負今日修學之意顧不韙歟公名好義字
誼卿號指巖文章典雅政事嚴明知害民者姦民
也力治之而詞訟簡知枉法者姦吏也痛懲之而
獄訟清設立社學而教民興孝興弟修築社壇而
爲民秋報祈勸課農桑而使民服田力穡創置
公用勒照帖以防其失散辨課醋寬厲禁以便於

民廳老者不得其安則置院以安佚之憂飢者不得其食則勸富戶而賑貸之傷死者不得其葬則化貧民而禮瘞之此心常欲斯民養生喪死而無憾其爲善政藉藉路碑未易枚舉聖天子命奉使宣撫循行郡縣問民疾苦分別淑慝戾止荊南首擻公分治其事公能去暴懲姦洗冤澤物荊南襄鄂易地皆然治績著聞峻遷有日豈特歌泮水之頌又將賡甘棠之詩以傳不朽故併書以爲記

大德八年歲次甲申仲夏立石

公安縣正誼堂記

只兒哈郎達魯花赤兼勸農事

正其誼不謀其利明其道不計其功此漢儒董仲舒之言也伊川程子嘗稱之曰此董子所以度越諸子又云漢儒如仲舒甚得聖賢意愚嘗即是而推之孟子之書所以正人心息邪說者非一而莫嚴義利之辨首之以利國之對繼之以利說之戒諄諄然於君臣父子士庶之間深陳其後義先利之失其憂世之心至矣蓋義者天理之公利則人欲之私王霸之異君子小人之分理欲而已故曰舜跖之分利善之間我非堯舜之道不敢陳於王前管仲功烈猶且卑之功利云乎哉雖佞僞馳騁仁義荒怠終莫能聽納其說尚幸其書不泯使後之君子得其傳者猶足以尊主庇民爲天地立心爲生民立命爲萬世開太平謂其功不在禹下信矣斯文未喪篤生仲舒於經籍道息之後乃能具許大學識立許大議論醇而不雜正而靡他真可以接孟氏之傳而一掃戰國縱橫之習誠當時學者指南也同時非無公孫弘兒寬輩以經術進或曲學阿世或雜以申韓是豈可同日語哉使其天人三策正心正朝廷之說得行則三代之隆可企及也善乎劉向稱其有王佐之才非伯者之輔非

虛言也我聖朝太傅劉文貞公諱秉忠開國元勳也於書無不讀於治道無不究仰觀俯察天地陰陽之化知國家之興隆肇基以濟時行道爲己任故於仲舒斯言深致意焉嘗作詩云明道不計功正誼不謀利道義出公懷功利入私智公懷萬世存私智當時棄春行百草生眼眼見天意中間公私二字發明無餘蘊矣此豈徼富貴利達者所能爲哉愚不敏自幼獲聞此詩拳拳服膺有年矣入仕以來口誦心惟不敢失墜謬長公邑敬摘正誼二字扁之縣齋其於蒞官行已之要脩身正心

之方豈曰小補之哉識者幸恕其僣云
大德十一年歲次丁未蚌月日立石

公安書院萊竹祠記　俞焯荆湖北道宣慰使司都事

植物惟竹抱節以生㢘長而不以漸巳斬則無復萌焉故竹於群草木中以氣以節毅然而有以異其生也萊公謫死雷州柩經公安民插竹焚幣以祭竹復生成林民因而祠之曰寇公竹意者萊公英節毅氣浩然而有以存之不隨死而澌盡者有類夫竹故託而感生也亦若有志之士死也巳散之氣變化而雨而雷而雹耳在歲壬戌春保相孟

公珙不令或者竊其事寺焉觀焉以神其説廻創爲書院偏因竹林置稻田祭器以祠公之神以贍蜀之流士歲乙亥燬于火惟禮殿獨存皇元既定南國太師文正廉公在異代而同感也復因興學以淑士類於今未百年惟是羼牲之在不有以圖其悠久者將或負其田以去後至元六年山南憲李公守仁按臨來是邑祇謁祠下顧瞻咨嗟謀於縣之耆年采石於他山命屬文以志顛末并籍士田之漫漶者件而刻之於今又六年前職視爲迂濶事既不屑以意至正四年焯承乏來叅荆南幕

明年院長王公輔暨中興儒録李道淵執贄以記請且曰事不無所待也公其無辭余謝不敏則更請不置謹按萊公立身大節上擬三代之臣得聖之任有如伊尹其英功偉蹟登載史冊千古之下讀之使人凜有生氣雖其澶淵一役成策定見一有以媿夫幸蜀幸江東者其爲剛毅之力殆猶禹之治水決汝漢排淮泗而注之江也較之周瑜所以火走赤壁者猶爲儒者之功殊快人意時若定陵一於公也言聽計行舉天下以任之可以雪前王之恥可以復燕雲之地城下之盟其誰[redacted]爲之

方以是而短公謂其事出於孤注於是天書之説起而數百年無事之策卒於寂寞以去者殆天之無意於斯世也不然天生才以擬世數而何參差於人推耶雖曰公於丁謂無文靖之先見卒以拂鬚之憾擠至外地然鯨波之險謂巳身親涉之彼小人者亦何樂於不義也于以見公之節氣浩然至大至剛故巳斬之竹感于雷陽而變者根天根地有以湊泊夫生氣而日有萌焉雖曰人心之誠乎感而然亦孰非公之精神著見也在易説卦震爲蒼筤竹今也蕃鮮與巴東之栢堅多節而並存

諸生學之爲士者事孰無宗子家相之心也人受
命於天與生俱生者何生則焉可已也耶斯竹體
驗之恐懼脩省一以仁爲己任焉職教者不徒糜
不惜之廩請業者不苟以會食爲心而謀有他用
曰對青編存立正命以象其先賢諸生其可自媿
于復生之竹不思以續夫日夜之氣如其有萌者
哉瞻彼菉竹有如萊公其於盛德至善切磋琢磨
不無望於有斐之君子復興於相儒者則前人後
之師也無師則無以教無田則無以養院長其歸
語而師生共盟茲田籍頃畝于碑陰有或竊負而

走或利其私而鬻便於他人將有不吉于而身不
利于而家不令其孫子者嗟嗟萊公英爽司天沓
爾師生勿昧斯竹併以是記　至正十五年孟夏立石

國朝

重建公安縣記　武進胡濙 禮部尚書前太子賓客

荆之公安古孱陵縣也漢建安十四年劉備爲左
将軍領荆州牧立營於孱陵縣之油河口時人號
爲左公邑賴以安因更名爲公安宋端平三年孟
忠襄公珙任四川宣撫使兼荆湖制帥屯兵於邑
遂遷縣治於油河口之西南二里前元因之

國朝洪武元年知縣許德亦因其舊剏建廨宇歲久日
就傾圮正統元年錫𡩋俞雍文熙以成均俊彦才
識優長選擢縣令來蒞茲邑下車之初篤志爲善
尤急於當務顧瞻廨宇隘陋弗堪以爲承流宣化
撫諭庶民咸在於是有失具瞻乃欲撤而新之適
今上皇帝紹承大統奉
天勤民年穀屢豐徭役減省四民各安其業百里咸樂
昇平況茲邑民物阜繁風俗淳厚易爲治理文熙
先捐己貲倡率僚佐耆民皆樂從協助相與鳩工
集材陶甓輦石經始於正統二年十一月告成於

明年十月凡正廳儀門鼓樓左右廊廡與夫榜房
廨舍之屬靡不具備財用所需咸得變通之道工
費巨萬而人不知其勞未及期年而煥然一新規
模壯觀有加於昔足稱瞻仰文熙述職來京以事
狀徵記予惟縣令乃民之師率文熙學道愛人撫
字有方征科有法寬猛得宜剛柔兼濟能盡牧民
之職民咸感其和易之德沐其豈弟之風故事不
勞而集人不勸而化以其有猷有爲善政著聞遠
邇向慕信哉素數而致然也豈非所謂其身正不
令而行者歟然恤民之心勤政之績固已昭著尤

必慎終始始擴而充之以胥超擢展其謀謨無使
卓魯專美於前則斯邑之光傳諸不朽又非特今
日作新廨宇之美而已也故併書以為記

正統七年歲次壬戌七月立石

重建公安儒學記

石首楊溥 禮部尚書武英殿大學士

公安古孱陵邑其學宮本萊公祠事見郡志
國朝洪武初重建禮殿齋舍而式廓漸廣矣迨今七十
餘年日就頹敝有司亦嘗修治恒以材力不足其
能大有為正統五年秋毘陵俞雍文熙由太學上
舍擢任縣令夙夜在公求稱厥職仰惟

聖天子惠愛元元屬之賢良寬徭役薄賦歛蠲逋負慎
刑罰節貢獻裁省冗費期與天下相安於無事而
復為預備倉以防饑歉增風憲官專理學校惇行
教養之政用臻阜成庶官百執事莫不仰承
德意令以其職尤親民禮義之興以足衣食為先於是
導民勤耕穫謹蓋藏築隄防以備旱澇而歲之所
入遂倍於他邑顧惟學宮用圖維新於是捐俸廩
以先之越自僚屬以至耆老富民忻相附和百需
畢備乃拓故址而營之不踰時告成殿廡有翼儀
象孔昭師生講授有堂有齋與凡祀事所關以及

起居所宜罔不具備士民相慶以為前所未有學
者歆動益知所尚乃屬邑人翰林檢討王振伯宣
請記其事孔子明堯舜禹湯文武之道以防範天
下後世咸歸於善導其教者身由之安家由之和
而國而天下由之平治不可一日無者學以明其
教廟以崇其祀王政之大孰加焉令能新廟學於
聖天子惠恤斯民之餘邑民衣食足給之日其亦知所
用心者哉取人為善亦聖人之教也故凡同事者
用列名於碑陰

正統十年乙丑五月立石

重建三穴橋銘并叙

山陰阮禮 教諭

嘗聞歲十一月徒杠成十二月輿梁成是則橋梁
之制久矣後世因之沿革匪一或以七星名或以
萬里名其名雖殊俾民無病涉之意則一而已亦
仁政之大端也荊郡公安壤僻遼邈南跨澧州北
際江陵西抵松滋東連監利長江大川直下而連
縣治者其深淺支流旁逆遞接洞庭之波雲
夢汪洋鉅浸南北之境橋梁之多不下二三十計
其峻大而長闊者惟三穴之橋為盛四通八達路
當衝要而總出於斯者也然歷年久遠風雨盪激
甎石倒塌四散莫支行旅多病涉之憂郵驛有稽

程之患未及修建乃渡以舟此圖濟一時之便皆非長久之計也錫山俞公來任厥邑一旦覩風過而經目詢諸故舊僉曰三穴橋也倒塌歲久用力惟艱若非廣人力重資財卒莫能完公戚然于懷弗遑暇食遂謀諸同寅江公等暨鄉邑之耆老各捐己資鳩匠僦工鑿石于高岡斬木于林麓壩截上流挑掘纏塞向底加石絡柱而綁之圖四面以石灌罅隙以灰務在堅確不踰月復見長虹之架清泠新月之生滄海石欄巍峩華表雄峙儼然一新規模勝昔聽車聲之往來行旅之欣悅尚莫時

和歲稔因改名曰太平橋焉茲系之以銘其辭曰

維橋厥就道路斯通影橫新月卧偃青龍七門洞達鉅流莫衝車行旅步坦然相從昔惟賢令憂積于中夙夜匪懈督匠繕工成茲盛績弗計其功人仰惠澤千載無窮

正統十一年丙寅八月吉日

重修寇公竹林祠記　韓陽僉事

忠愍寇公宋之賢相也陽幼侍恒軒先君子於家庭暇日嘗記頌公題華山詩云只有天在上更無山與齊知公年少時已有作宰相氣逮居相位忠在朝廷德敷黎庶決策以成澶淵之功北門無私謁所喜用者惟寒畯之士而已其餘相業載諸史冊班班可考誠一代之賢宰相也不幸讒臣誤國貶于炎方致使忠義大臣吞寃以殁其殁也柩還故土道過公安公安之人愍公之忠懷公之德哀而痛之郊而迎之復斬竹插地掛紙錢以祭之後所插之竹不根而生邦人因號曰萊公竹是雖公安之民尚德重義以起没而不忘之敬良由我公忠歸朝廷德及黎庶以致然也至於掛錢之竹插而復生是蓋天地神靈痛公之憤彰公之忠故有其應誠非人力所能爲也柩之過也竹之生也到

今餘四百年矣而公安人士景之仰之思之慕之無有窮已是邑昔嘗立祠安其所祀之靈矣復爲書院表其所過之蹟矣第以舊基稍窄門道失宜至于潔虔享祀之區與夫所祀之器咸有未備正統丙辰歲冬之錫山俞維文顯氏來知縣事視篆之初即有景慕修治之念第以縣當衝要公務倥傯未遑修治歲次乙丑度其公私無負年計稍充於是經營圖畫鳩集工材仍其舊貫益以新圖復捐資買地增廣故基祠之陽爲樓三間牕明牖朗以紹前人書院之迹俾邑之文士來遊來歌者得

有所依祠之翼為屋二區土阜基豐以為後人瀦
牲之所俾邑之人庶以享祀者得有所止歲在丙
寅時維戊戌予按歷其地邑庠儒紳阮均吉等具
以縣宰修築之狀白予且道邑人尚義者是請文
以記於後之曰忠愍萊公宋之賢相代不數人嗟
予小子烏敢贅語於其祠哉矧夫公安為縣居荊
南要衝之地生乎其間者皆文物彬彬之士過乎
其地者多濟濟辭翰之英予旨庸陋又不能數宣
我公之德右而記之寧不來邑人之譏貽過者之
誚也與而前之儒紳所請益力竊以萊公相業勳

野聞之史冊書之思言烏足為公之輕重也哉
以祠堂修治之與與人為善之忠安可嘿嘿吁是
祠也公安人士好義尚德而創建享祀之心如此
宰其縣者又能推廣邑人之思而修治增益之功
又如此辭而志之蓋有不容已者在於由今而後
星移物換風飄雨摧危者持之頹者扶之載修載
葺俾不淪于廢墜是又望於將來好義人士及縣
之賢令佐也所記之詳此其以某人僉曰然遂書以
為記　正統十一年丙寅九月[illegible]

重建公安縣治記　歙縣方勉參議

親民之職莫先於令丞簿佐治一堂遵德齊禮發
政施刑必治宇完固然且衙贍矧掌吏有幕功曹
有房架閣儲庫囹圄皆制當備苟堂廡欲歆
門禁將仆烏足以起民之瞻仰然修建之難匪得
賢令撫綏措置民力虛費事不經久也公安荊之
大邑實古孱陵昔漢昭烈初為左將軍領荊州牧
屯營油河口民賴以安稱曰左公因易今名至宋
孟忠襄遷邑治於油河東南二里許治宇創復不
知其幾更令佐所可知者惟前令許德錫山俞維
也觀大宗伯胡公所記則知維之為令亦可謂公

且勤然其堂廡修建未經二紀頹敝何其速耶抑
當時經畫措置未克精耶景泰癸酉關西耀州同
官劉俶好古以鄉貢進士卒業成均選令斯邑良
於撫字廉正有為為治三年百廢具舉顧茲邑弊
宇喟然歎曰吾備邑令非誠敬潔己不足以事神
循良節用不足以使民為是邑神民之宰而治屋
日將頹墮是辱神棄民責吾
君擢任也其可乎哉於是先捐己資倡率邑丞汪愷主
簿周應雄耆老李富里役淡瑄等當景泰甲戌田
賦供輸之餘庄農初隙之際擇材鳩工陶甓取石

經營布置殫厥心力至歲乙亥之春而落成語其氣象巍模則磔根磐地柱拱擎天畫棟暈飛繚四集樓門森列廊廡周廻前廳中虛翼然炳如且樸而不踰乎制堅而可圖其遠擴乎其有容邃乎其無譁民之受約束於庭下鮮不敬服其嚴明焉邑丞汪愷同鄉士何肅書其故徵言記之予曰噫唏人有存沒世有盛衰宮室寧無壞耶但製之堅者久而否者易以隳世之爲令能製治民之所措置有方渾堅經久不致數役乎民如好古者幾何人哉彼知治民而不知愛民有也知愛民而不知

養民何耶夫善愛養者無他在能教其民也孰不知愛養之術與夫教之之方在乎勸課農桑均平賦役而民被衣食足而禮義自興賦役均而詞訟自簡民知廉恥而盜賊自息教化宣明治績凝著皆由於是然則愛民也養民也教民也即所以治乎民矣漢廷徵密令卓茂爲太傅良以此歟由令而後居斯者[illegible]斯堂不徒相繼修葺是棟是宇要當上不負

君命下不負所學而求盡乎民牧則高爵厚祿之徵不期而自至太史如椽之筆特爲書之而無隱於是記以勵之

重修二聖洲寺記　景泰六年乙亥冬十二月立石　吉水吳節國子監祭酒前經筵講官

佛氏之教所以化導有情樂於爲善是以

國家特崇重之凡通都鉅邑名山大川之間或仍舊基而加飾或增新構而創爲寺宇以奉其像教以延其徒衆以講明其道焉用是王公貴人身都富貴者欲恒有之而惟因緣之說是憑賤夫下隸身惟貧窮者思脫去之而惟果報之言是信故其言感人爲易入其教化人爲易從而世之人入於善者有不自知其然也湖廣荊州府公安縣大二聖禪

寺自東晉太和以來即爲莊嚴之所乃大聖青葉髻士及二聖安住德如來之顯見處也其神通之妙顯化之蹟與夫禦災捍患濟溺救危之實及歷代封建爵秩名額備載縣知政事馮楫靈蹟記至元以來寺基忽因江水衝塌而江之北忽生此洲約廣十里南北相望人多以爲二聖靈感之功故名其洲爲二聖洲業隸于寺歲出稅米拾石叁斗

國朝宣德年間僧會法瑛特於洲之上修建寺宇名二聖洲寺正統二年吉水大賈劉君覺德者適客游於斯仰瞻殿堂日就廢毀乃謀諸僧會紹琛以重

修爲之任貴惟己出工惟己募伐木於叢鑿石於山鳩材惟衕廼撤舊觀爲新圖自大雄殿觀音閣堂齋門廡罔不完具暨經有閣棲僧有舍以至庖湢食息之所莫不煥然一新也往來叩禮者未嘗不嘖嘖稱嘆覺德之賢又聞覺德嘗瞑目而端凡七日復甦鄉里驚異以爲覺德樂善奉佛之所致良有以夫覺德亦不輕言以惑人也既畢工紹蹤恐覺德於此寺創新之功好善之志久而必至泯沒不遠千里述其事徵予言以記之予惟若覺德者可謂不尚金帛而尚乎義不私於己而公乎

人蓋超邁等夷之士也雖然二聖之於公安其有功於生靈固不少矣非建寺以奉之則不足以表
朝廷崇重之心非覺德慨然一力新之則亦不足以爲
二聖從來棲神之境覺德既有爲於前又非紹蹤不忘所自勒文以垂諸悠久又何以求覺德之名於後世哉是數者皆可書遂爲記之後之緇流拷鍾鼓於斯揚梵音於斯上祝
聖壽下祈民福者尚當興起□心維持擁作則是寺之名當與大二聖禪寺同垂於不朽矣於是又繫此以望焉　天順三年己卯秋九月立石

重建壽亭侯關公廟記　梁蕃 教諭

成化庚子春正月湖廣撫鎮重臣奉
上命往視澧州王府事二月望日事畢鎮守太監王公先次公安明日出迎都憲吳公于郊而郊之右關公廟在焉廟自縣令俞雍更新塑像之後幾四十年風飄雨淋不能無壞公乘暇謁廟瞻顧之餘重加嘆息及歸驛邸以白金若干爲倡欲圖新作而難於攝理者會太守范公通府賈公推府余公至咸以主簿李氏珏長於幹濟宜往蒞其事君承命惟謹即謀諸同寅魏君奇柴君寅向君銘謂擲建

大事且欲速成非指俸并募於富民不可僉以爲然越五日得俸貲及所募共若干數乃伐石取材冶鐵運甓百用既具則以蓬蓆遮護神像撤去舊宇盡爲廣狹鳩工庀功不四月而成正殿三間殿之前爲泊水三間泊水前二十步爲門屋三間包以磚石塗以丹漆二月朔日經始六月二十五日訖工邑人李貴相茲盛事來請記以傳永久善無似竊惟湖襄神廟蠟祝成秩無文動以百計太監公不暇之恤獨留意於是神蓋神乃漢末忠臣銳意宇聲烈以恢復漢業今年刺顏良明年降于禁

魏曹操亦議徙都避其鋒世稱爲萬人敵而以國
士目之信矣不幸功業甫就竟墮呂蒙陸遜之計
授首于馬忠殆天之無意於漢也公安有劉備營
神嘗經歷其地宜有廟祀而我太監公命判簿新
之此固神之英靈精爽感動於公亦公所以報神
之忠於漢室者也然廟由人而新民由神而安神
其丕昭靈貺以翊衛我
皇明萬年之業使斯民相安相養於無事之天而災厲
不生則神之祀享無窮而今日新廟之意亦不孤
矣敢併以爲記太監公諱定東魯望族而判簿乃
河南扶溝人由胄監擢居今職云
成化十六年冬十月望日立石

剏建恩波橋記　鄒文盛

蓋聞自古爲橋或冠以地或因水而稱後世亦有
以功以人而名者縣西南隅六十里有橋曰白馬
名存實亡不知得名之始亦不知興廢之由雖在
荒村下里實一大要津是津也上受溪澗畎澮諸
水下通江沱洞庭支流每於秋夏之交奔潰漫衍
遂爲巨浸春冬水涸亦氷澌淋潦時無舟楫徒杠
人或迂廻取道亦有徒涉而遭溺者行旅病焉事

雖關於有司邑大夫當[illegible]要衝疲於送迎故通
衢驛路如[illegible]六橋者[illegible]久亦莫能理且無餘
功以及此矣弘治[illegible]封給事中贈尚書先
君於橋之南[illegible]正德[illegible]奉[illegible]贈夫人易氏柩
附焉覩茲津渡竊有志建橋而力則不能既而宦
遊東南[illegible]不暇及於今
聖天子嗣大歷服改元嘉靖之七年歲戊子予位叨八
座年躋七旬乃引年乞休疏三上始得請荷蒙
聖恩賜勅給驛還鄉仍令有司月支食米四石歲撥人
夫五名應用

陛辭賜大官酒飯并路費寶鈔三千貫恩至渥也自是
歸田幸有餘禄及處閒散故得遂前所欲爲以終
其志然又遲之以歲月乃捐所積陶甓於邑之油
河口貿灰石於松滋之陽溪凡應用之物皆宿備
而預具擇日興事匠氏[illegible]能工役齊力先固兩岸
象八字以成其基然後度岸之高下斵木爲襯象
半規以結其券[illegible]聯絡犬牙相函脉絡貫穿魚
鱗密次勢[illegible]倒若[illegible]之截坤軸横渡一水如
彩虹之跨長空昔爲巨浸今則通衢經始於乙未
歲秋九月之十日訖工於冬十一月之望又得天

曰晴暘無廢時停役以致成功之速如此橋成予
特更其名曰 恩波橋或曰橋名久矣子遽更之
無乃亦有說乎予應之曰然夫橋之成自東南而
之澧陽之江陵之松滋者由焉自西北而之華容
之石首之安鄉者由焉是村之民輸租稅而之邑
事耕牧而之野咸由焉行者歌負者息傴僂提携
往來不絶皆欣欣然有喜色而相言曰是橋也昔
無而今有去危而就安吾儕知由之而不知作之
者誰也間有知作之爲予者而又不知本於
君上之恩賜賜恩曠蕩若波濤之汪濊霑被者臣如

制詞所云優老懷賢者是也予推其餘以成斯橋更斯
名識不忘也使夫人皆知之也人知而由之是即
由恩波之中也恩被於予而推之人人非智謀而
力取勉於爲善而已吾祖宗積善百年而吾尤爲
善不怠故獲是報也使人人知是而各勉於善爲
臣必忠爲子必孝爲兄必友爲弟必恭服田執業
爲農爲工賈者必勤事而敬應其上是即所謂善
人也天道福善不于其身必于其子孫鄉成美俗
代有聞人而是橋後必嗣而葺之者可以保其久
存而不圮也或曰予更橋名蓋以侈
君之賜而勸民於善也吾既知之矣請書以爲記遂書
之
嘉靖十五年閏十二月望日立石

重修寇萊公祠記　何珊

公安竹林祠祀宋丞相萊國寇忠愍公也公以精
忠大節匡輔宋室毅然以天下之重爲己任竒勳
茂烈震撼一時不幸遭讒謫貶遐方以殁柩旋過
公安邑民設奠饗祀折竹植地以焚楮幣逾月竹
忽生笋邑人異之遂於竹所建祠祀公後孟忠襄
公總制荊湖乃拓地爲院聚書延師以訓髦士勝
國時廉文正公鎮江陵復增置廬舍聚書萬餘卷

以附益之由是竹林書院之名遂與白鹿岳麓相
埒而公之英風義槩亦耿耿乎昭著于天下矣迄
我
聖朝建學育才廼改書院爲豐倉移公祠於今地着令
有司春秋致祭歲久屢經廢興成化甲午荊守趙
公璉重建今祠工未就而去既後五十餘年爲正
德己卯祠宇傾頹日甚時予以嶺轄謝歸乃具疏
令守祠者勸募修葺未報
遼王賢明嘉歎是舉風諸宗藩各捐祿餘以助經營
二載正殿僅復舊觀而門廡垣墉未遑及也時黃

山鄧莊簡公在
朝謂公祠載祀典宜行有司修復乃具疏以請蒙
今上嘉納報行如章柰何有司屢更因循未舉今嘉靖
乙未蜀嘉陵任庵王公以荊州別駕督儲臨邑謁
祠動念遂同府倅西村楊公庀材鳩工涓吉興事
未幾蜀簡前江劉公來宰吾邑復申前命飭廪稽
程董督尤嚴由是群工趨命不數月而廟貌門廡
垣墉堦級搆結甃壁煥然一新工訖礱石徵予文
以紀歲月予惟表先哲以申崇報有司首務矧寇
公忠貞勳德備載史冊炳煥古今其最重者當契

丹傾國南侵之時中外震恐公力勸真宗皇帝親
征澶淵卻虜衆數十萬騎於談笑樽俎之間使宋
宗社危而復安精忠偉績雖古方叔召虎殆不是
過是時真宗若能盡用公策則幽燕之疆可復靈
夏之地可收終宋世無虜患矣而扼於讒間弗究
於用豈不甚可痛惜也哉嘗論公之一身實宋宗
社安危存亡所係天蓋祚宋以生公也故當遭讒
貶死之際復有枯竹萌筍之祥亦所以紓公之憤
表公之忠懾姦孽使俾不泯沒於後世彼王丁輩
逞譎詐以欺君上雖能擠公於一時載之史籍秪
爲世誡而公之精忠大節奇才偉畧得于天而資
于人者則赫赫乎千載猶一日也予既嘉任庵諸
公能祗承
德意以副黃山公建白之意謹述其事之顛末以爲
記且遺之詞俾守廟者歌以祀公用致景仰之意
云詞曰　脩竹兮玲瓏有斐君子兮我公竹之心
兮中通公才磊落兮攸同儉人兮佞舌黑白兮易
色君王兮聖明聆巧言兮亦惑竹之節兮無爽歲
寒群枿翁鬱兮孰可與班竹之勁兮金鏗玉潔枯
枝萌櫱兮昭公忠烈風脩脩兮竹陰森公神不[illegible]

兮尚祈駕蒼龍而來臨翳廟食兮竹所萬祀千秋
兮福我斯土　嘉靖十九年十一月朔日立石

太平觀記　崇陽陳曾舉人

余時游觀金陵偕公安雲岑子於
朝天宫携登寶籙俯視壇寰雅懷既適笑談方劇天下
名山勝地皆歷歷指陳雲岑乃謂其邑有太平觀
亦古名區而興廢沿革之由憾無以紀之者余喟
然曰盛哉雲岑子之志也其厲世俗之意而存久
遠之慮者乎世之論老氏者莫不謂其杳冥昏默
譙守清虛若在所取然雜揉權詐竊弄闔闢入于

縱横陷于刑名申韓蘇張之徒皆其流之弊也胡足尚哉然余嘗觀其言以倚伏論禍福以張弓明天道子旁得知止之義而不汚於其身曹參守清淨之說而不擾於其民自聖人之道視之固曰異端而視夫彊禦回遹攘奪馮凌以致身名淪辱者何如哉雲岑所以述而記之者是殆借老氏以惕吾人而厲世俗之意矣乎凡人之靈承敬愛萬世不可易者惟聖帝明王忠貞義烈誠足以樹風聲而闡教化神仙者流君子所不道也然稽諸嵩山之崇福華山之雲臺泰山之日觀衡山之岳祠貽

爲盛蹟不使泯滅何耶蓋形勝甲於其地則觀者有所屬紀載詳於其事則考者有所據耳今太平觀道士岳守元肇基於宋之景定何妙冲繼修於元之皇慶張道厚復輯理於我
朝正統之初當特嗣教真人張宇初所書題額歷代相傳久而不泯邑之旱而禱雨疾而求愈者咸於是所非有明徵後何以傳因茲紀焉則其地不廢廢可以興圯可以治雲岑子之慮而久遠矣乎雲岑子古朴敦慤清約如寒士惟事之關於綱常倫理者而銳意爲之嘗新冠相祠置義塚及剏建橋梁重刋公安縣志皆義舉也昔者莊簡公忠直和愼杜石　中朝文章節行卓然名世論者論楚之名鄉東山之後一人而已以雲岑之賢而爲之子可謂不負矣可謂不負矣天之福善人也寧有涯耶是爲記

嘉靖二十二年九月吉日立石

請定寇丞相廟祀奏

鄒文盛

臣原籍湖廣公安縣境内有宋臣忠愍萊國公寇準祠堂一區史志所載故老所傳蓋謂準自雷州喪還道出公安邑民斬竹掛紙迎祭道左竹揷於地後忽生筍成林乃爲立廟崇祀以羽流主祠事

號竹林道院宋南渡後孟珙制置荆襄於道院東南築書院以處四方流寓之士祀準於内因名竹林書院理宗親灑宸翰書額賜之入
國朝書院改爲儒學而道院仍舊數百年來邑人歲時致祭率以爲常臣按宋史本傳準仕太宗真宗朝三爲宰相忘身徇國秉道嫉邪忠義兼資善斷大事如請立壽王開慶曆之治勸駕親征成澶淵之績是其安社稷攘夷狄之大者餘不能悉數也時則太宗比爲魏徵張詠稱爲奇材畢士安稱爲宰相材王旦稱其可爲宰相甚至外夷之使亦知姓

名準可謂一代之賢相名世之忠臣及其遭讒而
流以死感民吊祭能使既斬之竹含生出筍挺節
昂霄蓋其忠誠義氣有以動天地感鬼神孚草木
天冤爲之以彰準之忠非偶然之故也臣仰見我
國家褒德獎功率循故典
陛下懷賢論世咸秩無文凡海内先代忠臣烈士俱蒙
表章列諸祀典陝西華州乃準生長之邦祠宇有
無不能詳考而公安則準過化之地駿名遺澤歆
動吾人餘韻流風延留斯邑輸處尸祝出自民心
歷代相沿久而不泯但祠宇雖存而名額未稱祀

事雖舉而儀文不備似於　國家褒崇之典猶有
遺缺伏望
陛下追念忠賢俯從人意特　勑禮部傳考準居官行
已顛末議給祠扁仍行翰林院撰寫祭文候　命
下之日行湖廣布政司轉行該縣從長勘處或即
舊祠少加修葺或另擇地基遷移務在堅固久遠
祭需等項定立品式每歲春秋縣官舉行祀事永
爲定制庶有以慰忠藎於既往勵人心於將來雖
準之幸實天下爲臣子者之大勸也緣係褒祀忠
賢以風勵人心事理謹具奏　聞　嘉靖七年正月十七日上

薦舉奏　莆田林大輅巡撫湖廣都御史

臣聞書之言曰人惟求舊器非求舊惟新言舊臣
之爲國重也詩之言曰濟濟多士文王以寧言羣
臣之能裨政也恭惟
皇上繼天立極十餘年之間凡大臣之賢起落之詔載
輝海宇羣臣之才有可用者亦必錄長略短無棄
物焉臣待罪地方偶有見聞敢不效曝者獻以贊
海嶽之高深於萬一耶臣會同巡按湖廣監察御
史王袞訪議相同外竊見致仕戶部尚書鄒文盛
敭歷懋功大裨邦典進退晚節簡在　帝心無俟

贅陳者惟聞其家食也養素完名郡縣之庭跬步
不履畎畝之忠一飯不忘典刑謹道留畜聰明矯
然中外之望致仕都察院右副都御史李如圭昔
在臺諫輿論推直久恬林壑起用稱情亦不敢贅
陳者惟聞其在榆林也忠勤自見經略以養兵而
士皆挾纊疾病以辭榮而人思卧轍姿才卓茂粹
養宏深隱然邦家之禎茲二臣者皆一時大臣之
賢者也給事南京工部郎中徐一鳴器度脱乎凡
近而學隨日精意氣奮於艱虞而才與智長乃思
陟估翻然解組養志觀物進未可量候勘雲南副

使鄭元英齡美質學周世務之經敦行矜名教洽
遐荒之化顧一時詿誤乃爾沉淪增益不能居然
瑚璉二臣者固一時群工之賢者也臣等瑟甸驅
馳詢風考德於鄭文盛李如圭則有前脩之仰於
徐一鳴鄭元每興伺彂之願非臣等之私也鄉黨
之評潘臬之譽亦無不同者焉如蒙
皇上乞勑吏部查訪臣言不欺將鄭文盛再置諸上卿
以顯功宗之治於李如圭則錄以卿佐以究用世
之才於徐一鳴則遇缺陞用以廣器使之仁於鄭
元則取諸久廢以收使過之功將見　聖政輝明

邦休悠久凡宇內大小臣工無不感激思奮敬應
於唐虞之朝者矣緣係薦舉地方賢才以光
聖治事理謹具奏　聞　嘉靖十二年　月　日

贈王司馬致政序　西充馬廷用侍郎前翰林侍講

叅贊機務　太子少保南京兵部尚書王公累求
休致
朝廷不俞所請至於再三今年春復抗疏懇切　詔加
太子太保給璽書俾馳驛而還且令有司月給米
歲給夫皆倍於常數以優禮之蓋　特典也瀕行
縉紳大夫在南都者各賦詩為贈乃退予引諸上

方自小官以至達官自入仕以至投笏凡四十有
餘載矣氷蘖之操剛正之氣篤實之學寬宏之量
定中外所共知而稔聞者尚何俟于言贅予晚生
末學所私為推重而不敢顯然以語人者其大有
貳焉昔安之變雲貴騷然時守土方面重臣俯首
就戮公奉　勑提兵遠討罪人斯得及凱旋
天子嘉悅方將行賞而其間憸人搆他辭以撓之訖無
明效公恬不介意每向客談及但曰區區何功之
有此其謙退不伐出於天性然者而可以涯涘乎
哉功成身退古人所難故先正有急流勇退之說

而唐人刺解官者以為林下一人秖不多見耳公
堅卧不起浹旬踰月士間有强之者公但曰吾無
以報　國所恨身未老而力已衰容未改而思已
憒固不可久留重為士大夫之辱也論者以公得
大臣出處之義其於風教非不為無助云嗚呼士
少有抱負於胸中一登仕版稍獨立輙驕閭里怙
僥偽傲然不勝其大甚者諂諛營競於寵祿卒
至言者論列見者嘲誚然後不得已而始逐乎先
人之廬以公觀之賢不肖相去豈必有能辯之者
公聞望著　朝廷事業在邊鄙於其行予獨擴此

二事以識別意此亦諸君子贈行之大指也

贈鄒司徒致政序　瀛海李時禮部侍郎兼經筵講官

嘉靖戊子冬大司徒黄山鄒公引年請老
上曰邦計重寄是毘是倚卿其勿辭公遂閉門稱疾
請益堅疏三上
上遣醫命中貴賚賜酒米肉菜以示眷留公既具謝其
上乃允俞
錫之璽書令有司歲給輿皂月廩于是中外識與不
識咸曰榮哉鄒公之歸也將行
朝紳九卿而下相與醵餞之司徒倫菴梁公杏岡李

公屬詞于予予惟士夫出處之際亦大矣其始進
也有簪組之華廩祿之給
封錫之褒榮孰甚焉及其去也或罹於邦刑或戾于
公議或忤于君上歎于其行者十常八九惟夫賢
者能審於去就見幾明決不蹈三者之患故進進
也退亦進也其榮無異軌焉公與癸丑進士予進
也晚未始識公公爲諫議予友蓮北魯公嘗曰吾
鄉有鄒黄山者恭而廉讓而不競賢者也予竊識
之公爲少司徒予表兄桂巖邊公亦曰吾寅有鄒
黄山者確而和通而不詭賢者也予又識之去年
夏予以户部起復至得侍公見其恭而廉也確而
和也讓而不競通而不詭也魯邊二公之言符焉
是以今日之舉明哲之義大達之旨無媿於古人
君寵優渥公論交與既高其節又惜其去豈不真榮矣
哉且康強怡愉氣和而心舒歸也黄山之麓爲三
楚之秀昔人所謂虎渡龍洲又公所釣遊之地登
高舒嘯臨流賦詩徜徉山水其樂詎有窮乎雖然
君子居廊廟則憂其民處江湖則憂其君
聖天子勵精圖治篤意斯民公之所親見也即今汝潁
樊鄧關陜梁益道殣相望公征車所歷得于目擊
之餘其[illegible]已于中耶長章短疏必有嘉謨以慰

九重南顧之憂此又諸薦紳之所望于公者公以爲
何如

贈何方伯轂政序　南海黄衷參政

士有殊品也窮邊絶域扶危濟變掄材而使焉不
與即耻才奮而不括其弊易躁當棼理劇簿領山
委搦管伸紙綿縣而銖析鎖印而退休然若無所
事事才整而不節其流或府身纓冕而心物表進
則岳峙退則波逝進利用而退無營也要非德者
不能易曰知進退存亡而不失其正者其惟聖人

乎後世寵利奪而恬靜微東門之祖帳神武之衣
冠急流之勇鑑湖華山之縣前史固已落落噫士
畢趨耳西橋何公發跡進士授刑部主事遷員外
郎郎中南都佻靡訟者附權而蔑法公守潔聽明
奸要戒歛以望拜重慶府太守搜蠹屏穢畧無遺
力藍鄢犯兩川孔棘如沸見素于起視蜀師比見
公喜曰吾得公瑾矣舉師機要趣公而決時出入
行陣攻堅取險悍將褫氣失色唯唯稱服而已擢
按察副使整飭叙瀘兵備值紅崖夷變至即諭平
之轉叅政進憲長右轄凡五任蜀人言聞諸老上

乖崖治蜀其政于今可歌舞也自公出入藩臬獄
無滯因庭無滯事肅約審惠吏懾而民熙如也其
後乖崖矣乎尋陞廣西左轄渝民飲食舊德計輯
公嘉績以附峴首故事太宰東川劉公銘焉居廣
西踰年忽客疏請謝報遠允廣人恚曰公毋終惠
我矣合寮引留十日乃別公寓裏寂深氣寂洽褱
聞言禮七十致仕公四十九而請禮曷處乎公曰
負重之遠者倦而假息胡暇擇所吾知息而已遑
知其他裏丈曰南陽之阻有隆中焉孔明居之會
稽有東山焉安石居之梁甫之謡擁鼻而咲似非

無意者相時而起業固相望公才括而不躁斂
不靡而將之以德荆襄上游公安其衝鵠書時至
公其何如不應引帆而逝閏月藩長黄君王公代
至聞而韙之委褱書以寓贈

贈通府李本原序　蒲州楊守禮通判前按察司副使

南潤子謫倅于叙閉門思過有客揖而進曰子知
夫新河之治裝歟南潤子訝然曰新河修謹中儀
惠愛有度以直被誣逝考法正事明績已三年行
將大用有是哉子之迂也客坐而語曰新河有毋
逾八望九其仕也爲毋命而來所以歸妻子于家

而心時惟耿耿若非前日之誣則當素高風于辱
陵臺下矣今日命叙胡可得哉南潤子欽袛作而
言曰天下之道惟忠惟孝而已故捧檄而喜者發
于良心尚未免後人之疑議惟陳情一表光照史
策以爲今古美談今新河唯命而仕孝以承志也
歸妻子于家孝以代身也被誣而必欲明恐其辱
親也事明而必欲歸所以成孝也且辭官之疏情
切于毋捧讀之餘可爲拾邑上官情自不忍留諸
僚友義不可留叙之士民而力又有不能留者新
河之行何其偉歟客忻然以應曰新河可謂得所

行矣駕輕舟凌巴浪過仲宣樓泊舟于孱陵江滸整衣冠以入太夫人鸞錦翟冠鶴髮拄杖笑迎於門新河展拜堂下始則泫然繼而問慰孫子羅列襯朋舉觴易彩服以辨蹈觀者濟濟然天下之樂孰有大于此者乎南淵子復止之曰此樂真樂也恐流于泆然必樂得其正則可久可述詩不云乎好樂無荒良士休休新河時以奉毋而不遺其志敬以承樂而不怠其情暇則課孫子以詩書使各成厥志以大其孝充養有得以爲鄉人先他日或

朝廷有起用之典或大臣有薦拔之章移孝爲忠樹名

立業其樂又不止于今日也其歸養之疏安知不繼陳情表之美歟曰孝曰忠斯無愧矣客揖而出曰新河志士也敢不唯命請以是爲樂養贈

建蒿港橋告助文　臨海蔡潮 提學副使

孱陵東七里爲蒿港川江之支流也舊有橋圯于洪漲義士毛釗等捐重貲爲之役大猝未就緒爰疏其事告助於同志諸君子曰費鬧扼邈遺程險莫踰於水國濟人利物功孰大於興梁衆非遺世之飛仙疇能挾山而超海乘槎驅石事本荒唐填鵲浮黿語尤孟浪舉盃而相賀必資杜預之謀償粟以興工斯著王周之善欲登彼岸可乏徒杠惟兹蒿港之途匪直莽蒼之徑昔者長橋有影五洞勝於千艘今也春漲無情一道畫爲二界望洋浩嘆如拔登樓之梯欲渡無由似失中流之楫徒爲躁進不能奮飛撫驢背而長吟興盡灞陵之雪坐磯頭以久候途窮板跡之霜桂棹爭先愁生短景郗陰高喚心急修程雖鷄犬之相聞渺胡越之間隔公私病涉乘輿所濟者幾何來往興嗟折蒿而航者安在設若馮河而濟難同抱石之貞言及於斯心亦何忍爰扣門而告助祈發篋以興工不分

中產豪家豈論一錢尺帛願如毛義士善學古人無俾蘧大夫獨爲君子集良材召老匠聿新郡國之規模履坦道濟巨川復覩江山之襟帶易危以泰何憂夏潦秋霖舍舟以塗一任朝趨夕發怠阻艱於至險拯墊溺於周行萬里昔傳何況郊原之耕稼三邊攸奏矣但江渚之漁樵洪基堪擬於戴鰲陰德難同於渡蟻仁人之利溥矣義舉之績悠哉允若所祈可占立就敢告執事用鑒斯文

玄林秘容叙　蒲圻廖道南 翰林院編修

玄林者竺國之真境也曷繫乎玄玄者虛澄之[illegible]

也慧定之本也虛則寧寧則見性慧則悟悟則超神澄則定定則忘形定則仁仁則慈衆道其所道也秘密也何玄玄之闢也君子何取乎玄物生而後有滋滋而後有數數而後有象象也者乘乎氣數也者運乎天滋也者原乎一是道也非其道也然則曷爲乎書鄒司徒黃山曰予鄉也而有斯蹟也西方者金之精也金數八故謂丈六金身八偶而二之故爲十八彼所謂道取吾儒形氣之似者爾觀葉考幽崇正辯惑君子弗之取焉亦弗之棄焉耳是文暢之遺也曰若是曷爲乎昭焉耳曰君

子主道之盟道何盟曰所不如吾道者有如此曰

題十八羅漢卷　石首張璧禮部尚書

予少時聞公安二聖寺所藏有羅漢圖恒欲往一觀而弗可得後宦遊驅馳愈益未見茲叨留省適都事鄒子克承來以是卷示予並其尊人司徒黃山公往年携入京師屬付蔡太宰所題篆者乃展玩爲之一快夫釋氏謂[illegible]彼[illegible]慈雲苦海不暇深究今觀纖素僅尺許而入神出鬼各極其態爲盡家獨步乃知古人用意妙處非近代畫史所能彷彿然寺僧寶傳歲久尚存豈抑陰有神物護持

也乎克承又謂沙門別藏有宋勅及大羅漢若干軸尤精特俟他時歸老再請觀之爰因索題漫爲書此

八字箴　韓陽

何爲八字箴孝弟忠信禮義廉耻是焉孝以事親忠以事君非君曷食非親曷身弟于兄長信乎友人盡誠盡實以厚人倫禮之節文事之儀則非禮勿爲非敬勿式心制事宜無莫無適惟義是從從之毋或廉隅律己曰慎曰清寡之以慾守之以貞非心當格惡行須懲思遺親辱恐污己名耻之爲

耻軻書有徵謹述舊文掇拾成句黽勉作箴庸申厥義告予諸生諗予同志理有未詳幸勿嘲議

洗心堂銘　許宗魯

身之垢濯之以水心之翳滌之以理日日新厥功不已明明德復其本體

鄉飲請啓

恭

先生　伏以　鄉飲酒禮尊德尚齒事關風化道裨民彝先王之舊制

朝廷之盛典也人非耆德禮無妄舉茲者　月　日設席泮宮至日候臨用光筵几幸甚

祭名宦　鄉賢祠文

維某年　月　日縣官某等敢昭告于
名宦某公
鄉賢某公　曰偉哉　惟公秀鍾間氣或撫字茲
上而政懋承宣或光振斯文而道弘經濟棠陰存
而遺澤在人竹帛芳而嘉謨垂世某等職忝是邑
景仰弗替茲當仲春秋感慕尤至薦以溪蘋酌以楚
醴物菲薄而敬陳神來格而用慰

請何方伯啓　簡州劉三省知縣

維茲十月一日該如例舉行鄉飲所以奉遴耆宿
優飫名賢法象森嚴風乎人者既厚品儀備具與
茲選者爲良非泛然嬉讌之供也唯下執事文章
山斗人物權衡黄甲蜚聲治郡臬而勳華茂著福
星當路牧句宣而經濟弘敷若水還書錦之榮安
石係蒼生之望教孚衛崆峒之劍鳳翥河東律身
流水蘗之芳裨鎬渝蜀齒隣八袠而譙光日裕祿
正二品而肥遯獨賢貞縉紳之表儀
明時之耆碩也頓茲禮宴正需老成賓席既尊輿情斯
愜省等僭登喬府奉迓蒲輪伏惟俯其龍隆賁宫
以增弁冕之輝以副尊崇之典

歲祀寇萊公祝文

公之生也精忠貫日氣節凌霜中國有人戎虜心
降澶淵一舉千載流芳北門鎖鑰南國隄防疾惡
太甚以邪中傷貝錦綴成逐公雷陽我公既卒醜
類猖獗靖康之禍公言着實追念公策雲水茫茫
天地有知枯竹生筍丈夫如此死亦何傷赤衷耿
耿不可遺忘廟享永世功德相當某等列職斯土
承
命酹觴今當仲春秋薦此羞嘗神之格思如在洋洋佑我
黎民既安且康啓我後學義烈益彰

此節鄒氏家藏舊本

祭誠齋王祭酒文　邑人鄒廷濟

惟公兩儀間氣荊楚之英列名王署入侍
承明佐理哲而撫綏竹師國學而銓秉文衡士民戴
服蹇諤馳聲輿論僉望爲國名臣嗚呼公之操存
玉潔冰清公之後昆蘭茁芝芬顯負國望名重鄉
評憶我先君仰公德輝效表揚勒石題名廷濟
小子同慕公之典刑今承先志用表公塋公之偉
蹟匪此爲榮用少慰鄉賢於既往盡後學景德之
微誠粹茲吉辰而祭告惟冀尊靈其與歆

祭三洲王尚書文

惟公山川間氣挺生豪傑聯名天府筮仕朝列由
理寺而歷轉名藩進八座而茂著乎勳業
上方眷注宮保晉陟乞休累疏保身明哲嗚呼公爲國
之大臣世之忠烈進禮退義咸正無缺相彼高山
巍然弗勞者也鋋濟小子晚生同邑恨未見公山
斗良切憶我先君慕公高節竊效表揚崇階附勒
今終先志增我悲咽敬擇吉日豎公塋碣嗚呼秋
風動一邑之清聲夜月照千古之光潔惟茲菊月
物候更迭躬詣佳城而祭告見後生景仰乎碩德
九原不昧鑒此觴肴

王祭酒傳　　泰和蕭鎡戶部侍郎
先生初名振字伯宣後改名恂字用誠誠齋其自
號也世居荆之公安先生生而天資敦敏十歲即
知向學補邑庠弟子員動止語默如老成人爲鄉
先輩所愛以書經中永樂庚子鄉試明年會試不
第留太學時楊文定公溥同郡人也先生往師之
公知爲偉器勉以進脩之道而先生學益力業益
進又明年會試厥考以疾卒于家鄉人惟欲先生
速取上第秘不以訃報既而先生聞之即哀慟疏
乞促裝南歸喪葬循理結廬墓側凡三載服闋詣

太學有　詔選太學生學行優者同進士分投天
下纂修
太宗皇帝實録先生與首選同進士甄完往山東先生
凡歷郡縣詢訪必悉致有餽贐者纖介弗納藩臬
大臣咸相稱歎時甄公亦廉潔士也故加重而定
交焉宣德庚戌中會試第應　詔入翰林爲庶吉
士比永樂中二十八宿之例　賜紵絲衣一襲宅
第一區楮幣千貫每月仍給楮幣爲燈膏費復
命大臣於常宴饌内日加腆予時翰林儲才非俊乂
弗與先生居之無矜容退然於衆人之中惟日夜

淬礪學古爲文章其辭燁然也以毋孺人年高再
疏乞歸省中途聞喪即哀慟衰服葬禮廬墓如喪
厥考時服闋授翰林院檢討選侍　經筵正統壬
戌爲會試考官得人爲盛丙寅夏陞修撰　賜勑
命贈考貴華如其官妣孫氏妻張氏皆孺人預修
五倫書成　賜宴勞楮幣及五倫書四書五經各
一部正統己巳貴州夷獠弗靖流毒邊鄙
上既命出師又　命大臣僉舉廷臣有材能知大體者
往撫其衆刑部侍郎江公淵以先生薦　上允可
陞大理寺右寺丞以往下車之初即布告酋長以

朝廷恩命民之缺食發廩賑濟又以冠帶鹽課勸富者
出粟以實邊廩遣官屬市牛具種食以給貧民賴
全活者甚衆死亡暴露而不得葬者命有司為叢
塚瘞之復自撰文祭之至如廩米之類日用有餘
者亦以給鰥煢臬司副帥有貪墨刻下者二一
奏黜之總戎方公瑛事體練達威名素著先生
奏留為鎮守苗民用是底定景泰辛未奉　命還內
軍民父老相送泣下願留一靴以示不忘先生笑
而遣之道經于家行李蕭然惟藥物文書而已至
京改調右春坊右庶子管國子監司業事復侍

經筵賜誥命加贈考妣訓誨諸生諄諄無倦暮則徧
歷諸生號廡其勤怠而奬戒之時祭酒劉公鉉以
喪去六館師生即上章薦遂陞祭酒先生久於位
而教化益行凡諸生出歷先生必循至公雖拳貴
請託弗顧也矩立而多從誠積而能格一時人材
彬彬然盛矣景泰癸酉以疾卒諸生來弔哭之無
不哀者　上遣禮部右侍郎薩公琦祭于第賜楮
幣為道里費　命有司給舟載柩以還先生生於
洪武乙亥卒之日方五十九也有誠齋詩文集若
干藏于家先生為人和顏悅色雖盛暑燕居必衣

冠而處兄季三人同居白首無間言一錢尺帛不
入私室居翰林嘗乘一騾倩一吏人之子以從一
日趍　朝甚蚤吏人子縶騾以寐及覺則為人竊
去久矣吏與其子頓首庭下願鬻以償先生怡然
竟不責其僮隸卒之入金以代役者闒其竊追則
薄其入僮僕之不將命者亦未嘗詈以惡言訓勉
子姪惟欲循守禮法先生沒凡出其門者相經先
生之墓必往祭奠之今仲子洎猶子準懼先生之
德久而湮沒以余舊與先生為僚友懇請為傳嗟
先生知我者也義可辭乎故從而為之辭曰於

戲先生道德純粹清心寡欲由科第起家為名進
士久居翰院侍講　經筵此先生之道固格于
君心矣榮遷大理出撫邊陲所至官吏憚其風采邊氓
洞瘝圂不聾服而先生之道又信乎蠻貊矣既而
歷掌成均諄諄善誨英才樂育隨器造就或居[illegible]
位或登顯要是先生之道又傳之後世矣假使天
若假之以年則先生之職業曷止斯哉於戲清風
善政遠邇欽敬先生之道愈久而光

曹知府傳　　石首周易同戶部員外

公姓曹諱于徽字士美南郡公安人儀表峻潔[illegible]

然人龍性急而不矯不喜道人過失爲兒時書程
不記起止日過即成誦字法不苟鈎畫言諾不輕
出父兄命戒必敬必慎不啻書諸紳及年十五即
有志於功名遂自忘早夜置寒暑日就師友求墳
典之秘論子史百家之長短大肆厥志游歌邑庠
其心直欲叱咤風雲指揮魑魅與古之忠良一轍
而駕不措世道於淳古不止是亦山川英氣之所
鍾者也孰不異其賢正統初果領有司貢入試
大廷褒然首舉登南雍爲國子生不四五年名聞朝
著天官優其才識疏・聞尋拜中軍都督府經歷

秩從五品階奉直大夫其在官也廉隅守正踔厲
動人心膽不爲軟媚以迎權貴人議論風發人莫
敢以一水一火持以私謁謁者必戒其門一時人
士不問識與不識皆曰曹參軍清鯁不群當於古
人中求之甫一考　朝廷多其能行崇德報功之
典　賜五品誥仍推其恩贈其父曰敏如其官封
其母曰郭爲太宜人妻曰蕭爲宜人天光渙瀚人
爭榮之甫二考適關西之漢中守員缺　上以其
郡偏在西陲民多頑梗必得強毅有常者斯能化
其頑服其梗使撫西顧之憂於是命有司慎選其

人乃於廷臣中得公如　旨遂進秩正四品階中
憲大夫漢中府知府明日朱衣象笏受　命以行
囊無羨餘以資行用至則政化大敷民皆馴順不
見其有頑且梗者西復何顧耶　上方注意而公
以内艱回行囊亦如舊日及服闋而漢中之民筭
其闋日不別老少強弱者千餘人皆連名具情于
上借公復來治冀其惠澤得以乂濡　上可其請隨遣
使馳傳卿命至公所而公已承闋入　朝階是之
日歷歷以老疾辭至再三　上一軫念賢勞亦暫
允俞蓋欲延以歲月進公於大用也不意抵家未

三年偶嬰疾藥罔奏功遂棄藥而卒嗚呼惜哉卒
之年寔天順甲申正月二十五日生之年寔永樂
癸未七月初五日卜是年冬十二月十八日葬于
本縣長安里城河橋龜蛇山處嗚呼公之立心制
行由窮而達始終一致可以質諸鬼神獻之祖考
語之愚夫愚婦之必於信也乃爲之頌曰　水也
斯清玉也斯潔月也斯白維公之行維公之德維
時之潔維是豪傑入佐　明哲乃邁休烈振耀
天闕　帝嘉其績龍文赫奕進此高秩子孫是式卜云
其吉厝于玄宅幽光燁燁

何知縣傳　　　江陵劉鉉按察司副使

公姓何諱皞字太古號敬齋荊之公安人生而天性簡重言笑不苟少遊黨塾即知嗜學嚴立課程每誦書至夜分方輟雞鳴復起或事稍妨即通宵不寐務求有以補之稍長有德邑庠年二十九領景泰癸酉鄉薦留太學累年益修其業同輩多推服之天順癸未會試遭火厄之變暗中若有神物指引以脫其難者甲申春復試不第成化丁亥詔簡守令銓曹試公才識優長除知淮之睢寧值歲大侵人相食公極力拯卹民賴以安邑有狡猾

為不善者十餘衆人咸目為虎公召至諭以禮法卒感悟為良民邑有陶河湖延袤數十里歲入數萬斛舊為民業因水溢荒蕪邳衛武卒占奪取魚利者十數年民弗能爭惟鬻子女償公稅而已公廉得其實即備由申白當道多方禁治卒歸于民民頌其德紀之碑時公以學舍倉庾壇廟因荒歉頹仍悉就傾圮公申請修復會僚佐委輸軍需還暮夜懷羨金三百兩詣獻意有在也公諭之曰出自民也方茲修建無所得盍捐以助之乃同歸之官以贍工費不數月百廢俱興而民弗勞辛卯李

家莊麥但一莖三穗壬辰淮北蝗作群飛過境不入報至公曰蝗必來時先後聞耳乃齋沐禱神引咎自責後果入陶河瓜蔞等社值大雨竟夕蝗盡死歲稍旱輒祈雨雨霽復祈晴皆立應政暇恒單騎循行阡陌察民疾苦有不安則究其利弊而興革之尤加意學政公隙即詣講堂校生徒及復戒勵由是士咸自奮多底于成癸巳水南義陳二社麥又有一莖二穗者休徵疊見人以為德政所感勸之上　聞公曰偶然也已之甲午都憲張公鵬巡撫淮揚奉　詔推訪所屬廉勤公正政績卓異

者時加獎勸嘉公治行居最親為行之丁酉秩滿束裝載道邑民號泣遮留者千餘人復請易隻舄懸譙樓以識其思縉紳士人因敘公治行為十美歌頌之行間以[illegible]使宿歸省家遘疾弗起越五年壬寅卒于正寢年僅五旬有八嗚呼惜哉公為人沉靜性淡薄聲色貨利一無所好作止語默悉中矩度喜于聞過人有規之則退然不敢當平居事父母克盡孝敬處兄弟篤友愛事上官以誠信凡事惟盡其在己太雖嗜好不務處之泊如也人有勸其厚蓄遺子孫者公則曰子獨不能遺之以安

平言者愧服居官九年祿俸外未嘗苟取比歸行
李蕭然如寒士離任雖久雖父老道公遺愛無不
泣下者弘治乙丑仍相率爲立瑞麥亭以圖不朽
嗚呼後寧復有如公者哉惜其年不滿德位不稱
才而僅止焉子璨領成化丙午鄉薦次珊登弘治
癸丑進士歷官廣西左布政使孫男愷怡俱由胄
監愷擢沈丘怡授石埭俱知縣咸能遵家訓有廉
幹聲公亦先以子貴累　贈奉政大夫南京刑部
郎中所謂不發于身發于子孫者於公蓋有徵矣
乃爲之贊曰　傳曰誠者物之終始不誠無物又

曰至誠而不動者未之有也今觀何公之立心行
已蒞政臨民始終不越一誠故能睦親族撫善良
化強暴感天地動鬼神微而頑鯤亦知遠避易所
謂信及豚魚者何莫非一誠之所推乎惜當時居
要路者或昧而弗知或嫉而不以聞卒使循良之
政不得與漢廷卓魯並稱良可慨也雖然失之人
者獲之天嗇於前者豐於後今子位藩伯養高丘
園二孫宰邑方進未已天之施報於公未艾也後
之觀此者烏可不信于已以徇外而爲人哉

鄒尚書神道碑銘　郡人張璧禮部侍郎兼翰林院學士

吾荆江之上有耆碩曰鄒公諱文盛字時鳴以戶
部尚書致仕越八年卒于家
上聞訃嗟悼遣官諭祭　賜之誥命勅有司營兆域仍
贈太子少保謚莊簡朝之薦紳士咸謂公江漢表
靈鬱茲完福顯有令德爲世寡儔嗚呼其斯今終
爾矣鄒之先有仕元爲翰林學士曰以仁者支屬
繁衍遂爲南郡著姓後兵亂譜逸世次莫考公曾
祖考仕旻祖考諱灝考諱廉祖考考俱贈資政大
夫戶部尚書曾祖妣劉氏祖妣胡氏妣易氏祖妣
妣俱贈夫人從公貴也公少儁爽有大志稍長學

尚書爲諸生文名崛起成化丙午薦于鄉明年會
試禮闈不偶入太學時璦臺丘公慎許可甚器重
公弘治癸丑舉進士被簡爲吏科給事中偘偘有
直氣己未春　命覈兩廣邊儲以父喪去服闋陞
刑科右給事中乙丑陞兵科左給事中以毋喪去
服闋仍除前職己巳陞戶科都給事中常所上疏
如崇儉約省冗稅裁撫治及飭邊備廣儲蓄請設
憲臣以督捕盜處番舶以通貨財鑿鑿切治體遼
東守臣不戢奉　命往勘公據法按其罪又覈兩
廣邊儲釐革奸弊嶺表肅然時土官岑濬謀叛公

謂叛起于激而成于黨乃亟陳處分狀竟阻閣未
行諸謂公資望當時京堂官以忤權貴乃出守保
定公歡然就道至郡即問姧虣恤貧難有豪家爭
地土上官數案不能直公直之竟歸之民時逆瑾
翕雲金吾爪牙之士如虎而冠公一不為禮或勸
公盍毀方以避毀公曰吾知盡吾職守脫不免命
也瑾尋敗趨附者多罷官左秩人方服公之見云
辛未陞左參政督餉山東會劇盜破州縣殺長吏
我軍需餉甚急公調發飛輓未嘗匱乏癸酉陞福
建右布政使甲戌轉雲南左布政使其守臣俱緣

方貢索取無厭公抗不從守臣銜之乃捃摭細事
中傷公持益力卒亦不能有加也乙亥貴州諸酋
不逞先是巡撫以玩寇落職
武皇帝命吏部就近推用公時在雲南遂陞都察院右
副都御史巡撫貴州兼理軍務公至銛兵儲餉不
遺餘力時諸酋恃險叛拒我軍乃復徵川湖土兵
征勦公下令曰是役惟務殄盡相果毅惟命不迪
者有常刑首功者受上賞令既下乃分兵進勦大
破之斬首無算蠻獠底定且嚴戢將士脅從罔治
夷人翕然歸之凱奏

武皇帝嘉悅賜勞璽書陞俸一級廕子一人做世襲百
戶公奏辭免庚辰改南京都察院佐理院事辛巳
今上入承大統擢公戶部右侍郎尋轉左國有大計多
所贊襄甲申陞南京都察院右都御史振揚風紀
吏人股栗未幾陞南京戶部尚書會畿輔歲饑廩
藏空虛公憂之乃移文督催諸逋襁屬載道士飽
而廩漸充又奏覈羨餘後永爲多見施行軍民德
之丁亥滿考乃疏乞休 詔弗許特旨改戶部仍
再上疏未允乃北上考績有寶鏹羊酒之賜嗣是
入侍 經筵陪 祀分獻 上寵錫幣帶及御書

皆渥恩也公益感激圖報凡四方水旱悉請于
朝蠲租賑災恐後諸馬房欺隱冒破饟料公請官清
杳奸慝囚伏其議處贓錢之法切中時宜至今稱
便戊子秋以點人人次哭之慟乃引年乞骸骨者
再 上命御醫胗視遣中官備物臨問公歸思堅
不可回懇請益力乃得 旨令乘傳歸役夫月米
倍于常格仍 賜勑褒獎 陛辭日 賜內饌弁
寶鏹爲道里費維時中外士類聚京師者聞公勇
退及 上渥恩無不人人歎慕謂
今皇帝踐祚以來大臣之歸于公僅見公亦自以獲諧

所願訢訢焉樂而歸也歸且委情林壑斷迹城府
里中故有社公與梅莊方伯諸公延約為會賦詩
飲酒相娛樂為文典則莊重有默菴存稿及奏議
若干卷藏于家公體貌端凝襟度洞豁歷官餘三
十年恭謹廉飭據法守正在公無懈志在家無惰
容君子謂公知幾明哲可方漢二疏云平生事親
孝親歿哀慕終身為侍郎時奉使過家焚黃先壠
哭盡哀觀者欷歔泣下邑舊有竹林道院祀宋寇
萊公公請修葺祠宇歲舉祀儀時論韙之家居自
奉甚儉遇有困乏必盡力賙賑懸車以來閭望益

隆薦者至再　上勵精化理寤寐耆俊每詢必及
公海内亦想見風采咸望召用詎意公一病竟不
起悲哉公生天順己卯六月二十一日卒于嘉靖
丙申八月十六日春秋七十有八卒之日神釆不
亂視死如歸鄉閭聞之莫不殞涕元配馬氏累封
夫人柔惠慈良先公卒子男二長廷澤以
恩廕入太學器識將綏到娶同郡汪御史女次廷濟
國子生娶曹氏繼李知縣孫女女六長適庠生李
璜俱早世次適何布政子愷沈丘知縣次聘貢生
蕭韶卒次適尚書王公孫子矸次適尚書李公子

松碧愆卒次聘判官薛君子良諫孫男四㮾琳玖
璪孫女二廷澤等將以嘉靖十七年四月初六日
葬公白湖里之陽啓馬夫人之隧合焉乃走京師
持梅莊何公所為狀請銘其隧道璧感念老成淪
落且憶先贈侍郎兼學士東軒公于公有夙好義
固弗容辭也乃按狀揭其大且要者叙而銘之銘
曰昔我
孝廟獎重諫垣公為給舍直挺孤騫陟彼藩方曰二千
石鋤奸植良因避艱劇再臨藩服鉅盜長驅公監
兵餉時其轉輸粤惟蔚鄙群醜跳梁授公節鉞中

丞孔將出清道途入掃巢穴　帝曰汝嘉時汝之
烈　上篆天緒累置崇階兩京勞勤祿與名偕公
在都臺肅持綱紀公在民曹誓堅操履
上方眷注遽爾引年荷　天隆眷解組歸田歸田于于
黃髮鮐老人亦有言公旋何早七十餘年曰考終
命紛彼貪夫澌滅殆盡
帝念元老溥以卹恩朝紳相慶恩寵便蕃維孝與忠公
也允蹈視獲考祥胡弗期老噫其亡矣弗忘者存
是謂百順若子而孫黃山白湖上有玄宅勒石以
銘用昭無極

王處士傳　邑人劉珠舉人

先生名顒字汝養別號竹東先世廬陵人元末兵亂始祖文實始徙公安焉先生幼而岐嶷長而魁梧學而敏達宏深治書經補邑庠生中正德丙子鄉試先生宴鹿鳴獨泫然泣下諸同列異而問之先生曰恨先君不及見矣咸嘆以為沒而能思寧惟古人孝哉毋夏氏年七袠無恙先生弗就仕與其兄順既翁且湛居無閒言配吳氏協以恭順有古詩人塤篪琴瑟之義故事夏孺人無顏色違孔子曰父母其順矣乎信乎聖人之言哉毋既沒益

無仕意勸者雖衆且切皆弗聽曰祿不逮親仕奚足榮況仕寧為一身一家哉邑之先尚書鄒莊簡公令布政何西橋公高其行相與結者英會優游觴咏不復知人間有祿祿事矣宗族之人暨鄉之人貧者戴其賙給不肖者服其勸化視先生雖壁立狀亦欣然從矣嘉靖辛丑歲九月十四日廼以疾卒距其生成化己亥八月十二日僅六十有三年耳其葬之日送者塞途哀者不但其親戚也平生厭浮習故不立文字人莫得見其集行有本根言無枝葉有道之士哉初先生中試考官魏給事賞其文曰子之文如月下之孤鶴獨立古松飲玉露而吸清風不知子之方寸作何狀其言乃爾先生之出處竟如所擬孰謂言不足以知人乎先生沒既二年余作傳附於邑志他日作

國史傳逸民者當採焉　贊曰君子緝德礪行非以賈名也傳學脩辭非以致祿也厚積而遠施非以諛時也故道通則顯而塞則遠非以隨靡也易曰潛龍勿用非龍之德未至也時方初九陽未亨耳然則先生庶所謂潛龍與

節婦傳　邑人朱諫廣信府通判

咼節婦成氏處士志遂之女鄉進士育英先生諱校之配育英在庠序早有時名節婦身以勤相居四年為弘治戊午育英領鄉書越明年得疾不祿節婦年二十七子文光才二歲節婦摧毀骨立病謝不服藥自分必死舅天章翁姑龔孺人泣謂節婦曰吾子已矣乃不終殄乎天于今有孤焉若俱死如孤何節婦泣且對曰大人之言及此婦何敢死以重貽吾大人憂蓋自是稍就粥飲然猶三年眶睫不時暵既免喪私居猶縞服近親至戚亦罕見其面者居舅姑喪執哀稱孝婦文光夙奇毅節

婦愛不弛教養遺就外傅宵則炳燭治女事因
督誦讀至古織紝爲賣人書佰語文光曰汝知吾
所以不死者予汝負吾吾何用見汝父于地下語
及輒泣下沾襟文光用是力學砥行嘉靖戊子舉
于鄉節婦不色喜也而泣奠祠下曰未亡人辛苦
三十年而得此死無憾矣郡守師公以狀　聞下
禮部移御史及布政按察逓爲覆報行當有
旌錫之命今稱節婦者本鄉論也　贊曰孟子有言
富貴不能淫貧賤不能移威武不能屈此君子立
身之本詩之大節而世之虧闕爽操選耎不立者

則比之婦人女子焉彼其含辛集蓼卻定于紛移
飴誘之際而律身教子圖于有終其介情勁志雖
大丈夫之遭也處約又何以加此書曰柔而立易
曰安節亨正以承也節婦其庶幾乎

制誥

宋

作新士風詔　大觀元年

朕新御路朝首興教化士風所繫尤務作新比年
以來習尚澆漓文氣卑薾純厚興實視昔歉焉豈
涵養之未充抑薰陶之或闕咨爾訓迪官毋拘內

外之沭各究乃心俾知所嚮矯偏適正崇雅黜浮
使人皆君子之歸如古者賢材之盛副予至意惟
爾之休

大二聖禪寺勑命　景定五年二月二十日

勑江陵府公安縣天寧萬壽禪寺大聖青葉髻王二
聖妻至德炳靈一方流澤千載雨暘有禱感應如
響其益無疆茲因邦人申請之勤以如來特加其
號昭爾威靈永其廕庥可特封大聖青葉髻王爲
精進如來二聖妻至德爲妙果如來奉勑如右牒
到奉行

勑江陵府公安縣報恩光孝禪寺佐神黃衣使者神
之有功烈於民者必有聰明正直者爲之輔佐佑
大二聖福澤一方因邦人有請之勤以侯國特加
其號昭爾忠烈永其廕庥可特封忠烈侯奉勑如
右牒到奉行

勑江陵府公安縣報恩光孝禪寺佐神感應判官神
之有功德於民者必有佐其感應佐佑大二聖福
澤一方因邦人有請于朝以侯爵特加其號嘉其
助順表爾炳靈可特封助順侯奉勑如右牒到奉
行

國朝
城隍廟勅命
皇帝制曰帝王受
天明命行政教於天下必有生聖之瑞受命之符此天
示不言之妙而人見聞所及者也神司淑慝爲天
降祥亦必受天之命所謂明有禮樂幽有鬼神天
理人心其致一也朕君四方雖明智弗類代天理
物之道實璧于衷思應天命此神所鑒而簡在帝
心者君道之大惟典神天有其舉之承事惟謹公
安縣城隍聰明正直聖不可知固有超於高城深

池之表者世之崇於神者則然神受於天者蓋不
可知也茲以臨御之初與天下更始凡城隍之神
皆新其命睠此縣邑靈祇所司宜封曰鑒察司民
城隍顯祐伯顯則威靈丕著祐則福澤溥施此固
神之德而有天之命也司于我民鑒于邑政享此
典祀悠久無疆主者施行
洪武二年正月　日

御製木鐸訓辭
孝順父母　尊敬長上　和睦鄉里　教訓子孫
各安生理　毋作非爲

弘武三十一年三月十九日

御製戒石亭銘
爾俸爾祿　民膏民脂　下民易虐　上天難欺
永樂　年　月　日

褒諭勅
勅太子太保南京兵部尚書王軾卿性資謹厚才識
通明發跡科名歷官理寺存更外臬旋陟列卿讞
獄精詳久而弗替及掌司國計勦滅叛夷晉宮保
之穹階替留都之密務揆茲勳望委任方隆而引
疾上章屢求休退勉留再四祈請益堅特賜允俞

以遂高尚仍加極品用報前功爰給舟車送歸鄉
里令有司月給食米三石歲撥人夫四名應用於
戲始終之際古今所難惟卿久歷宦途人無訾議
功成身退不失其時誠有不易得者茲歸其善自
調攝以保天和茂膺壽考之休永享升平之福不
亦大有譽哉故勅
正德元年五月二十六日

勅戶部尚書鄒文盛卿以端方之性博大之才中第
甚英諫垣振美出守名郡邦畿遺牧愛之思載參
大藩齊魯著保釐之譽存發方伯晉陟中丞勳績

著于擐夷風采騰于戢暴乃擢鄉曹之亞更膺留
部之推遂正位於地官俾總司乎國計勤以經費
慎于度支宣蠲貸之恩用培邦本革侖緣之弊屢
上封章宅心不阿臨事能執下有孚於士論上簡
契於朕心忽興鄉土之思屢奏乞休之疏重違雅
志特賜允俞給驛還鄉仍勅褒諭仍令有司月給
食米四石歲撥人夫伍名應用於戲功成身退今
古所難善始令終士林尤重惟卿踐履宦途幾四
十年歷事
列聖進禮退義可謂得出處之正矣茲歸尚其善自調

攝慎重起居順養天和茂膺景福以副朕優老懷
賢之意豈不永有譽哉故勅
嘉靖七年十二月二十五日

贈謚誥

皇帝制曰人臣懷忠之誠貫今夫終始朝廷報功之典
無間於存亡爰念往勞載頒新命故戶部尚書鄒
文盛器資厚重才識閎深奮跡賢科歷官諫署出
遷大郡聿彰卓異之能特長名藩茂著旬宣之績
屢升憲府風紀肅清再佐卿曹輿情允屬兩正司
徒之位克殫國計之勞出入
三朝回翔四紀朕方求舊圖任老成比屢懇悃之辭從
遂優閒之請宜臻遐壽胡遽長終已切悼傷可無
追卹茲特贈太子少保謚莊簡錫之誥命嗚呼進
秩易名盛典蓋難於並得光前裕後賢聲尚賴以
長存冀尒明靈服此殊渥
嘉靖十六年八月十四日

公移

祭田判　舉祀申

公安縣知縣彭勛勘得具告賣田生員王蘭係先
正夫司成先生宗孫司成一代名臣世食其德而
奉祀掃墓特苟簡循常無特徵以致隆予孫之責
將何所逭亦有司化導所不及也且告田不准變
賣質之禮經鄉以下必有圭田方今
聖明聿興此典豈下於古昔哉深爲允愜本生授讀

以給日耕田而有秋何至赤手操券自鬻以忝其
家聲失其世守不有出人爲爾祖忝於法可懲於
義可激特從善後之策以宗孝先之誠原田種五
石五斗糧二斗五升仰族人王保等協同丈計明
白立石爲界永永耕種專奉祭掃賣者買者究問
如律積之久遠更有贏餘爲廟於家塋隧於墓仰
於椒之凜古蓋雲來於萃止菁莪樂育之仁得英
才而教育黍稷惟馨之薦縱没世而不忘有司追
崇先正之意亦於是乎寄顧不韙哉仍載之志書
表以碑文使爲人後者知所嚮往王保等各具結
狀連批詞繳報以憑立案施行
正德十年　月　日

公安縣知縣劉三省等據本縣儒學牒呈爲崇祀
鄉賢以勵士風事竊惟
國朝建學祀及鄉賢所以報往而勸來敦禮以昭化也
公安雖僻在下邑亦代有聞人如先年國子監祭
酒王公恂南京兵部尚書襄簡王公軾　誥贈南
京刑部郎中雎寧縣知縣何公翰皆久蒙祀不
愧俎豆者也近有戶部尚書莊簡鄒公文盛莊重
持己公正服人司諫而忤權奸遷郡遺甘棠之愛

撫綏而殄叛逆出師成破竹之功總憲肅風霜之
令度支正鹽鐵之規奉　勅歸田天下重留侯之
節居鄉善俗洛中推司馬之賢可謂一代之名臣
也原任江津縣知縣王公貢秉節剛方承家孝友
養心遠聲色之私行惟慕古之事著廉平之績心
獨憂民守介善政閩浹同羊祜之思伏闕懇留
飲水類鄧攸之德可謂一特之循吏也茲二賢者
素心爲善固無望報之私然君子懷賢必有表揚
之典爲此理合呈乞轉達詳允行令有司於鄉賢
祠設立牌位歲時致享在　國典爲甚宜於人情
而允協庶使泉壤生光縉紳咸勸等因中乞
明示以憑遵奉施行
嘉靖十六年九月二十九日

重刊公安縣志卷下終

金陵吳萬成鋟刻
郭長春謄寫

刊公安縣志後語

余重梓邑志始于嘉靖癸卯四月八日成于甲辰
五月之匝叙之詳者憲部正郎德清蔡先生也與
議者則有沂州王君宗續餘姚陳君寶澄晉君
秉貞蔚州王君濬皆會
太學余頋班末也贊之者則有文君相劉君珠毛君
文炳同邑人也校正者督府參軍兄澤也維自成
化庚子宣城魏公首刻是志距今六十五年而志
中所載貢賦徭役城池橋梁景物宦績人物孝行
節義題詠文翰傳紀

荆楚文库

〔康熙〕楚荆公安縣志畧

〔清〕孫錫蕃 纂修

《荆楚文庫·方志編》編纂組

組　　長：陽海清

副 組 長：劉傑民（執行）　王　濤　謝春枝　范志毅（執行）

參編人員（以姓氏筆畫爲序）：

王　濤　李云超　宋澤宇　范志毅　柳　巍　馬盛南　陳建勛

梅　琳　張文静　張雅俐　陽海清　彭余焕　彭筱溦　楊　萍

雷　静　劉傑民　謝春枝

編　　審：周　榮

顧　　問：沈乃文　李國慶　吴　格

前言

《〔康熙〕楚荆公安縣志畧》二卷，清孫錫蕃纂修，清康熙元年（一六六二）抄本。

孫錫蕃，字棐臣，號復菴，黄岡人。順治戊戌（一六五八）由歲貢司訓公安。《〔同治〕公安縣志·職官志·宦績列傳》載：『時太平未久，弦誦寥寥，集邑紳議修學宮及東西廡，始以陶瓦易茅茨，規橅畧具。教士子編學規十二條，皆謹身切己之學，書法顔魯公。都人士往來者多劫後遺逸，得以訪求山川、土田、人物、風俗，而舉人咼拙菴、袁夢溪及諸生何粹中輩復贊之，以所識前言往行，於是纂修《公安志畧》，雖未盡雅馴，然片言隻字，俱費苦心，其功不可没也。』

公安之有志始於明永樂，知縣鮑綸創修。正統時，教諭房陵續之。成化時，教諭梁善復增修。萬曆三十二年（一六〇四），袁宏道應知縣錢允選之請，『輯舊志，增近事』，成《公安縣志》，該志載述周詳，備受稱讚，惜毁於兵燹。依《〔康熙〕公安縣志書》孫錫蕃序，『己亥冬仲，適王長源督學湖北，遠道郵檄，耑以縣志委理』，又《志畧》首載《公安志畧序》落款『康熙壬寅荆州兵使大梁王輔運撰』，此《公安縣志畧》應纂修於順治間，而抄成於康熙元年。『田賦』一目有康熙二十一年（一六八二）記載，應爲後所增補。

《志畧》分二卷，共二十六門，不設總綱。觀其門目，已趨完備，初見縣志之形。所載内容，雖以『志畧』二字冠之，較之後成《志書》，確顯簡略，然以孫錫蕃之力，可詳盡者已詳述之，所搜羅者已列書内，孫錫蕃之苦心誠如同治志所評。取孫錫蕃後纂《公安縣志書》比對，可知此《志畧》爲《志書》雛形。《志書》卷分十六，依舊無綱，分目與《志畧》基本相同，順序略作調整。《志畧》内容，有增改者，有删減者，其餘皆原文載於《志書》之中。

孫錫蕃修《志畧》，邑之歷史、風貌可謂俱到。然『關梁』目中所設『隄』之子目，僅略提水患堤防，於公安以堤爲命之邑情，未免忽視。《志畧》不設『藝文』目，而『廟祠』目下有袁宏道所撰生祠記二篇，《志書》調整至『藝文』目中，或因孫錫蕃於采訪之事力有不逮，未能盡之。

據《中國地方志聯合目録》，是志僅國家圖書館存抄本一卷，卷上『選舉』一目及卷下不存。本次據國家圖書館藏康熙元年抄本影印。（彭筱溦）

目録

公安志畧序

孱陵志舊傳袁中郎先生筆然一邑之乘藏在有司未能如枕中十書等布在吳門閭盛行于時也余以貺奇之癖欲一讀之無繇秖聞其以龍門體例撰述想其就中叙致跌宕即未獲擬筆司馬應不失歐陽唐書五代製作亦猶輿圖文獻中一種然書耳竊惟兩儀之光惟日與星人倫之先惟經與史萬古借鏡鑑焉故尚書麟紀記動記言軼至

馬班認天誌地有經即爲史者禹貢畫九州之图籍有史即爲經者春秋寔萬世之權輿尊只職方考鏡之篇固亦經世宰物之要矣自余承乏茲土有深文獻見江永漢廣賁當年周南詠化之地際茲興革就今山川如故豈不有一代之沿革旧蹟之廢興位署之遷更城隍之地復與諸爲孝子忠臣義夫節婦高士大人應續列傳者即未得如道德群英共標虎觀博物鉅製記勝鴻陂然亦竊思如

眞臘三輔之圖岳陽荊楚之記而傳後乎其于荊
志蓋時時屬望郡邑碩以兵馬連年吏民僕僕祇
成有志未逮者也公安學博孫子棐臣楚黃名士
也乃輯成縣志取而觀之見其選体既該命意復
正攷事既確而訓辭必典煌煌巨搆乎後有作者
聊此可爲粉本矣恒特有一日 暇輙與報庵王子
討論古今劉覽經史報庵見余所記識輙爲踴躍
稱快事曰識力若此彊記若此用以撰著豈非甚

叅快事呼余咲曰是何叅何慧只是書生結習未除耳振菴曰是何言與今宙合邈矣湯各濛汜之所歷長矣我輩于中僅得六十年此六十年中婚宦讌遊又平分其半則萬年中一隙耳于此一隙之中接千古之聖事命曰道脉不耶接千古之事統猶曰人脉接千古之文統亦曰心脉背晦晦昧如朝菌蟪蛄乎盖余甚韙振庵之言謂此君冐抱如此然后獨寤有言著述亦有地今于傳士也亦

云既我輩同具心眼于此一隙中千秋之劵奇文
勗之哉
康熙壬寅荆州兵使大梁王輔運撰

公安縣志畧目録

目録終

楚荆公安縣志畧

學訓黄岡孫錫蕃棐臣氏　蒐輯

建置沿革

公安古潺邑也陵谷變遷百年而或河山屢異或之者天之也故易姓受命而興者内德於民一例于車書服邑火更所其制而已誌沿革

禹貢荆州之域比距南條荆山南盡衡山之陽九江孔殷郎今之洞庭也公安與處甚中焉然自秦拔

郢置南郡以前無事實可考

漢爲孱陵地劉備以左將軍領荊州牧居此稱左公號

公安

吳曰孱陵孫權得荊州以蒙呂蒙爲南郡太守封孱

陵侯即此

晉亦曰孱陵于荊州立南平郡置孱陵令於

劉宋曰南平

陳曰荊州

宋曰公安南渡後以孟珙開閫荆南築江陵公安

帯長隄名公安隸荆州

元以公安置尹增縣又詔置荆湖北道提舉司

明太祖吳元年甲辰自將兵伐僞漢陳理克湖廣荆

南悉定仍名公安隸荆州

國朝公安屬荆郡第二縣

分野

公安古屯營也天道變於上人事應於下躔次既

殊里差亦異水蛟龍而陸鎧甲雖窐下而天綱圮

紀在焉誌分野

翼軫之分 史記天官書曰翼軫荆州漢志楚地翼軫
度之分野歷考州郡世紀躔度南陽入翼六
度南郡入翼十度江夏入翼十二度零陵入軫十
一度桂陽入軫六度武陵入軫十度長沙入軫十
六度以地勢南北按之則公安
入翼二十度及軫一度之交也

辰曰巳 中興天文志按黃帝分星次自張十七度至
軫十一度於辰在巳楚之分野屬荆州爾雅
歲在巳曰大荒落說文四月陽氣已出陰氣已藏
萬物見成文章故巳為蛇象形月令七月日在翼
昏箕中旦畢中又巳宮庚金
丙大戊土藏焉皆屬在楚分

次曰鶉尾七月太陽之躔次涼風至白露降寒蟬鳴鷹乃祭鳥天地始肅禾乃登共三十度有奇費直周易起張十三度蔡邕月令起張十二度今一以天學初函西洋曆法為準

宿曰北斗衡星春秋緯文耀鉤曰大別以東至雷澤九江荊州主衡星星經玉衡北斗第五星又云一至秦二主楚則天旋第二星也

律曰仲呂管四寸七分者巳月日躔實沈之次則律中夷則管五寸

方曰巽楚國之野荊州之區八卦方位是為巽方

疆域

畫疆而履域載在版圖天府掌之亦春秋子男國

也誌疆域

四界所至

東七十里至黄山安鄉縣界

南一百二十里至澧州界

西五十里至松滋縣界

北五十五里至舊縣又八十里至石首縣界

西北九十里至江陵縣界

形勝

邑一望平疇雖無高山峻嶺而南服通衢居然要害誌形勝

襟江枕澧黄山東控荆水環抱至達而辰常屏翰雲貴咽喉進可以要扼鉄嶺退可以户牖荆襄此郡城爲天下所必爭而肘腋脅松石伸膝向湖湘以爲滇黔擴疆之地則水陸衝煩兵馬絡繹江以南湖以北一鎖鑰也

城垣

邑既卑溼又逼大江水泛衝决漲每高於平地故百年之間阜爲谷桑爲滄者不一城凡數遷避蛟龍魚鼈也誌城垣

公安自柴林街徙孱陵城垣莫可考杜詩曰野曠吕蒙城江深刘備營或謂孱陵城爲吕蒙所築邑濱江衝齧城隄不數十年盡奔潰爲龍窩蛟窟城漸頹當時邑侯揚公雲才謂邑據江流澎湃之險上游門户周遭甚於城南新築中隄薦紳士民

訊於侯曰邑逼水患請卜遷城善地楊侯指畫形勝於椒園去舊城不盈里楊侯謂公安人文雲興賴荆江長流迴繞東河西河環向斗湖白蓮諸水盤曲是稱秀傑崇禎元年公安祝融災竟晝夜城内水民居燬於火官署及祠廟城樓具焚是日天晦風烈飈忽不測男女煨燼七百餘口邑中故老子弟驚傳爲異災侍御毛公羽建以其事聞於朝請遷城邑侯高公鳳翔集邑士庶改遷椒園如楊

侯議筮日起工脩築城隄公署學宮不逾四月告成民樂爭上丁丑錦衣衛鄒公之有復請遷城於祝家岡邑侯樂昌張公大部偕邑紳士里耆卜地建城署廨學宮漸成觀庚辰邑侯趙公繼爲脩勝有加因錢粮告匱民力衰疲罷土木之役允南兑諸賦稅就油江舊署董理從民水運便癸未冬闖賊限荆州公安殘燬殆盡戶口載版籍者徒存空名 國朝邑侯許公奇遇典是邦草萊四塞哀鴻

鱗集戊子邑侯王公百男以新城蓬蒿尽蔽鳩胥
掾於旧邑斗湖隄之公署辛卯四月始移祝家岡
之新城癸巳関東衡公戴天招輯流移户口稍增
清通粮二千有奇己亥宜陽楚公煜下車勞問疾
苦條陳石畫興利除害一以實心為實政遠近歸
来編茅而受廛者竟成封比增陴濬隍可以衆志
成城矣

田賦

歷朝俱無可考但查原旧額今户不及旧十分之一熟田不及旧二十分之一皆人少田荒故也肰荒田亦有可漸耕者有終不可耕者則以人工少湖隄不可修故旧時禾黍之區俱化為風濤之窟則陵谷變遷無可如何者也誌田賦

公安縣

明原額上中下田地山塘湖共一萬三千五伯二頃九十五畝九分零

額載秋米一萬九千一十四石二斗三升四合

額徵條銀並新加顏料絹價共銀一万五千九伯二十九兩九錢二分一厘零

奉文加派九厘餉扛銀五千九百八十二兩九錢七分四厘七毫

額載夏稅二麥折共一千九十石二斗七升七合七勺零

額徵艮一千二百兩四錢六分八厘零

額載稅絲六觔二兩一錢三分三厘三毫三絲

額載桑絲一觔四兩　二項俱秋粮内帶派

原額人丁八千七百五十四丁

額徵併新加顏料共銀三千五百五十四兩九錢三分四厘零

康熙三十一年分

成熟上中下田地湖共三十兩伯七十二頃九十三畝七分五厘八絲

成熟麥折四伯七十六石零三升二合九抄

成熟條銀四伯八十兩四錢七分八厘二毫零

成熟田湖秋米五千五百四十二石一斗六升九合六勺九抄零

應徵條銀四千六百六十五兩三錢一分三厘三毫三絲零

內有免米五百石每石免銀二錢一分共免銀壹伯零伍兩

扣解充餉

應徵銀三百二十五兩三錢六分一厘三毫零

無免米五千四十二石一斗六升九合六勺九抄八撮

應徵銀四千三百三十九兩九錢四分八厘一毫零

原額九厘餉扛銀五千九百八十二兩九錢七分四厘七毫除荒外

應徵銀一千七百五兩九錢一分八厘九毫零

見在人丁二千九十四丁

應徵丁銀八百五十六兩五錢二分一厘八毫零

内有免丁五百丁　每丁免銀一錢九分共免銀九十五兩

奉文此免本身丁銀共四十七兩一錢二分除抽扣充餉銀四十七兩八
錢八分
無免人丁一千五百九十四丁
應徵銀七百二十四兩三錢一分九厘九毫零
原額南糧正耗共米五千八百八十一石五斗除荒休
應徵南糧正耗一千七百一十四石二斗九升四合零
原額南粮驢脚米折共七百零五石七斗八升
奉文每石折銀一兩該銀七百伍兩七錢八分以二錢給

解役該銀一百四十一兩一錢五分六厘除荒外

實徵銀四十兩一錢四分二厘八毫零

餘八錢充餉該銀五百六十四兩六錢二分四厘除荒外

實徵銀一百六十四兩五錢七分一厘

原額漕粮正耗共米二千九百九十石一斗二升除荒外

實徵漕粮正耗米八百七十一石五斗四升零

原額里納盤脚米一百九十二石二斗二升七合除荒外

實徵盤脚米五十六石八升三合七勺九抄零

更名田租

原額租地三百三十九頃七十六畝四分

原額租餉扣銀四百八十五兩五錢八分五厘二毫零

荒過租地六頃九十九畝五分六厘九毫

荒過租餉扣銀二十九兩二錢八分七厘三毫零

成熟租地三百三十二頃七十六畝八分三厘一毫

應徵租餉扣銀四百五十六兩二錢九分七厘九毫零

一起撥存留等項未列

圖籍

公安户口三十年前人滿之地兵火以後淪喪於梳篦者十之五溝塹於旱耗者十之三瘐瘁於軍徭者十之二孑遺所存百中之三五人種子耳誌

圖籍

原額人丁八千七百五十四丁

鄉三十二里

平樂村一里　瓜渚村一里　西村一里

西村三里
大光村一里
毛穗村二里
刀環村一里
東村二里
廖觧村一里
魯避村二里
赴避村一里

西村四里
大光村二里
毛穗村三里
向湖村一里
長安村一里
廖觧村二里
谷昇村一里
赴避村二里

西村五里
毛穗村一里
毛穗村四里
東村一里
長安村二里
魯避村一里
谷昇村二里
牛頭村一里

牛頭村二里　市鎮村一里　市鎮村二里
特丘邨一里　扱橋村半里　灌洋村半里

土產

張景對仁宗二語即邑中之赤米曰塩緑葵紅蓼

也誌土產

五谷之屬 粘 糯 黍 粟 小麦 大麦
稻 梁 蕎麦 黄豆 黑豆 菉豆
豌豆
芝麻

蔬菓之屬 枣 菱 拱 柿 木耳 枇杷 薙
藕 播 葱 韭 東瓜 絲瓜
莧 芋 茄 茨實 梅
芹 笋 桃 李

竹木之屬 紫竹 鳳尾竹
松 栢 槐 桂 柳 桑 梨 楊 杞

花草之屬　菊　牡丹　瑞香　薔薇　夜落金錢　桂花
蓮　玉簪　木犀　紫荊　觀音蓮
蘭　水仙　鷄冠　碧桃　鳳仙
葵　宜男　扁竹　芭蕉　蘋　藻

鱗介之屬　龍涎魚　鯉　鰛　鯽　鯤
鱣　鼈　龜

羽毛之屬　鷺　鳩　雉　鷄　鵝　鴨　野猪
鶴　鳧　虎　獐　兔　牛　羊

藥料之屬　天門冬　紫蘇　枸杞　山梔子
益母草　薄荷　茵陳

貨之屬　綿

驛站

邑荊襄之阨雲貴之衝絡繹大兵往來如織故荊屬軍需重煩而公安驛站左右〔苦〕誌繹〔驛〕站

孫黄驛 孱陵驛 民安驛 明計三馹每馹該丞一員共馬一百四拾匹每馬工料銀三十兩馹夫 名每名工食銀七兩二錢賦役旧書可考也自罷兵火額粮不及田時十分之一以致各馹廢弛然兵馬往來邑為要阨于順治八年始奉院檄動支正伕買馬十匹募夫二十名每馬一料銀十兩八錢每夫一名工食銀七兩二錢正只復孫黃馹又於順治十一年只復孱陵馹買馬募夫如阿至於民安馹官徒虛設執掌全無今孫黃孱陵馬雖亦及從前之多然

上臺軫念諭令荆門州潛江監利等處齊濟馹川道亦不時須發有差所苦差煩費重倒斃堪怜今暫議兵馬往來凡冬春屬公安之馹站夏秋屬松滋之驛站以松滋山而公安澤也是亦目前蘇息之至計耳至民安馹或俟糧額新增另行申請起復

鋪遞

邑小而水陸衝煩滇黔呼吸提如聲響賴置郵而傳命也誌鋪

彝陵鋪　窰頭鋪　下灌洋鋪　上灌洋鋪　中伏鋪　井子鋪　積善鋪　芭芒鋪　梁家鋪

民安舖　沙堤舖　板橋舖　桑潭舖　三穴舖
范林舖　灌子舖　孫黄舖　塌岡舖　郝鄔舖　張庄舖　黄仲舖以上共二十一舖

本縣治原在舊縣地名油江口舖道三路分遞上通荊郢自油江口孱陵舖起上至窯頭舖接遞下灌洋上灌洋至江陵界舖止東通岳陽自油江口孱陵舖起接遞申伏舖井子舖積善舖芭芒舖梁家舖民安舖沙隄舖至石首交界舖止西通湞黔

自油江口孱陵鋪起接遞板橋鋪桑潭鋪三穴鋪菟林鋪灌子鋪孫黃鋪塌崗鋪郝郢鋪張莊鋪黃仲鋪至澧州交界止自明崇禎元年題請縣治改遷祝家岡西去舊城五十五里附孫黃驛僅五里見今油江舊縣雖廢孱陵鋪司接遞公文如故

關梁

邑卑阜曲水而封疆之界劃然蓋亦猶夫井田兵法之遺意也誌關梁

市日中而集日市

孱陵市舊縣也 孫黄市 氏安市皆郵驛之所萃也 灌陽市 三穴市 熊家店市 赤鄔市 張莊市 楊養所市俱莊衢也 浮金橋市 新店市在茅穗里 索家市在平樂村 吴達河市在長安 柘林市 雙田市 孟家溪市 泗水口市在谷昇 鄭公渡市 王家市在井頭 王家市在氏竺渚 家岡市在灘洋 高家壋市在南卒 横堤市在魯坡 毛家市在走皮 黄家市在刀環 干武橋市 蓴浦河市

諸市或數十家或四五家或舊誌有其名而今廢者矣泗水口有哨百戶長領之與灌州接壤

橋梁木石而梁曰橋

石浦橋舊曰杉木橋　鎮安橋永樂中令鮑綸建也後萬曆中邑人楊元福更砌

馬驛橋　南星橋　石馬橋王襄簡先墓河中有翁仲馬石故名

鎮杏橋在今二聖寺後　流橋久廢　東壁橋明錢令徹遙濬浦故道甃石為之在當舊縣學宮之東故曰東壁　校橋橋之東北二里有皂莢樹每科分遇鄉試以結莢之多寡驗貢書之數曰縣令每年祭祀相傳有詩曰雞聲茅店月人似板橋霜即此

三穴橋明正統中俞令雍建也峻太濶偉一邑之最俞公易其額曰太平橋邑教諭阮禮銘影横星月卧偃蒼龍

七門洞達鉅流奠衛是知其椎儒矣傾圮已久馬腸港橋司理王公黃鐘督建也

橋

界溪橋俱正統中邑今張元凱建葛港橋亦俞公建明成化中令陳鏞更爲

新之後圮正德十四年司徒鄭公屬臨海蔡公爲
文求助其畧曰惟茲高港之途歷宜莽蒼之徑昔
者長橋有影五洞勝于千艘今也春漲無情一道
畫爲二界望洋浩嘆如拔登樓之拂欲渡無由似
失中流之揖徒爲躁進不能奮飛撫驢背而長吟
興滿灞陵之雪坐碊頭以久候途窮投蹟之霜挂
掉爭先恐生短景鄉音高嘆心急偕程雖難太之
相闘澉胡越之間陽公松病涉乘輿所接者几何
來往興嗟折蒂而航者安在設若濡河而溺難同
抱石之直言及于斯心忍何恋愛扣門而告助所
發篋以興工不分中産豪家豈論一錢尺布願如
毛義士善學古人無俾蘧大夫獨為君子後田江

漲不時竟未脩舉

和尚橋 橋甚峻瀾洪熙初僧智昶建也萬曆間記方伯龔公月夫人趙氏鴻臚仲純等脩之仍建關帝廟于橋南令人呼曰紫薇橋

冏家壋橋 明萬曆邑人冏文邦等建

新堤堰橋

湖尾橋 亦俞公建一嘉靖中邑人何佑建也合圯路當南鄉之衝每淋潦之時行人多于此苦之

積善橋

車公橋 在西辛相傳車衙曾屋此改曰車公橋明萬曆中邑人楊福脩

秀峯橋 秀峯宣德中智昶建疑其法號也

高家壋橋 在灌洋洪武初邑人張支直建

浮盆橋 在茅穗俞公建也相傳橋未成時有僧以盆浮水上渡人因有此名今誤作浮洋橋

趙公橋 在谷昇俞公是

鮑家壋橋 明嘉靖中邑人鄒廷濟建今圯

大陽橋 在東西里近大陽寺

判官橋 在長安村

任

公橋在特丘村

傅家橋在走陂村

吳氏橋在平樂村

磚橋在廖斛村

謝堰橋沈丘余何愷建

白馬橋在魯陂嘉靖十四年司徒鄒公致政時建也自為記畧曰縣西南隅六十里有橋旧白馬不知得名之始雖荒村下里實一大要津也每秋夏之交奔潰漫衍遂為巨浸或紆迴取道亦有徒涉而遭溺者行旅病焉弘治己未塟先封公于橋之南阜覩此津渡窮有志焉而力不逮嘉靖戊子乞休疏三上始得請荷蒙聖恩勅給月支歲役歸田幸有餘禄故得遂前所欲焉陶甓採石因高度下聯絡疊砌黄為首甃今則通衢經始于乙未秋九月之十日閱二月而橋成特更其額以修君恩名曰恩波橋

黄溪橋在刀環里俞公建

渡

撤而涉者曰渡

油江渡逼旧城三穴橋渡孫黃渡南北孔道流橋渡在大光村芭芒渡在西辛簡家渡在西辛嵩巷渡在瓜渚太歲渡在平樂嚴灘渡在平樂江管渡在廖觧振林渡凄曰渡龍王壋渡俱在長安惠果渡在魯陂新渡在谷昇尸家渡鄭公渡俱在谷昇大陽渡在東西里王家壇渡在茅穗里西灞成河渡在走陂村辛家渡蓐浦河渡在牛頭里毛萬與避紅申之難搖洞于蓐浦河邊妻車氏茅氏得以全身後子孫繁盛科第綿延

野史曰觀諸津梁之上　俞公可謂勤矣公之料理如櫛之于髮雖荒村僻遠皆公精神也循吏哉

隄築土而保障曰隄

公邑旱濕當江之衝以隄陸為命脉而且為居首安鄉華容之上流潰則四縣人民為魚鱉改百萬生靈所待命者隄也係水利衙職掌而縣正董其成

孟珙隄宋都督孟珙開闢荊襄荊州沿江一帶築隄為營壘邑稱澤国當荊江東流之衝倚珙為長城宋史稱珙以鄂江陵副都統致金南亡於蔡已還軍分所招中原精銳萬五千人屯襄陽唐鄧開為防史嵩之奏留珙襄陽尋知黄州因為阜為齊安鎮以居軍命節制蘄黄光信四郡軍為元玫襄陽隨郢荊門守皆委郡去又命珙將沿汉淮衛往來以疑敵夜列炬照江卒者數千里擊元破走之累樞密都承旨京西湖北安撫制置使知鄂州詔行收荊襄珙謂必得郢然後餽饟通得荊

門然後奇矣可出也復郢荊門軍明年盡復諸州
既復襄陽上疏言襄樊為東南根本今百戰而復
之當加經理如護元氣非甲兵十萬不可與濟
師于敵來之日昌若備矣豫防為不爭之爭以
襄郢歸順人置首鋒軍謀報元大舉臨江珙策虜
必道施黔以現蜀蟠湖湘二千人屯峽州千人屯
歸州命弟瑛駐松滋為夔援元大將窺施夔於襄
樊隨信陽招軍積材于順陽造船瑛遣張漢英出
隨任義出信陽焦進出襄分路撓其勢而潛遣矣
燒所在積船材破壞之以寧武軍節度撫四川如
夔州進漢東郡候珙行視蜀漢喟然嘆息曰不擇
險要立砦柵則難責矣以衛民不集流離安耕種
則難責民以養矣於是具屯田築隄堰募農給牛
種首秭歸尾漢口列屯者二十為莊者百七十為
田十八萬八千頃畫屯田方畧又所減餉饟之數
以上於是立賞罰課殿最督諸司奉行元矣八三

川珙下令曰主兵官不許棄寸土擅開州界揀以之糧請還司珙曰棄城也斬以狥宣撫使余玠撫重慶道過夔珙念重慶積粟少以此由來十萬石餉之遣晉德帥為聲援玠甚德之進撿校少保封漢東郡公兼知江陵珙太息曰政府未之思耳敵若以兵綴我而下流交急則奈何珙往則彼擣吾虛不往則誰與捍患是兩失之也行視江陵上書言沅之險不知辰靖之險不知沅之州皆當措置靖為急今三州備矣而粒米寸兵無從出此荊湖之憂一江防上自秭歸下至壽昌連亘二千里自公安至峽灘磧千餘處隆冬水涸節節當防防之郎備多而力分況尺籍虛又無為防乎此荊湖之憂二陸抗有言荊州國西藩有不虞非直一郡當傾國爭之今是矣朝不能用後果以委棄失而國亡初珙登江陵城太息曰江陵所恃者三海旦自城東古嶺以往至三汊平行無隔效鳴鞭即至防可

後乎乃修內隘十有一，別作十隘于外，犄角之。沮漳水舊自城西入江，障而東，俾達城北入于漢，而三海通為一。隨高下為櫃以畜泄，工百七十萬，而民不知役。於是江陵三百里間渺然巨浸矣。念襄蜀蕩析，人士無歸，襄蜀士于公安，聚襄士于郢渚，作公安、南陽二書院處之，以沒入田廬賭焉。時相以珙握重兵居上流，天功高難制，以術為猜防。有詔調荊湖兵五千戍安豐援壽春，以遠不相交爭不聽，繼命分兵三千備齊安。珙曰：黃州與壽昌三江口直一水隔耳，誠須兵可旦暮至，何豫遣為乎？豫遣增國費，徒糜軍。誠不聽，已復調兵五十赴廣西，移書力爭之，又不聽。珙招鎮北軍駐襄陽，偽行省范用吉密通城以所受告為質，珙白于朝請許之，又不聽。珙拊膺大息曰：三十年收拾中原人，殊效今志不伸矣。卒之夕，星殞于江陵，大風拔木。贈太師，謚忠襄，封吉國公。

楊公隄 邑侯楊公雲才築年遠崩潰于順治甲午歲邑侯衛公戴天重築閲六年邑侯楚公煋復行脩築亘綿一十二里

黄家灣隄 順治十四年通判段授縣丞趙攀勝督理所築後以修隄有功院薦陞山東兗州府運河同知

東壁橋隄

太子廟隄 相傳奉祀金龍四太子潰口三百六十六丈下有龍窩深莫可測工程浩大舊例修築應安鄉石首華容三縣助工順治己亥邑侯楚公煋協同水利衙聶公瑛督理修築晝則食風夜則宿露水鬬蛟龍陸犄虎豹不用三縣之協濟祇詳請九甲十甲兩年之夫不數月而隄成邑

永遠利賴之

湖 川澤而滙曰湖

、烏泥湖 白蓮湖 大金湖、斗湖 王茂湖

柳浪湖 袁中郎先生館柳陰河浪春夏如碎錦雲鋪董思白先生題館額曰袍甕亭孫錫蕃訓尊泛舟柳浪湖詩曰、柳浪千年綠、中郎故里墟、雙星送夕衣、孤月掛林陳、棹泛銀河墮、風高脫葉徐、瓶花何處是、隔岸冷紅蕖、其二同楚水若令居遊詩曰、秋色驚流火、郎官錦帳衫、水壺澄靜夜、玉露拂羅裾、有水皆成澤、無入不業漁、兒童唱欵乃、爭上太平書、自柳浪湖過油江風息、脫渡詩曰、風歇積霾開、秋空皎月來、取紫趣僕子、艤艇發江隈、狂漲平如練、荒村影似堆、水連巴子國、雲散楚王

臺漾槳拂深柳凝洄畫碧沓星從波底落入自漢宮回、烏道班荊坐、天河送酹杯。蒼茫何所祭、回望倚檣挽、

牛浪湖

揚林湖

白水湖

洋溪湖

港

迂曲而長曰港

馬腸港　去縣治十三里、港口多魚、居民以漁為業、孫訓導錫蕃打魚歌詩曰：馬腸港水湍濺濺打魚喧呼往來急奔電前有踈罾後有密罾中有男婦使舡如銳箭大網橫鎖截泥沙小網淩罡飛雪片鯤鰤分命具無迷生成取盡釜中煎溪邊老人贈雙鯉吹頰曳尾紅婉孌為我更倩東鄰女纖手提刀供珍饌我自凡素謝老人安得此魚為上林之鴈樓中之燕前行鼓浪記尺書斟重何事金盤羨江湖從此天地濶雷雨動盈枝龍變

洋港　白蓮湖左、近油江

蓮花港

黄土港俱在板橋

揭家港在長安村

黑林港

東港俱在曾坡

廟祠

明有禮樂幽有鬼神先王神道所以設教也而俎豆筐紘仁孝誠敬之實事寓焉矣誌廟祠

儒學

明季以前在舊縣城内　至聖殿明倫堂敬聖祠俱巍峩高聳有古栢數十株左右有號房一十四間尊經閣敬一亭櫺星門兩學衙舍及泮池前甬壁一座騰蛟起鳳牌坊二座題名匾額鐘鼓祭器俱備自兵火後廢缺無存今遷新縣順治九年粗建　至聖殿明倫堂成於草創本卑陋不堪壯觀觀今頽壁壞垣蒿草滿目無寸料可用未學訓導孫錫蕃面請前任湖北按院李公贊元為之倡率張示勸諭量為捐助方議募脩鼎建次第採木但十五年公邑困于水災繼以十六年舉行

會試大典紳士資斧維艱力不逮及此

兹後工程浩大尚有望於居高者

公安縣儒學梁公生祠記

袁中郎譔

天之大也無所不有而非挾其有以角也聖人亦然使天嘵、然與春爭華秋爭寔與萬物爭洪纖大小天亦物耳故聖人之大以受不以勝天下之爲道者岐真其道皆竊吾近似者也吾僕役之則吾用而角之必且外吾而求張故以宣尼之聖而識小師老聃問道不以是貶大曁於後儒挾吾之所有以求勝而吾之道一變而儒始名再變而儒退然居九流之列三變而儒乃有為異道用者是則角之而張者也且夫諸子百家固未有能出吾範者也勢而為名法比而為楊墨遁而為老釋惟其竊吾似而　甚焉則指之曰異學而寔不出吾之所有夫聽所言觀所行譽所試是聖人未嘗不名家也春秋之斧鉞雖隱必誅是聖人未嘗不法家也吾蔬食而快愉其樂我席不溫輒不觧其愛兼是聖人未嘗盡廢楊墨也寢有經食有戒是聖人未嘗盡廢攝生也幾研於未發道

竟於無聲臭是聖人未嘗盡廢虛無也唯其無所不有而出之以平淡故其大至於不可名異學者竊其一以求專其譽故迹詭而言故以爲不如是不足以自崇其道而不知千變萬化皆不出吾儒之固有吾取其精以供吾用而汰其甚告之以所敝彼亦且樂爲吾用吾覆之以天臨之以君庇之以父母彼安敢出而爲吾害唯吾自挾其道而與之角居然以敵名予之而彼亦傲焉以敵自居於是異端之禍與吾儒

相終始名曰尊吾道其實薄吾藩而益賊以戈者也孟氏善衞道者其言不過曰歸斯受曰反經而已矣反經者使天下曉然知常道之大而本之身以措天下皆綽綽然而有餘吾常有餘而彼不足又安用借資於彼天下皆知吾之不借彼所謂濯龍之宮白馬之合其黨不得不必而道自衰此所謂不攻而破者也故今之欲廓吾道莫若遵孔孟之家法而明其書暢其旨先是中丞梁公以鹽司鎋敝邑見學宮圮慨

然捐鏝新之每至邑則進諸生徒告以聖賢之微旨其言撲直無雕飾已又出書傳若干多先儒之所未發蓋公之所以衛道者與孟氏叐經之旨千古若一揆也昔者昌黎氏衛吾道徒為念激之論而不摽其本是以介胄衛也夫介胄所以攻非所以服也今公弟發明孔孟之深旨使人知道之無遺覆而諸子百家無異轍比猶礼樂盛而悍悖銷聖門之伊呂也邑士民戴公誨爭請祠公邑錢侯聞之甚喜曰是王政

之大者竟如士民請祠成以記屬余、拜手曰公他日當俎豆於白沙諸公之間者也然使後世知邑中有聖學自公始公之從祀自敝邑始一時令長師儒薰其德而快其事而不肖其得以文字濫其役是皆不朽之藉也公名雲龍廣之瓊山人楚人戴公如羊叔子今者特祠曩序間故畧述其功在聖門者其他威惠不具載以俟異日志峴首者

公安縣儒學周公生祠記

袁中郎譔

邑學宮舊濱江，江水齧其址，宮遂遷邑。頻歲苦陽侯，殿材蠹，遇者岌岌然慮其壓，則以孫木贅之。又十餘年而贅者蝕其半，邑人相顧嘆惋，竟不敢議興葺。夫邑之薦紳大夫以至縫衣緩帶，皆誦法孔氏者也。積縷而緡，積壓而嶽，邑之人亦能辨此，獨以事重而地卑，故不敢不緩其議，以俟天子之命吏。夫今鄉挍雖一鄉，其始蓋有所受之，小至一籩一豆，皆奉功令而行不敢輒有增損故學宫之重與太廟等而其興革一稟於天子外焉者遐而不得達則稟於天子之命吏今夫佛老之舍朝而圮焉久而呼於市市之屠佑傭保操其興革焉今而集事者何則其事輕也昔李師道請出私財贖魏徵舊宅白居易論奏以爲事關激勸合出朝廷夫此名臣舊第耳當時惜大體者慎且重若是其敢議數仞之宫墻與必有所操而後議故下之人不得不緩緩於下而急於上故躰統尊而

事行古之爲治者政學出於一故曰在泮獻囚在泮獻馘後之人特以文章之具觀故其修舉常後於宮寺區署一有興革直付之一二章縫而其事僅與釋老之宮等於是學宮始輕而絃誦之地鬱爲苔蘚後生末學有終年不窺夫子之門屏者是亦爲政之責也監司周公醇儒也修姱之節聞於天下天子超常格拔之論者以比胡威楊道州下車未浹月威愛大行閭邑大成殿敝即與前分守梁公捐貲徹而新之

既命有所操無失體衆力遂集而邑人士數十年嘆惋而不敢議者一旦如釋重負宮既成邑錢侯率諸薦神士落之皆曰非公余等何顏復見先聖洩洩照如君子之久亡而忽見其鄉也則又曰邑公之畏壘也將世、子孫俎豆公舍學宮其安之遂併梁公兩祠於宮之左公名應中浙之會稽人夫非謂學宮之能重公而學宮待公而重將使後之作者知其重以時加修飾而後生未學望宮墻而肅然是祠所以作

也

經祠

社稷壇在縣治北城外

風雲雷雨山川城隍壇明洪武元年詔郡縣祀山川明年詔有司風雲雷雨師合

爲一禮六年詔合祭風雲雷雨山川之神尋又合

城隍祭之　國朝祀典同改遷在新縣治南城外

邑厲壇在縣治北

鄉厲壇每里各一所今久廢

城隍廟在縣治城內東邑侯衡公戴天新建順治已亥楚公煜重脩

關帝廟 一在縣城內南一在井子舖 一在灌洋一在和尚橋

西湖廟 即雲均祠在油河口 今廢一在雷森灣

左公祠 漢昭烈也帝於此中有大功德邑因以名南廟貌不具真闕典也夫題公以枯竹之故尚載祀典而況於帝聞之父老言先主舊營有左公祠但久廢耳今存其名以侯芈者

武侯祠 即孱陵侯祠刘復井一日過此題詩有云千年面目侯愍爾誰信祠頭有鼓鐘一夜火焚其祠後人改為武侯祠

庚公祠 即子貞也

文昌祠 在油江旧城南門內龔方伯侍御袁春坊銓部仝建

三義祠 先主關張時屯兵公安邑人祀之

孱陵侯祠即召子明在斗隄後許德脩今廢

竹林祠一名萊公祠寇忠愍平仲也在斗隄舊城西關外公卒於雷州柩過公安民插竹掛紙逾月枯竹筍生衆異之遂祠為明嘉靖七年邑人司徒鄒文盛請于朝其畧曰臣原籍湖廣公安縣境内有家臣忠愍萊国公寇準祠堂一區建誌所載故老所傳蓋謂準自雷州表还道出公安邑民插竹迎祭後忽生筍成林乃立廟祭祀以羽流主祭事號竹林道院系南渡溪孟珙制置荊襄于道院東南築書院以處四方流寓之士祀準于內因名竹林書院聖系親洒宸翰書額賜之及明朝書院改為儒學而道院仍舊數百年来邑人歲時致祭卒以為常臣按宋史本傳寇事太宗真宗朝三為宰相志身殉国如壽王之立澶淵之議是其功之大者餘不能悉數也及其遭譖而死感民吊祭能

使旣斬之竹含生出筍蓋其忠誠義氣有以動天地乎草木非偶然之故也今祠宇雖存而儀文不備伏望　陛下追念忠賢祭需等項定立品式每歲春秋縣官奉行祀事永爲定制寔天下爲臣子者之大勸也部覆如議行後有司遵行之記宋王十朋詩曰油水江頭趙相祠凜然如坐廟堂時精忠一點不負國枯竹知公人不知邑人王祭酒恂趙公祠餞江編修還蜀詩曰仙舟西去溯流遲江上登臨弔古時錦纜總攀巴子國椒園先拜趙公祠綠楊霧鎖迷芳徑修竹雲高長茂枝千載忠腸遺恨老嗟君此日天涯思王司馬軾詩曰人事當頭只自知誰能協力濟艱危君王不肯爲孤注宗社將應到色絲也有通天犀玉帶更無揷地竹生枝尋幽坐徹風篁影山鳥山花總寄思郡司徒文盛詩曰名在當時屬亦知北門鎖鑰係安危摧鋒郡試千鈞弩補衮應須五色絲奸骨已消炎海瘴

忠魂依托渭川枝、崖州咫尺還相遇、天道分明可
再思、諸生成己詩曰江上遺來忠相祠、旋將舊竹
插新枝、北門鎖鑰偏遺恨、南國蘋蘩重所思、自昔
樓臺無地起、于今梁棟有人支、春田精爽荒烟裏
為借郢陽五律吹、南宮黃庶子耀詩曰誰謂公不
祀、祠堂南北存、嶽蓮花春屬、江竹筍兒孫、海瘴消
歸路、溪毛引斷魂、恨無桃積渼重來吊湘痕、桃
舊公侍兒也、訓道子孫錫蕃詩曰社稷索衣廟見成
澶洲趣駕有高瓊天雄鎖鑰謀孤注來去雷州路
上竹

三相祠 郎竹林祠後人蓋孟康二公而三
之邑中又有四相之說謂武侯也
阿里海牙也在舊二聖寺後

楚國公祠 即孩白塔寺今盡沒江中

剎宇

二聖寺

東晋太和三年道安慧遠二法師建寺亿数遷初在江邊即安遠旧寺也唐末始改梅園遠公懸記一千年右有肉身菩薩改吾道場于梅園是也洪武己卯江水傾潰徙椒園故多戕劉太常宣記曰再遷于椒園之坊而寺始定嘉靖丙寅江水復齧遂移東南郭外今人以旧寺為梅園而此為椒園者悞也大雄殿幾于天順二年前此易殿造像則紹琭营其始滿空葺其終右從事𢭏基則應祿闢其荒靈心藻其賁也二聖閣及繚垣皆靈心募造而其過堂正法樓則冀侍御仲慶合諸宰官力市僧地為之樓以貯藏經堂以待行脚其粥飯主人則十方衲子遞戢之非寺所得轄也其初隸事者為臨湘僧圖像益法師也寺有洲堂有田皆各隸主者宋參知政事馮㦤二聖靈蹟記曰晋太和三年寶卬菩薩道安法師護法菩薩惠遠法師卓錫開基建寺于邑之江濱額曰安遠寺

迨大元元年春仲一夕，邑令周通夢二神叩門語之曰汝輩多爲不善將陷泥塗吾誓以西方之法安鎮是壤翌日象傳户告萬口一辭忽聞空中語云還見吾否往昔因中乃童子自于寶如來藏前得授菩薩記号曰青葉髻王娄至德如來賢伮千佛下生之數也又有語曰今西比香木二根自洞庭湖迴至此已三歲矣將有西來二鄯行者立吾二像于是縣令同諸父老訪于江濱耒得之復過披揭剪髮者從容相揖縣令曰得非西來鄯行乎荅曰然具語其故行者許諾偕之公安爲立二像運斤之日靈光西侖非烟非雲郁郁紛紛下聞其聲七日像成清風四術靈光忽散啟户視之處失西來二鄯行者惟見二金剛像屹然如山精光射人莫不震悚時仲春八日也嗣是四衆皈依有禱皆應既而夏秋澤水泛溢妖物作害崩隤隴岸有司禱于二聖見于雲中現像手执寶杵金環于是

水邑寢息民賴以安厥後或現足跡以驚群迷或
示履痕以堅凈信或托諸夢寐或流馬識兆余按
大藏經中二聖本願苏陁利經之所載驗於此矣
昔遠法師預記一千年後肉身菩薩改吾道場於
梅園至唐貞觀二年有杭商史清者駕舟自浙而
來二聖化為童子求與鼓枻商者曰二聖者力能
勝吾舟耶童子曰客魚慮但得夜行請客自睡至
夜商者寢於舟中童子鼓舟商有從者竊覘之童
子現勇猛二神扶舟而飛從者报於商商亦覘之
知其神也戒從者勿視莫知其舟所逝但聞草木之
聲雞鳴商者起視舟在寺側不見童子商者趨寺
見二像與夜鼓舟者無異遂感泣化於寺俄而親
變赤色重頤如龍象皆驚愕沙門用麻覆身以香
泥塗塑其肉像崇奉在寺一日附於童子曰吾是
婆伽羅龍王化身感二聖救護衆生特求匡翊又
曰百年後有一夫欲損吾軀終莫能至唐季巢寇

犯境欲挽撲之力終不逮發矢亦不中遂委縣去顧係
有汗痕之迹種種靈通不可盡述迄我皇宋列聖御
宇以來佛神聖顯尤加昭灼遂以其寺為薦揚之
所屢褒賜封額太平興國元年賜額興化禪寺天
聖三年改為萬壽禪寺崇寧四年勅加天寧萬壽
禪寺紹興七年改為報恩光孝禪寺景泰五年勅
加青葉髻王為精進如來夌至德為妙果如來勅
封婆伽羅龍王化身黃衣使者為忠烈侯又勅佑
感應判官為助順侯易額二聖禪寺今年孟秋四
日夜余以王事之西屬舟經公安江上忽然晦冥
風濤大作舟人莫能措手足舟幾覆沒忽聞空中
語云爾毋勿怖吾當救護語畢舟竟到岸迄曉視
之正在寺側余乃知佛神之靈也於是秉香詣寺
謁謝宗其靈跡住持卓翁遂出本授余　仍請更
增益之余感佛神救護之惠故併其前靈蹟彙為
之記餘異跡甚多見別條寺舊有辟支佛牙及有

宋諸勅趙子昂十八羅漢卷元書金字法華經而
羅漢為當事者取送故相彖後不知散失何處又
有羅漢十一軸亦名筆而失其四寺僧不知重今
久蠹朽有唐鑄釋迦及二聖像徵妙古雅長不盈
尺今失寺
存僧少

谷昇寺 古寺也不知開基何年宋乾道中僧德智重
建在谷昇村藏有十八羅漢及水陸像皆古
名筆相傳於古樹中得之益
兵亂時所藏也今廢寺存

靈化寺 在茅穗里
宋元豐中建

報本寺 在茅穗
宋景定中僧人無能建今

天崇寺 村民周氏重修在刀環里

法華寺 在刀環里

大陽寺 大陽古寺也少陵集有大昜沙門昜古陽字今誤作昜宋紹興中重建今廢

大光寺 在大光里

牛頭寺 在牛頭里寺柱有龍乘風雲而騰空至今相傳有龍池

走田寺 在牛頭里

齋居寺 在舊孱陵城宋嘉定中僧寅公建

淨屋寺 宋紹興中僧法興建明村民周氏重修在刀環里

惠果寺 宋紹興中賴禪師建在特丘村

普光寺在茅穗里元大德中建

北觀音寺在茅穗里宋元豐中建

江陽寺在茅穗里

清化寺在江陵界上灌洋村

雙田寺舊以為東晉開山而寺僧去唐開元時遠法師建然唐時公安有遠上人全傳燈録疑即此也云東晉者蓋誤以為盧山遠耳

章田寺宋太和壬寅婺婦王氏所建

龍門寺宋乾道中建未詳開基何人在長安村

利濟寺宋淳祐中森上人建在長安村

報慈寺　元延祐中蓋庵禅師建在特丘村時灰如和尚重修徒源青源曉源徹源遠皆能詩屬文

龍溪寺　宋紹興中僧明庵建弘治中邑人鄒廣修之廣司徒文也

大車寺　宋宣和中僧遠建今廢

義堂寺　宋紹興中僧慈潤建又傳岳武穆征楊么之後所建長安村

大德寺　宋景定中僧月溪建在長安里今邑重望孝廉袁世維明經重建

南禅寺　宋紹興中傳霞上人建在縣之東七十余里

神台寺　宋淳熙中傳福遠建今廢在縣之東六十余里

法海寺　元至元中僧法海建今廢在縣之東四十余里

金果寺 久廢在廖解村縣治東三十里

寳善寺 宋端平中僧惟鑑建前有龍洲久廢縣之東六十里

諸天寺 宋景定中僧月溪建今廢東陽縣大十余里

白果寺 宋紹興中僧正秀建二聖下院也久廢之

南觀音寺 俗呼為南觀音寺以北普德亦有觀音寺也宋宣和中榮安和尚建在瓜潜村久廢

古城寺 久廢

淨土寺 在魯陂村為紅巾賊所廢

庵

二聖庵 即二聖洲也

法華庵斗堤後王孝廉承先李居士承芳僧眞惠始史輝顏之袁儀部宏道銓部中道僧圓像終之黃太曰精進林

觀音庵去法華庵二百步許亦王孝廉諸公合力成之皆十方禪院也一在縣治內東

淨業庵在谷昇村

淨土庵在谷昇里近龔嵐縣仲敏墓其生時所立以付修竹僧眞源者亦香火庵也

荷葉庵在長安村三官塚也袁封公士瑜香火庵也一名珊瑚林徽夔也宋道誌事于佛嚴記中

板橋庵諸卑宮居士創立有庵田及義塚種地數畝遊衲之資皆遁韜

三橋庵龔上舍獨力成之今俱廢

觀

東嶽觀 宋元祐作建

南嶽觀 在丰堤之中面湖有前後殿規制甚雄上人曰南嶽富地明正統中庘抚揭大銘連更修則邑人李德明也

竹林觀 久廢

紫霄觀 宋慶元中道士楊復庵建今基已他遷俱廢疑紫霄真人談峭也

廣德觀 卿地東南來數百里皆奔衍至灵始馬岡辭曰石子岡來結與中道十五公結建一云道士何玄請及村氏吳實也

洞真觀宋淳祐中道士景公建則成化中道士張道乾振而新之今廢

白雲觀宋景定中道士三德真建在石昇村

洞神觀宋淳祐中道士舒安庸建今邑人龔仲安修之在谷昇村

崇真觀宋寶應中道士竺公建在大光村

長生觀宋宣和中道士卞法言建在牛頭村

東昇福觀宋紹興中建今無殿宇

西昇福觀宋紹興中道士龍青仝建在茅穗里

白馬觀未詳所始在特丘村

福星觀　宋宣和中道士王大有建在平樂村今無殿廢

悟真觀　宋咸淳中道士印月潭建在魯陂村今廢或云魏伯陽也

刻木觀　宋景定中月溪道人建其中有刻木石塩像者相傳其地有古楓樹一道人遠來每夕徘徊其下呼其母樹遂應聲遂伐木刻像肖之机闕石生至今存焉其初五通廟也後人神其事遂爲立觀或云即丁蘭也

崇元觀　宋景定中道士楊如真建今無殿宇

玉清觀　絕無殿宇在長安村

玉虛觀　元至正中道士張守玉建在走陂村今無殿宇

○太平觀在縣治城內東隅

勝蹟

荆屬州縣凡十三惟公安無考所載山川人物流風遺事百不及一自左公張景而外寥寥不見經傳訪諸故老採及遺編彙成茲帙雲盤蕩吾心胸亦荆屬予長大觀也誌勝蹟

光土營在油江口今板橋一帶丘陵稍壘溪流宛轉疑即故址其地多美箭嘉樹如遊最勝處也邑人洪子彥詩曰漢家由業幾雕枯帝子捐戈起義圖司馬史編空予覩杜陵詩句失吞吳烟生斷岍平蕪合日落荒村舊壘孤極目江干嗟往事蕭瀟若竹間黃蘆訓導孫錫蕃孱陵古意曰左公漢

高之苗裔涿郡皇考中山系販履織席豊沛業闢力挽痕陻悲涕安喜尉下密丞平原相豫徐牧使君跳身不一勝隆中出山稱用武形便當熟荆州勢憂口瀰容師抗衛以決計油口築屯營拔壘而覬覦撞視燕雀鳴視蟻操走兎廉權僕隸從許避蜂勇絶軍熊虎巴東背命世柴桑在音急难情協規同力帝冑衛吳下阿蒙村市兒白衣賈客樊軍制拔刀成業意何為驃騎稱臣議蔣濟運之由馬驅除者烏程亦隨高貴鄉只今昭烈桂風綱目存有孫北址爭光日月麗蒼梧縣圍雲發〻草木零落傷花蕙吊古戰場化蛟宮惟有萬里江汶不斷流天際

○孱陵城

前漢置縣于此南朝因之至晉始易名公安宋末徙縣於油口遺址猶存今魏奇有過孱陵詩曰秋風禾黍連阡陌夜雨桑麻滿故城舊日耳崇今在否月明猶聽嫡歎聲蓋為庚子真作也

夫人城與舊彝陵城接相傳孫夫人居此然孫吳時王夫人亦曾居公安未知夫人誰也

呂蒙城世傳以為彝陵舊址或云即今舊城也按子明在公安封彝陵侯郎卒不應有城當是後人以侯故追名也陵古本作呂蒙营

古城在舊邑南十五里大光村

雞鳴城在郝鄉北一里溝壘具整

龍墻在東西里舘西河亦舊城址也上者曰上龍墻下者曰下龍墻中有城亦曰雞鳴城遺址甚具此地乃永安鄉疑即永安僑縣故壘

走馬堤云昔左將軍走馬處一在大光村街將具微一在東西村

劉郎浦 在渡口宋趙抃過公安詩曰劉郎浦上公安渡我過高吟老杜詩烟浪幾重江幾曲筭應風物似當時少陵詩曰挂帆發劉郎浦疾風颯颯昏亭午舟中無日不沙塵岸上空村盡豺虎十日北風、未回客行歲晚猶相催白頭厭伴漁人宿黃帽青鞋歸去來呂温詩曰吳蜀成婚此水潯珍珠步障幄黃金誰將一女輕天下欲換劉郎鼎峙心今石首亦有劉郎渡

天子堰 在大光村其上為天子堰埭或云王夫人墊處

濯足池 在石馬橋相傳洞賓濯足於此池小且污不利名故老云舊興湖接後人劃斷之耳合乎田一望皆昔湖也又云舊有碑題曰田道人濯足處侍御龔公仲慶聞之故重勒石會卒未果馬當斗湖勝處其地堰出湖而十余丈今樹也

呂仙亭 蓊翠居然勝地但無亭耳地底有杉椿旱涸

謹

時見之當是舊日用以捍水者湖之深濶可想見也今魏奇詩霜寒遠樹千年暗月冷平湖一鏡開大是实景

仙吕臺　距吕仙亭半里許相傳洞賓渡女子於此然無的據公於湖湘間多著異蹟至近年猶有人見之市上為人除奇疾者公於此地緣熟耶抑偶爾耶今大光亦有仙女堆祷雨輒應

聖母塔　即智者禪師之母在苐樓里

油水　有油客在抽河下二聖化童子身入水解散舡釘油滿河口故名油江後二聖封油客為黄衣佚者至人以肉身傳此典史清之說稍異從二聖欲排松滋之山以塞油口為土神所阻時人為之謹曰千里龍神難壓當方土地二聖怒擊之至今泥塑不能端坐然考荊州碑所載有指水為油事

問之故若云茅穗自有油河非油口也按習者父以益陽侯居公安兄陳鍼為參軍師固世家何甘旨之足虞好事者欲神其說故強為附會

大賢里　智者生處佛祖統記載荊州碑曰智顗禪師初欲出家母謂之曰甘旨當誰俱耶師遂指弟為穗後人神之因以名村呼其里曰大賢里

靈溪　隋地里志公安有靈溪水今亦不可考按沈約宋書武帝記何無忌劉道規既至江陵與桓振戰於靈溪

鼉空　在廖解村吳孫亮初有靈鼉鳴此其穴也空去声

上明　晉書江陵縣界北名上明田土膏梁可以資業今松滋有上明城疑即晉刺史桓沖治所非此

上明也

少陵草堂

相傳在中堤口有亭曰杜息今廢已久子美有言數月憩息此縣考史公安在隋唐徙治孱陵草堂不應在此而子美詩有江深風浪等語則為油口無疑豈水国遷徙不恒耶姑闕之以俟考實

山館

當是古鄣少陵公安山館詩曰南国晝多霧北風天正寒路危行木杪身遠宿雲端山鬼吹燈烕厨人語夜闌鷄鳴問前路世乱敢求安

憩息亭

在舊港渡亦子美遺跡也後人誤為憩息久廢

觀瀾閣

在油河口象鼻嘴郎僧豐均祠也前有亭俯檻迴瀾最稱勝地惜圮頹遂不復存天臺潘

珠詩曰江自西來復東逝遊子迢迢寄所
思更好觀瀾邀尚賞逢人休説夫人祠

孟公提 郎斗湖諸提也他如萊公竹 二聖洲石洲皆已別見不贅

桑棗園 諸鄉落皆有之其 枋官置也今已廢

梅園

椒園 俱見刹 字條

孟㮘莊 忠襄舊置莊 也在南門外

斗湖書舍 在中提口王祭 酒怡舊讀書處

西庄卅亭 在扳橋亦怡別墅自為記 畧曰西庄王氏之故廬也

丹淮

白蓮莊 郭司徒大盛庄也距舊城三里数十頃背蓮風香花色搖蕩数里内有何氏先塋

空明亭 何方伯珊水亭也在城西北隅周迴皆水公為空明亭詩今廢

杜機園 龔侍御仲夔園也在君浦河東嶠有光碧堂雲在亭斲窓欄楯大似吳兒布置又壘石為山高数丈其巔可席目山為洞曰瀟湘洞下為地飛瀑注于簷端有石生成花卉皆名品如中州之牡丹維揚之芍藥嘉州之海棠皆不遠千里而致之吳人申少師時行劉侍郎鳳皆有詩後以江張散移家手提遂尽搬毀

荷葉山房 袁太史宗道讀書處也在長安村入門有老松数十株高古入嶺澗水出長竹截松下過由松風澗跨以小橋古挹壓澗生蔭可十余丈其下為臺曰清蔭臺黃山蔥然一點在望弟中道

有記見集中後有室曰白蘇壂公生平酷嗜二公每至之處必以白蘇為額蓋自況也一時名流多有賦者室之後有土阜高廣可眺遠日暮翠嶺阜上古梅一株虬曲偃蹇開時香雪滿庭其旁為回廊曰斜月廊從北阜益坦修竹萬竿搆草堂曰淨綠堂後有澗深丈許澗三倍而水常竭少時常與諸弟騎羊於此因名曰騎羊澗渡澗而北為荷葉山蜿蜒皆土嶺遠見青陽諸山及谷昇一帶湖水浩淼晶瑩搖蕩晚日山中古松千本翠蓋入雲大者可三人圍合樹稱是一巷栗中空而前竅可容足僧名之曰捲菴山前有地澗可四十畝日荷葉池繫小舟其中山與池皆故名也袁氏自宣德閒已家此至大史為孝廉始稍治亭榭以綴[illegible]之然地實據勝畧為茇除居然名勝矣王孝廉承光旧舘在斗堤之后前臨油江數

小竹林 十畝皆竹亭入雲際揔才桂枇橘櫟植其中古

梅婆淡數大王君有巧思意匠所至宛出人成亭
軒户牖之數小如何皆意態別出曲路和橫交枝
斸蔽遊者幾迷出入五局云世遂售別姓更兩易諸
於袁公中道有檄其室之畢者益以瀟碧雲照
堂勝處稍置亭榭草草點綴出意借生易名曰貨
鶯谷所謂雕題畫閣未嘗有一面請深宛曲殆魁
一郡
叟

黃山

上石皆黃一名金華山廣輿記入岳州界安鄉
公安界也上有謝晦祠又名謝山晦後劉宋時
荊州刺史嘗登黃山徘徊者久之及卒柩過公安
至此不肯去因塟焉民為立祠宋封應顯公又云
柩過公安一夕風雨大至
而柩覓移黃山遂塟焉

段洪古墓

黃山柳宗元誌洪古安鄉人剛方寡合不
事生產人或交以非義輒面叱之故終其身

無所遇宗 元
稼日畏友

風俗

言風俗者務張其井里而邑故樸鄙夫鄉人入市學為雅談而俾益勝何則非其質也今畏夫張之而俚也寧質而已誌風俗

士好讀古文辭為文多出自机軸故有飣餖而乏雷同亦有學為詩者懲嘉隆關諸家習氣務為精実而 傷靡苟制舉業亦多出性靈但數十年來以宋儒為腐今始潛 心靜業於傳註

從前仕進者以貧相高以進退相勗以充囊盈篋為羞以求田問舍為戒故發身科甲而貧乏擔石者相望邑人以為常殊不怪也

民有恥負氣一朝入仕雖親故多不肯往或頻往則鄰里叱笑之以為炎涼其人聞而慚恚若大惡不可解至若郡邑有構敌党雖貴有力絕不相關爭負而受科不仰面也

舊志稱人性質樸知恥守廉今猶可得十之六亦有

青衿之徒烏衣之種外行鬼蜮內幷犬豕者此類僅一二見然親戚絕之鄰里嗤之其人則變恥矣而通國之恥恥者未喪也

俗尚農輕末雖士人亦勤播插至於糞灌耔插皆躬自督之昔司徒鄒公巡撫貴州時寄子書曰白蓮莊田縣中間了的糞着人早晚挑運差農夫闊二丈不若厚一尺觀公此帖雖縉紳亦務力作也

佈種最早花朝以後即有下田者至五月望後嘗新

謂之以　秥農家以新之早晚早爲勝負也

揷秧多用女子男子止擊鼓接節或負擔下食問之

則曰手足鈍滯不如婦女之捷

鄉村多湖居民有湖業者秋冬之間招諸漁户聚族

矢魚舴艋既集數罟齊張罛刀玉尺飛舞水面鄉

人好事者治酒具輕舠而逐之

婦女勤紡績而衣無華飾雖士紳家主婦皆躬繰紡

桼涅以入百繩布爲工婚嫁皆用布亦有躬蠶者

桑瘦而蠶細絲亦生硬織爲土絹亦有收敗繭作紬者曰撚紬

俗儉薄不侈節候元旦舉家夙興各盛服祀神男女序拜尊長已交拜男子出拜戚黨謂之賀新婦女則否大約辰卯二時彼此拜望便周

立春前一日邑大夫而下俱簪花盛服迎於東郊郭内外諸行户皆扮古今故事金緋燦爛手執春條謂之迎春至日邑大夫率僚屬祀芒神畢擊土牛

而碎之謂之打春

元宵剪綵為燈飾以五彩城市人家跨街爲棚羅列星布士女縱觀花火徹曙

杜日賽土神燕飲以爲樂秋亦然鄉村皆行之

清明墓祭通貴賤皆往剪繙爲錢插於墓上士紳家皆攜具擇郊外閑曠處席地而飲謂之踏青

四月八日為浴佛節

端午採艾懸於戶上取筍籜稬米爲角黍相餽遺雜

置菖蒲雄黄於酒中飲之婦女佩艾符小民競渡
龍舟荆楚歲時記曰靈均死汨羅目人傷其死併
將舟楫以拯之至今為俗

六月六日浴頭晒

七夕治酒露坐徹夜謂之觀巧雲會

中元為盂蘭盆會俗傳是日亡者當返送錢割承通
貴賤皆然盡空凛〻若先鬼之至

秋家家置酒菓賞月

重九士紳携酒登高觴咏

臘八日送米於僧舍煑粥襍以棗栗胡桃白菓之屬
入大鑊中煑之一鑊可飼千人謂之臘八粥

臘月二十四日家〻掃塵是夜命丁男祀竈

除日掃庭祀神換桃符門神寫春帖燃紙爆遠近交
應從此至元宵不絶

邑人最重擂茶以茶葉合芝蔴胡桃擣為穰入氷煎
之凡大小晏會皆先飲此故邑人呼巳末午初為

擂茶時。江陵人嘗笑曰：一日十二時，豈獨擂其一何也？問之，則曰擂茶時也。

冠禮間有行者，俗以為迂，不重也。

婚禮尚儉易，初用釵釧、茶禮。問名，男女家皆以庚帖付媒妁，謂之草茶。次納采，禮倍於前，俗謂之正茶。此後有送鞋段及布疋者，俗謂之過麻。最後舉納幣禮，金玉釵飾、羅綺之類，皆視家為豐儉。女家則為麻几、箱籢、車騎、僕侍。中人之家大率具體，亦有

士紳遣形相與六禮俱闕徑行親迎者其初為雅俗其後則禮畨小人借之以自文甚不可也

喪用文公家禮明季則遵會典蓋會典無壓服無三殤減等與家禮稍異

荆楚文库

〔康熙〕公安縣志書

〔清〕孫錫蕃 纂

《荆楚文庫・方志編》編纂組

前言

《（康熙）公安縣志書》十六卷，清康熙九年（一六七〇）刻本，清孫錫蕃纂。

孫錫蕃，字棐臣，號復菴，黄岡人，順治十五年（一六五八）由歲貢任公安縣訓導，以功升遵化知縣，撰有《復菴删詩舊集》。

公安縣志，明朝歷二修。清之有志，始於孫錫蕃。孫錫蕃訓公安以後，廣有交游，得訪山川、土田、人物、風俗，撰有《楚荆公安縣志略》二卷。此書纂修於順治間，抄成於康熙元年（一六六二）。順治十六年（一六五九），王長源督學湖北，觀孫錫蕃所修《志略》稿，遂以志事委託。孫錫蕃訪諸故老，搜及殘碣，制爲攜囊，隨問隨記。又得咼仲達、袁錦淙所藏之助，間采歷代史志書傳，雜以天官河渠等學，粗具梗概，匯成兹帙。

孫錫蕃於順、康之間，九年内兩修《公安縣志》，先成《志略》二卷，復成《志書》十六卷，前簡後繁，《志略》是《志書》之基礎，《志書》是《志略》之完善。《志略》分上、下二卷，共二十六門。《志書》分十六卷，共二十八門，附學規自序、學規八則、公安修建學宫條約、條陳學務十二款。《志書》體例大體依《志略》而設，有增有并，順序略做調整。如『疆域』『形勝』合爲一門；『關梁』『廟祠』『刹宇』『勝蹟』調整至『田賦』之前；『司牧』之『名宦』獨成一門，不再附於司牧之下；增『藝文詩部』『藝文文部』二門。

取如今所存《志略》殘缺抄本與《志書》比對，相同門目之下，凡《志略》所載，除少許改動外，《志書》或照原文録入，或增加内容。《志書》每門之後幾乎皆增『孫錫蕃曰』爲開頭之評論一篇。其内容有增添者，蓋爲《志略》成後復采訪所得。如『建置沿革』目，《志書》增添周、漢、五代十國時期公安沿革；『形勝』『勝蹟』增添數條具體地點信息；其内容有改動者，如『疆域』，《志略》以若干里至某某地爲界表述，《志書》删去該表述；『田賦』一門更改頗多，《志略》僅載賦税相關内容，未述田地如何，《志書》記述形式更爲某某田若干面積賦税几何，其數字亦改動甚大，應有復核考正之舉。

公安以公安派三袁聞名，三袁傳記入人物志，而藝文志不收公安派詩文，專選一邑相關之文獻，陳光貽著《稀見地方志提要》評其『得體例』。《〔同治〕公安縣志》傳曰：『〔孫錫蕃〕集邑紳議修學宮及東西廡，始以陶瓦易茅茨，規橅略具。教士子編學規十二條，皆謹身切己之學。』是以藝文之後附學規等，皆孫錫蕃之心血。然《志略》之後再修《志書》，孫錫蕃仍未重視邑之堤防，未免遺憾。

是志有麓樵居刻本存世，但後世似乎認爲該志未竟。《〔康熙〕公安縣志》楊之騂序曰：『孫公續纂者，亦未經卒業』。《〔同治〕公安縣志》采訪啓曰『公安志始於袁石公，續修於楊令尹』，未提及孫錫蕃所修志略與志書。依是志范明徵序所言，『緝爲成書，欲付剞劂，未知其與前志何若，似非當世工綺語者之所能及也。雅志未遂而蒞治遵陽……無復事鉛槧矣』，或因孫錫蕃未付梓而人已去，志稿交由他人處置，其中原委難查矣。

據《中國地方志聯合目録》，是志僅上海圖書館存清康熙九年（一六七〇）刻本，本次據此影印。（彭筱溦）

目録

黄岡孫復菴蒐著

公安縣志

麓樵居

總序

往在塞外與同流諸君子握雪而語我輩荷恩深厚幸不即填溝壑而中原之長吏以罪累聞者何多也然則今之所最難豈

非宰邑者哉異日者得瞻桑梓其必敬止生還以來見邑事日廢而宰邑者日以不支而干之歲黄岡渡菴孫先生遵化篤事白補余邑余乃亟書京邸備言

邑不可爲狀宰讀之星馳而至余逆於郊洒然動邑宰殆非百里才也亦何有於兹邑久之則讀先生所著說書及詩古文又久之讀先生舊集删詩及續刻

公安志益知先生之學有本原而可以施之吏治也邑事漸理而先生之氣不衰閒語余曰吾之說書足以明程朱之理而終不以取制科吾之爲詩古文力

以追屈宋韓歐之遺而未必合於作者吾之删詩汰者十九存者十一吾之公安志因者十一創者十九如遵化之可爲而不可爲也爲之惟邑需化之不可

李序　三

爲而可爲也爲之亦惟邑經營慘澹豈必有異用哉余乃慨然太息益信文學之可施於吏治也先生之爲邑出則逋負之在庭入則蠨蛸之在戶知交過門

而不入妻孥啣涙以言歸尚吮毫濡墨選異索奇不姝書生下帷時夫文章者精神之著也比興者情志之託也取之不窮而用之日新者造化之工也巧者

李序　四

有餘拙者不足進者不足退者有餘經營慘澹不可言傳郎何暇論古人乎且先生集中所稱莫逆交如阮仙厚菴克猶次扆西巘諸君皆余友也而相繼下

世先生雋宰遵化未及與周伯衡游而見其所撰次遵化縣志亦甚服其工今伯衡羈滯洪都未能回也二十年間故舊零落正如晨星而余以竄逐衰病之

餘日與先生話艱辛而商文字不獨塞外時所不敢望亦豈非阮仙諸君子所冀想而不可得者哉余且顧先生益勵其氣俾吏治成而文學之用大顯竊附

先生以不朽余之所以贍桑梓而敬止者庶不為空言乎今讀先生集而為之敘述其概以俟後之君子讀書論世當有見於今日之文章吏治其與古人之

離易相去為何如也

康熙九年六月東村李呈祥頓首拜譔

跋

公安之有志也自教諭房公始也房公當明初盛時教諭公安而爲之志志成而房公以内召去於是房公之志傳於公安公安之續有志也自袁氏中郎始也中郎即房公之志而增編之稍易其位置焉當時中郎之文行甚廣才名甚熾於是中郎之志傳而房公之志若存若亡矣迨城邑三徙驪山一炷版籍無存中郎之遺編迄不可見況房氏之渺焉者乎古黄孫復菴先生以順治戊戌司公安邑訓又明年長源王公督湖北學政耳先生名最从又雅欲得先生所爲古文辭謂公邑不可無志檄先生爲之嗟乎以兵火流離之餘而繼房袁成平之業竊搜遐摭十不得一豈非文獻不足而論徵之無從也乎先生居公安數年纂次其得於見聞者若干卷緝爲成書欲付剞劂未知其與前志何若似非當世工綺語者之所能及也雅志未遂而蒞治遵陽遠之喜峰山海近之孝陵湯泉焉上爲家無復事鉛槧業矣丙午夏先生以宰事來雲化明徵始受而讀之見其言簡而意長體嚴而法備

范跋一

范跋二

其事贍其辭潔細大不遺而抵掌如故其殆廻安陵之轍而頓龍門之轡者耶惜其僅志於一邑也古之人見堂陰而知三光之行度覩瓶水而知天下之寒沍是書雖未足以盡先生而公安畧盡於此書矣若失言以足志文以足言雖一邑亦烏可無傳也

康熙己酉孟秋月渤海學人范明徵沐手謹題

志序

邑之有志猶國之有史也春秋終於獲麟盲左終於三家宋徽國文公以綱目繼經司馬溫公以通鑑繼傳原夫作者之心自有深意然閉戶著述門庭置筆不過十秊工賦耳而上下

千百年是非得失洞若觀火豈必目擊而躬當其際乎蓋以年統月以月統日其事其文必詳乎左右之史與言動之書析衷以尚論之識而比事屬辭焉然後可以觀國運之興衰隆替與民風之奢儉貞淫悉取而著之

於書庶使善者足以爲勸而惡者足以爲懲所謂古今一大帳簿也儻不得夫史氏世紀之所傳而以意匠經營縣空爲二十一代之論雖董倚無所施其直班馬無所施其巧京都無所施其麗也況夫志之爲言識也山

川人物土田賦役識其地識其名識其事識其實也且志之爲言制也帝王方制天下畫野分州禮樂象數因革損益如尺度然廣狹纍黍之不爽也然則志一史矣故季代遼遠時異埶殊地彈丸而或千百變焉脩志正

所以脩史也雖然金根姗笑亥豕貽譏蛺蝶之穢也疾霆之鏤也非考之前言逆行稽諸稗官野乘其不能穿鑿附會而成典冊也明矣蕃生也晚猶記壬午冬督學高彙旃案師較脩楚志襄事二十人蕃亦以髫齡叨濂

溪書院首拔士與焉是時楚亂將萌集成五千貝葉而未登諸梨固居然三楚洋洋大觀也癸未一炬而殘篇斷簡罕有存者公安邑乘自明萬曆甲辰重脩於袁中郎先生閲其編年紀事一倣太史公體式迺才如中郎

輯舊志而釐新之尚自甲祖丙三易寒暑而告竣可知其周詳而克畢行於世矣惜乎萑苻肆熘夜光銷沉今屬滘灘之藏豈可得哉蕃吕戊戌春司訓兹邑觳土塗泥上溯禹貢高陵卑谷近述

國朝竊欲經羅二千年流風逸事於天門無字碑中以思六經註我有志也而未之逮己亥冬仲適王長源督學湖北遠道郵檄侖以縣志委理謹訪諸故老捜及殘碣製爲檇囊隨閲隨記諸如風節所存或得自咼仲達之伏笥家乘所傳或取諸袁錦淙之孔壁閒探歷代史志書傳雜以天官河渠等學粗具梗概彙成兹帙若文獻錄者十不及一僅以視輿考所載自左公張景而外寥寥不見經傳者殆足以窺三十輻共一轂矣至若以

公安之志始之而以全楚之志終之庶幾令當代君子覽兹邑之土曠人稀四民皆苦而思申畫慎固保抱擕持之政焉感兹邑之金穀財貨軍需獨煩而思劑量盈縮開源節流之道焉審兹邑之藩屏荆襄阨塞雲貴而

思扼握控御襟江帶湖之埶焉覩兹邑之人文秀傑科甲蔚興而思抑塞磊落左龍右鳳之才焉一本計里畫方之法而山水之縱横長短人事之盛變起伏開卷而瞭若指掌見諸行事它邑例而推之外則脩公安志者

脩全楚志之漸也亦猶夫一國之史踵事增華爲千百代之金鏡也與

康熙壬寅嘉平月學訓新陞遵化令

黄岡孫錫蕃謹識

公安縣志書目錄

目錄終

公安縣志書卷一

黄岡孫錫蕃棐臣　蒐著
太倉王發祥長源　訂定
公安袁萬年錦淙　編輯

建置沿革

公安古澤藪也陵谷遷變百年而或河山屢異或之者天之也故易姓受命而興者功德於民一例於車書服色之更新其制而已志

建置沿革

禹貢荆州之域北距南條荆山南盡衡山之陽九江孔殷即今之洞庭也公安與處其中尚在荒服之列焉

周夷王間楚子熊渠雄江漢曰我蠻夷也不與中國之號廼立長子康爲何亶王中子紅爲鄂王少子執疵爲越章王公安地屬何亶

秦命武安君白起燒夷陵拔郢置南郡公安地始以邑隸焉

漢名孱陵地建安中劉先主備與吳合敗操赤壁以左將軍領荆州牧居此壁呂羣賢人多歸之稱左公遂號孱陵爲公安

吳曰孱陵孫權用呂蒙計乘關羽北攻樊襲殺羽通款於操而獻捷焉孫權有荆州以呂蒙爲南郡太守封孱陵侯故名

晉亦曰孱陵平吳後於荆州立南平郡置孱陵

令於此

宋高祖代晉更孱陵爲南平

齊亦曰南平

陳曰荆州

隋平陳罷郡置公安

唐平蕭銑地仍曰公安

宋亦曰公安南渡後以孟珙開閫荆南築江陵公安一帶長隄名公安隸荆州

元以公安置尹增監縣又詔置荆湖北道提舉
司
明太祖吳元年甲辰自將兵伐僞漢陳理克湖
廣荆南悉定仍名公安隸荆州城邑三徙而
名如故
國朝亦曰公安虎渡龍洲畫江爲界屬荆郡江
陵而外第二縣
孫復菴曰孱陵何以公安也褒左將軍也將

軍帝矣何公乎琮瑁之亂及公而安也志始
也吳何以孱陵也記蒙封也晉仍吳稱者何
蒙謀而懿發之晉祖德也且以自別於漢云
爾宋南平者何髙漢裔也盧循誅而荆陽底
績矣南平志烈也陳之荆州也附郡也宋襲
漢稱元仍宋縣左德遠矣明之書職方也不
忘舊也　昭代由焉不滋紛也名以時循官
以代異君子於此徵世變焉

分野

公安古屯營也天道變於上人事應於下躔
次既殊里差亦異水蛟龍而陸鎧甲雖窪下
而天綱地紀在焉誌分野

翼軫之分按史記天官書曰翼軫荆州漢志楚
地翼軫之分野歷考州郡世紀躔度南陽入
翼六度南郡入翼十度江夏入翼十二度零
陵入軫十一度桂陽入軫六度武陵入軫十

度長沙入軫十六度以地勢南北按之則公
安入翼二十度及軫一度之界也

辰曰巳按中興天文志按黄帝分星次自張十
七度至軫十一度於辰在巳楚之分野屬荆
州爾雅歲在巳曰大荒落說文四月陽氣已
出陰氣已藏萬物見成文章故巳爲蛇象形
月令七月日在翼昏箕中旦畢中又巳宫庚
金丙火戊土藏焉皆屬在楚分

次曰鶉尾按七月太陽之躔次涼風至白露降寒蟬鳴鷹乃祭鳥天地始肅禾乃登共三十度有奇費直周易起張十三度蔡邕月令起張十二度

宿曰北斗衡星按春秋緯文耀鈎曰大別以東至雷澤九江荆州主衡星星經曰玉衡北斗第五星又云一主秦二主楚則天璇第二星也

律曰仲呂管四寸七分若四月建巳日躔實沈之次則律中夷則管五寸

方曰巽楚國之野荆州之壓八卦方位是為巽方

孫復菴曰翼軫南方宿也二宿之交公安界焉余讀甘石星經翼主化道文籍軫則樂府是司故公安人文蔚秀應亦其天性然與而才過則軼慧勝則偏文以禮樂意在斯乎

新城祝家岡去油江舊城西南五十餘里

四界所至

東七十里至黃山安鄉界山土石皆黃上有謝脁廟又名謝山

南一百二十里至澧州界太清山五老峰在焉澧水經其下有李羣玉明月池

西五十里至松滋縣界望九崗山如畫宋劉義慶爲臨川王鎮此

北五十五里至舊縣又八十里至石首縣界

西北九十里至江陵縣界虎渡龍洲經過其境江爲之劃

孫復菴曰余履邑之四封南北延百七十里耳東西殺焉其諸水也江爲大澧次之斗湖白蓮諸水又次之泳之可游疏之可利臨之可守也　天子有事南服此爲進退紳縮地孟忠襄所以經營雜績間而不能自已也

疆域形勝

荆南盛稱佳山水而公安一望平疇雖無崇巒峻嶺南服通衢居然要害且畫疆而履域載在版圖天府掌之亦春秋子男國也井田封建獨不可復與志疆域形勝

襟江枕澧黃山東控荆水環抱至遠而邑常屏翰雲貴咽喉進可以要阨鐵嶺退可以户牖楚城此荆州為天下所必爭而孱陵為南服

孔道則腹脅松枝伸縢向湖湘以資滇黔擴疆之地則水陸衝煩兵馬絡驛江以南湖以北一鎖鑰也

舊治柴林街在油河口宋末自孱陵徙此

柴林街一遷至二聖洲

二聖洲再遷至孱陵驛

孱陵驛又徙椒園去孱陵南一里諸水盤曲城半築未成今廢

城垣

邑既卑溼又邊大江水泛衝決漲每高於平地故百年之間阜為谷桑為滄者不一城凡數遷避蛟龍魚鱉也志城垣

公安自柴林街徙孱陵城垣莫可考杜詩曰野曠呂蒙城江深劉備營或謂孱陵城為呂蒙所築邑濱江衝護城隄不數十年盡奔潰為龍窟蛟窟城漸隤當時邑侯楊公雲才謂邑

據江流激湃之險上游門戶周爰度基於城南新築中隄薦紳士民訊於侯曰邑逼水患請卜遷城善地楊侯指畫形勝於椒園去舊城不盈里楊侯謂公安人文雲興賴荆江長流迴繞東西河環向斗湖白蓮諸水盤曲是稱秀傑崇禎元年公安祝融災竟晝夜城内外民居官署及祠廟城樓俱災是日天晦風烈飇忽不測男女煨燼七百餘口邑中故老

子弟驚傳爲異实侍御毛公羽健以其事聞於朝請遷城邑侯高公鳳翔集邑士庶改遷椒園如楊侯議筮日趣工脩築城隄公署學宫不逾四月告成民樂寧止丁丑錦衣衛鄒公之有復請遷城於祝家岡邑侯樂昌張公大韶偕邑紳士里耆卜地建城署廨學宫漸成觀庚辰邑侯趙公繼鼎修飭有加因錢粮告匱民力衰疲罷土木之役凡南兑諸賦程

就油江舊署董理從民水運便癸未冬闖賊限荆州公邑戕燬殆盡户口載版籍者徒存空名　國朝邑侯許公奇遇典是邦草萊四塞哀鴻鮮集戊子邑侯王公百男以新城蓬蒿盡蔽鳩胥椽於舊邑斗湖隄之公署辛卯四月始移祝家岡之新城癸巳闖東衛公戴天招撫流移户口稍增清道糧二千有奇七年之内遠近歸來編茅而受廛者接踵矣

孫復菴曰予讀尚書至盤庚之三誥未嘗不嘆古今人之重遷也公安一柴林故衛一徙而孱陵再徙而椒園三徙而祝家岡城焉民蕩析矣庸勝版築與始楊侯之慮也江嚙之寇躪之而戊辰一熖可不謂天哉又先一年　帝京之災也火自王恭廠入禽豔天而下者十三里豈盡祝融亂德耶有道之世其鬼不神鼎遷而後民奠厥居矣吾於公安重有感

焉

公安縣志書卷二

黄岡孫錫蕃棐臣　蒐著
男　孫　寅子亮　訂定
公安馬　逆紫巖　編輯

關梁

邑卑阜曲水而封疆之畧劃然著亦猶夫井田兵法之遺意也志關梁

市日中而集曰市

孱陵市舊縣也

孫黄市

民安市昔郵驛之所萃也

灌陽市

三穴市

熊家店市

郝鄔市

張莊市

楊賽所市俱莊衢也

浮金橋市在茅穗里

新店市

索家市在平樂村

吳達河市在長安村

栢林市

雙田市

孟家溪市

四水口市在春昇

鄭公渡市在牛頭

王家市在瓜治

竺家岡市在灌洋

高家墻市在南平

横堤市在魯坡

毛家市在走坡

黄家市在刀環

平武橋市

澇浦河市

諸市或數十家或四五家或舊志有其名而今廢者矣四水口有哨百戶長領之與澧州接壤

橋木石而梁曰橋

石浦橋舊曰杉木橋

鎮安橋

永樂中令鮑綸建也後萬曆中邑人楊元福更砌

馬驛橋

南星橋

石馬橋

近王襄簡先塋河中有翁仲馬石故名

銀杏橋在今二聖寺後

流橋久廢

東壁橋

明錢令胤選濬石浦故道甃石為之當舊縣學宮之東故曰東壁

板橋

橋之東北二里有皂殼樹每科分遇鄉試以結實之多寡驗賢書之數目縣令每年祭祀相傳有詩曰雞聲茅店月人跡板橋霜即此

三穴橋

明正統中俞令雍建也峻大濶偉一邑之景俞公易其額曰太平橋觀教諭阮禮飾彩檻星月卧偃蒼龍七門洞達鉅流莫衝足知其雄偉矣傾圮已久

馬腸港橋司理王公晉建也

黄鐘橋

界溪橋俱元統中邑尹張元愷建

蒿港橋

亦俞公建明成化中令陳鏞更新之后圮正
德十四年司徒鄒公屬臨海蔡公爲文求丞
其畧曰惟茲萬港之進匯直莽蒼之徑畓沓
長橋有影五洞勝於千艘令也春漲無情一
道畫爲二界望洋浩嘆如板登樓之梯欲渡
無由似失中流之楫徒爲蹀進不能奮飛雞
犬之相聞渺胡越之間隔公私病涉秉輿
所椄者幾何來往興嗟折帶而航者安在設

若馮河而溺雖同抱石之負言及於斯心亦
何忍寔扣門而告無析薪之以閉工不分中
產家豈揄一錢凡有領加長義士首學古
人無俾遼大夫獨爲星子於因江漲不時竟
未脩舉

和尚橋

橋甚峻瀾洪熙初僧智昶建也萬曆間圮方
伯龔公同夫人趙氏鴻臚仲純等脩之仍建

關帝廟於橋南今人呼曰紫薇橋

咼家墻橋

明萬曆邑人咼文邦等建

新堤堰橋

湖尾橋

亦俞公建一嘉靖中邑人何佑建也今圮踏
當南鄉之衝每淋漓之時行人多於此苦之

積善橋

車公橋

在西岸相傳車胤曾居此故曰車公橋明萬
曆中邑人楊福脩

秀峯橋

秀峯宣德中智昶建疑其浤歸也

高家墻橋

在灌洋洪武初邑人張爻直建

浮盆橋

在茅穗俞公建也相傳橋未成時有僧以盂浮水上渡入因有此名今誤作浮洋橋

趙公橋在谷昇俞公建

鮑家壋橋

明嘉靖中邑人鄒廷濟建今圮

大陽橋在東西里近大陽寺

判官橋在長安村

任公橋在特丘村

傅家橋在尭陵村

吳氏橋在平樂村

磚橋在廖餅村

謝堰橋池丘令何愷建

白馬橋

在曾陂嘉靖十四年司徒鄒公致政時建也自為記畧曰縣西南隅六十里有橋曰白馬不知得名之始雖荒村下里實一大要津也每秋夏之交奔潰湧衍遂為巨浸弍紆迴取道亦有徒涉而遭溺者行旅病焉弘治己未塋先封公於橋之南早覩此津渡竊有志焉而力不逮嘉靖戊子乞休歸三上始得請荷蒙　聖恩勅給月支歲役歸田幸有餘祿故得遂前所欲為陶甓採石因高度下聯絡疊砌甃為巨塹今則迥徹經始於乙未秋九月之十日閏二月而橋成特更其額以侈君恩

名曰恩波橋

黃溪橋在刀環里俞公建

渡　械而涉者曰渡

油江渡過舊城

三穴橋渡

孫黃渡南北孔道

流橋渡在大光村

笆芒渡在西辛

簡家渡 在西车

萬港渡 在爪渚

太歲渡 在平樂

嚴灘渡 在平樂

江骨渡 在廖解

栭林渡

雙田渡

龍王壋渡 俱在長安村

惠果渡 在曾陂

新渡 在谷升

尹家渡

鄭公渡 俱在谷升

大陽渡 在東西里

王家堰渡 在茅穗里

灚成河渡 在走陂村

辛家渡

蓉浦河渡

在牛頭里毛萬與避紅巾之難掘洞於蓉浦河邊妻車氏茅氏得以全身後子孫繁盛科第綿延野史曰觀諸津梁之上俞公可謂勤矣公之料理如櫛之於髮雖荒村僻遠皆公精神也循吏哉

隄 築土而保障曰隄

公邑卑濕當江之衝以隄塍爲命脈而且爲

后首安鄉華容之上流潰則四縣入民爲魚鱉故百萬生靈所待命者隄也係水利衙職掌而縣正董其成

孟珙隄

宋都督孟珙開闢荆襄荆州沿江一帶築隄爲營壘邑稱澤國當荆江東流之衝倚珙爲長城宋史稱珙以鄂江陵副都統致金南亡於蔡已還軍分所招中原精鋭萬五千人屯

襄陽唐鄧間爲防史嵩之奏留珙襄陽尋知
黃州固高阜爲齊安鎮以居軍命節制蘄黃
光信四郡軍馬元攻襄陽隨郢荊門守皆委
郡去又命珙將沿江淮衛往來以疑敵夜列
炬照江千者數千里擊元破走之累樞密都
承旨京西湖北安撫制置使知鄂州詔行收
荊襄珙謂必得郢然後餽餉通得荊門然後
奇兵可出也復郢荊門軍明年盡復諸州郡

復襄陽上疏言襄樊爲東南根本今百戰而
復之當加經理如護元氣非甲兵十萬不可
矣與濟師於敵來之日曷若宿兵豫防爲不
爭之爭乎以襄郢歸順人置首鋒軍諜報元
大舉臨江珙策虜必道施黔以窺蜀發湖湘
二千人屯峽州千人屯歸州命弟瑛駐松滋
爲夔援元大將窺施夔於襄樊隨信陽招軍
積材於順陽造船珙遣張漢英出隨任義出
信陽焦進出襄分路撓其勢而潛遣兵燒所
在積船材破壞之以寧武軍節度撫四川知
夔州進漢東郡侯珙行視蜀漢喟然嘆息曰
不擇險要立砦柵則難責兵以衛民不集流
離安耕種則難責民以養兵於是興屯田築
隄堰募農給牛種首秭歸尾漢口列屯者二
十爲莊者百七十爲田十八萬八千頃畫屯
田方畧及所減餉饟之數以上於是立賞罰

課殿最督諸司奉行元入三川珙下令曰主
兵官不許棄寸土權開州梁棟以乏糧請還
司珙曰棄城也斬以殉宣撫使余玠撫重慶
道過夔珙念重慶積粟少以屯田米十萬石
餉之遣晉德帥爲聲援玠甚德之進檢校少
保封漢東郡公兼知江陵珙太息曰政府未
之思耳敵若以兵綴我而下流交急則奈何
珙往則彼擣吾虛不往則誰與捍患是兩失

之也行視江陵上書言沅之險不如辰靖之險不如沅三州皆當措置靖為急今三州憑矣郎粒米寸兵無從出此荆湖之憂一江防上自姊歸下至壽昌連亘二千里自公安至峽灘磧十餘處隆冬水涸郎當防防之郎備多而力分況尺籍既虛又無爲防守此荆湖之憂二陸抗有言荆州國西藩有不虞非直一郡當傾國爭之今是矣朝不能用後果以

襄樊失而國亡初珙登江陵城太息曰江陵所恃者三海耳自城東古嶺以往至三汊平衍無隔敵鳴鞭郎至防可後乎迺循內隘十有一别作十隘於外椅角之沮漳水舊自城西入江障而東俾遶城北入於漢而三海通爲一隨高下爲櫃以畜泄工百七十萬而民不知役於是江陵三百里間渺然巨浸矣念襄蜀蕩析人士無歸聚蜀士於公安聚襄士於郢渚作公安南陽二書院處之以没入田廬贍焉時相以珙握重兵居上流又功高難制以術爲猜防有詔調荆湖兵五千戍安豐援壽春以遠不相及爭不聽繼命分兵三千備齊安珙曰黄州與壽昌三江口直一水隔耳誠須兵可且募至何豫遣爲乎豫遣增國費徒縻軍不聽已復調兵五千赴廣西移書力爭之又不聽珙拍髖北軍駐襄陽僞衍省

范用吉密通款以所受告爲質珙白於朝請許之又不聽珙拊膺太息曰三十年收拾中原人殊敎今志不伸矣卒之夕星殞於江陵大風拔木贈太師謚忠襄封吉國公

楊公隄

邑侯楊公雲才築年遠崩潰於順治甲午歲邑侯衛公戴天重築閱六年邑丞趙攀勝復行脩築亘綿一十三里

黄家灣隄

順治十四年通判改授縣丞趙攀勝督理所築後以脩隄有功院薦陞山東兗州府運河同知

東壁橋隄

太子廟隄

相傳奉祀金龍四太子潰口三百六十六丈下有龍窩深莫可測工程浩大舊例脩築應

安鄉石首華容三縣助工順治己亥邑侯楚公煜協同水利衛聶公琰督理脩築不數月而隄成邑永遠利賴之

湖 川深而滙曰湖

烏泥湖

白蓮湖

大金湖

斗湖

王茂湖

柳浪湖

袁中郎先生館柳陰河浪春秋如碎錦雲鋪董思白先生題館額曰抱甕亭學博孫復菴有泛舟柳浪湖詩又自柳浪湖過油江風息晚渡詩

牛浪湖

楊林湖

白水湖

洋溪湖

俞家湖 鄒氏塋在焉

白湖 在谷昇村有龔氏之塋

港 迂曲而長曰港

馬腸港

去縣治十三里港口多魚居民以漁為業

洋港 白蓮湖左近油江

蓮花港

黃土港 俱在板橋

楊家港 在長安村

黑林港

東港 俱在魯陂

龔廠港 余有龔廠港打魚歌詩

孫復菴曰余行視荊襄間所謂孟公隄者有數處焉而在公安者爲尤著當時楷國西冷而上游三海爲十隘障焉誠百世烈也金龍太子無稽焉而隄存或卽晉太傅謝安石後裔相傳有黃河倒流之誓呂梁塞水之功佐明太祖定天下褒王封者乎至若蓮花柳浪亦湖港流連而已

公安縣志書卷三

黃岡孫錫蕃集臣 纂著
同邑李之泌鼎仙 訂定
大嵩李贊元望石 編輯

廟祠

明有禮樂幽有鬼神先王神道所以設教也而俎豆苾芬仁孝誠敬之實事寓焉矣志廟祠

儒學

明季以前在舊縣城內 至聖殿明倫堂啓聖祠俱巍峩高聳有古柏數十株左右有號房一十四間尊經閣敬一亭櫺星門兩學衙舍及泮池前甬壁一座騰蛟起鳳牌坊二座題名匾額鐘鼓祭器俱備自兵火後廢缺無存今遷新縣順治九年粗建 至聖殿明倫堂成於草創本卑陋不堪壯觀見今頹壁

壞垣蒿草滿目無寸料可用錫蕃司訓肩茲任而請湖北按院李公贊元為之倡舉張示勸諭量爲捐助鼎建次第告竣詳條例并序

經祠

社稷壇在縣治北城外

風雲雷雨山川城隍壇

明洪武元年詔郡縣祀山川明年詔有司風雲雷雨師合爲一壇六年詔合祭風雲雷雨

山川之神尋又合城隍祭之 國朝祀典同改還在新縣治南城外

邑厲壇在縣治北

鄉厲壇每里各一所今久廢

城隍廟

在縣治城內東邑侯衛公戴天新建順治已亥楚公煜重脩

關帝廟

一在縣城內南一在井子舖一在西關外一在灌洋一在和尚橋

西湖廟

即靈均祠在油河口今廢一在雷孫灣

左公祠

漢昭烈也帝於此中有大功德邑因以名而廟貌不具眞闕典也夫寇公以枯竹之故尚載祀典而況於帝聞之父老言先主舊營有

左公祠但久廢耳今存其名以俟舉者

武侯祠

即孱陵侯祠劉復井一日過此題詩有云千年面目猶慙爾誰信祠頭有古鐘一夜火焚其祠後人改爲武侯祠

庚公祠即子貞也

文昌祠

在油江舊城南門內龔方伯侍御袁春坊銓

鄧全建

三義祠

先主關張時屯兵公安邑人祀之

孱陵侯祠

即呂子明在斗隄後許德脩今廢

竹林祠

一名萊公祠祀忠愍平仲也在斗隄舊城西關外公卒於雷州柩過公安民揷竹挂紙奠

月枯竹筍生衆異之遂祠焉明嘉靖七年邑人司徒鄒文盛請於朝其畧曰臣原籍湖廣公安縣境内有宋臣忠愍萊國公祀準祠堂一區史志所載故老所傳益謂準自雷州喪還道出公安邑民揷竹迎祭後忽生筍成林迺立廟祭祀以羽流主祭事號竹林道院宋南渡後孟珙制置荆襄於道院東南築書院以處四方流寓之士祀準於内因名竹林書院理宗親洒宸翰書額賜之及明撤書院鮮爲儒學而道場仍舊數百年來邑人歲時致祭率以爲常臣按宋史本傳寇事太宗眞宗朝三爲宰相忘身殉國如壽王之立澶淵之議是其功之大者餘不能悉數也及其遭讒而死感民弔祭能使既斬之竹含生出筍益其忠誠義氣有以動天地孚草木非偶然之故也今祠宇雖存而儀文不備伏望百世下

追念忠賢祭需等項定立品式每歲春秋縣官舉行祀事永爲定制實天下爲臣子者之大勸也部覆如議行後有司遵行之記宋王十朋有詩邑人王祭酒恂祀公祠錢江編修還蜀有詩王司馬軾有詩鄒司徒文盛有詩諸生成已有詩黄庶子輝有詩孫學博錫蕃有詩

三相祠

郎竹林祠後人益孟廉二公而三之邑中又有四相之說謂武侯也

楚國公祠

阿里海牙也在舊二聖寺後即故白塔寺今盡沒江中

孫復菴曰余詳廟祀自經祠諸壇外如關侯左公竹林當矣孱陵侯何以祠也吳蜀不延魏亦隨之實蒙罪也貪人敗類蒙之謂乎朝

封夕隕天褫之矣民孰與焉政祀武侯宜哉

公安縣志書卷四

黃岡孫錫蕃棐臣　覧著
華容嚴首昇平子　訂定
公安周正儀敬菴　編輯

剎宇

陳仲醇有言佛氏者朝廷之一大養濟院也余謂道觀亦如之試觀庵寺所托不甚多無告之人哉而其興廢亦有感焉志剎宇

二聖寺

東晉太和三年道安慧遠二法師建寺凡數遷初在江邊即安遠舊寺也唐末始改梅園遠公懸記一千年後有肉身菩薩改吾道場於梅園是也洪武己卯江水傾潰徙椒園故安成劉太常宣記曰再遷於椒園之坊而寺始定嘉靖丙寅江水復齧遂移東南郭外今人以舊寺為梅園而此為椒園者誤也大雄

燬燹於天順二年俞此易殿造像則紹環營
其始蒲空葺其終後從事拓基則應祿闢其
荒靈心藻其質也二聖閣及繚垣皆靈心募
造而其過堂正法樓則龔侍御仲慶合諸宰
官力市僧地為之樓以貯藏經堂以待行腳
其粥飯主人則十方衲子遞職之非寺所得
轄也其初隸事者為臨湘僧圓像茲法師也
寺有洲堂有田皆各隸主者宋參知政事馮

楫二聖靈蹟記曰晉太和三年寶印菩薩道
安法師護法菩薩慧遠法師卓錫開基建寺
於邑之江濱額曰安遠寺迨大元元年春仲
一夕邑令同通夢二神叩門語之曰汝將多
為不善將陷泥塗吾誓以西方之法安鎮是
壤翌日家傳户告萬口一辭忽聞空中語三
還見吾否往昔因中廼童子身於寶如來藏
前得授菩薩記號曰青葉髻王妻亟德如來
賢刼千佛下生之數也又有語曰令西北香
木二根自洞庭湖洄至此已三歲矣將有西
來二鄮行者立吾二像於是縣令同諸父老
訪於江濱果得之復遇披褐剪髮者從容相
揖縣令曰得非西來鄮行乎答曰然具語其
故行者許諾偕之公安為立二像運斤之日
靈光亘寺非烟非雲郁郁紛紛不聞其聲七
日像成清風四來靈光忽散啟户視之遽失

西來二鄮行者唯見二金剛像屹然如山精
光射人莫不震悚時仲春八日也嗣是四衆
飯依有禱皆應既而夏秋泮水泛濫妖物作
害崩潰隴岸有司禱於二聖見於雲中現像
手執寶杵金環於是水患寢息民賴以安厥
後或現足跡以驚群迷或示履痕以堅淨信
或托諸夢寐或流為讖兆余按大藏經中二
聖本願芬陁利經之所載驗於此矣昔遠法

師預記一千年後肉身菩薩政吾道場於梅
園至唐貞觀二年有杭商史清者駕舟自浙
而來二聖化為童子求與鼓棹商者曰二豎
者力能勝吾舟耶童子曰客無慮但得夜行
請客自睡至夜商者寤於舟中童子鼓舟商
有從者密覘之童子現勇猛二神挾舟而飛
從者報於商商亦覰之知其神也戒從者勿
視莫知其舟所逝但聞草木之聲雞鳴商者

起視舟在寺側不見童子商者趨寺見二像
與夜鼓舟者無異遂感立化於寺俄而貌變
赤色重頷如龍衆皆驚愕沙門用麻霞身以
香泥塗塑其肉像崇奉在寺一日附於童子
曰吾是娑伽羅龍王化身感二聖救護衆生
特來主翊又曰百年後有叛夫欲損吾軀終
莫能至唐季巢寇犯境欲撓撲之力終不逮
發矢亦不中遂委縣吞頷有汗痕之迹種種

靈通不可盡述迄我皇宋列聖御宇以來佛
神靈顯尤加昭灼遂以其寺為薦嚴之所屢
褒賜封額太平興國五年賜額興化禪寺天
聖三年改為萬壽禪寺崇寧四年敕加天寧
萬壽禪寺紹興七年改為報恩光孝禪寺景
定五年敕加青葉髻王為精進如來寶至德
為妙果如來敕封娑伽羅龍王化身黄衣使
者為忠烈侯又敕佑感應判官為助順侯易

額二聖禪寺今年孟秋四日夜余以王事之
西蜀舟經公安江上忽然晦冥風濤大作舟
人莫能措手足舟幾覆沒忽聞空中語云爾
等勿怖吾當救護語畢舟竟到岸迨曉視之
正在寺側余乃知佛神之靈也於是秉香詣
寺拜謝索其靈蹟住持阜翁遂出本授予仍
請更增益之余感佛神救護之恩故併其前
靈蹟樂為之記餘异蹟甚多見別條寺舊有

辟支佛不及有宋諸勅趙子昂十八羅漢卷元書金字法華經而羅漢為當事者取送故相家後不知散失何處又有羅漢十一軸亦名筆而失其四寺僧不知重今久蠹朽有唐鑄釋迦及二聖像徽鈔古雅長不盈尺今失寺存僧少

谷昇寺

古寺也不知開基何年宋乾道中僧德智重

建在谷昇村藏有十八羅漢及水陸像皆古名筆相傳於古樹中得之蓋兵亂時所藏也今廢寺存

靈化寺在茅穗里

報本寺宋元豐中建在茅穗里

天崇寺

宋景定中僧人無欲建今村民周氏重脩在刀環里

法華寺在刀環里

大陽寺

大陽古寺也少陵集有大易沙門易古陽字今誤作易宋紹興中重建今廢

大光寺在大光里

牛頭寺

在牛頭里寺柱有龍乘風雲而騰空至今相傳有龍池

支田寺在牛頭里

齊居寺

在舊孱陵城宋嘉定中僧寅公建

淨居寺

宋紹興中僧法興建明村民周氏重脩在刀環里

惠果寺

宋紹興中頓禪師建在持丘村

普光寺在茅穗里元大德中建
北觀音寺在茅穗里宋元豐中建
江易寺在茅穗里
清化寺在江陵界上灌洋村
雙田寺
舊以為東晉開山而寺僧云唐開元時遠洽師建然唐時公安有遠上人今傳燈錄疑即此也云東晉者蓋誤以為廬山遠耳

車田寺宋太和壬寅婺婦王氏所建余有疏記灰如和尚高弟霜葉以此為行窩焉
龍門寺
宋乾道中建未詳開基何人在長安村
利濟寺
宋淳祐中森上人建在長安村
報慈寺
元延祐中蓋庵禪師建在特丘村時灰如和尚重脩徒源青源曉源徹源遠皆能詩屬文

龍溪寺
宋紹興中僧明磨建弘治中邑人鄒廉修之廉司徒父也
大車寺宋宣和中僧遠建今廢
義堂寺
宋紹興中僧慈潤建又傳岳武穆征楊么之後所建在長安村
大德寺

宋景定中僧月溪建在長安里今尚重望孝廉袁世繼明經重建
南禪寺
宋紹興中霞上人建在縣之東七十餘里
神台寺
宋淳熙中僧福遠建今廢在縣之東六十里
淊海寺
元至元中僧淊海建今廢在縣之東四十里

金果寺
久廢在廖解村縣之東三十里
樂善寺
宋端平中僧惟鑑建前有龍淵久廢縣之東
六十里
諸天寺
宋景定中僧月溪建今廢東隔縣六十餘里
白泉寺

宋紹興中僧正秀建二聖下院也久廢
南觀音寺
俗呼為南觀音寺以茅穗亦有觀音寺也宋
宣和中棠安和尚建在瓜瀦村久廢
古城寺　久廢
淨土寺　在滑陂村為紅巾賊所廢
庵
二聖庵　即二聖洲也
松心庵
鄒庵
法華庵
斗堤後王孝廉承宄李居士承芳僧真惠始
之袁儀部宏道銓部中道僧圓像終之黃太
史輝顏之曰精進林
觀音庵
去法華二百步許亦王孝廉諸公合力成之

皆十方禪院一在縣治內東隅
荷葉庵
在長安村三官塚也袁封公士瑜香火庵也
一名珊瑚林徵夢也宏道志事於佛嚴記中
淨業庵　在谷昇里
淨土庵
在谷昇里近龔嵐令仲敏墓其生時所立以
付脩竹僧真源者亦香火庵也

板橋庵

諸宰官居士創立有庵田及義塚種地數畝

遊衲之賢者遞館

三橋庵 龔上舍獨力成之今俱廢

觀

東嶽觀 宋元祐年建

南嶽觀

在斗堤之中面湖有前後殿規制甚雄土人

曰南嶽宫也明正統中廟祝楊大銘建更脩

則邑人李德明也

竹林觀 久廢

紫霄觀

宋慶元中道士楊復庵建今基已亡遷俱廢

疑紫霄真人諱峭也

廣德觀

郡地東南來數百里皆平衍至是始為岡巒

曰石子岡宋紹興中道士王公紹建一云道

士何玄清及村民吳貴也

洞真觀

宋淳祐中道士景公建明成化中道士張道

乾撤而新之今廢

白雲觀

宋景定中道士王德真建在谷昇村

洞神觀

宋淳祐中道士舒守庸建今邑人龔仲安脩

之在谷昇村

崇真觀

宋寶應中道士竺公建在大兜村

長生觀

宋宣和中道士卞洽言建在牛頭村

東昇福觀

宋紹興中建今無殿宇

西昇福觀

宋紹興中道士龍青全建在茅穗里

白馬觀 未詳所始在將立村

福星觀

宋宣和中道士王大有建在平樂村今無殿宇

悟真觀

宋咸淳中道士邵月澤建在魯陂村今廢或

云魏伯陽也

刻木觀

宋景定中月溪道人建其中有刻木若媪像者相傳其地有古楓株一道人遠來娑夕徘徊其下呼其母株遂應聲遂伐木刻像肖之機關若生至今存焉其初五通廟也後人神其事遂為立觀或云即丁蘭也

崇元觀

宋景定中道士楊如真建今無殿宇

玉清觀 今無殿宇在長安村

玉虚觀

元至正中道士張守玉建在走陂村

真武觀 在縣治城內北余有記言

太平觀 在縣治城內東隅

孫徵葊曰余讀屈大夫九歌而見吾楚之好巫祀也自昔然矣區區一公安而剎宇以什

百計雖其事多無徵而其跡之穎異者亦不少余敘其列之以使其得見於經祠之後也

公安縣志書卷五

黄岡孫錫蕃斐臣　蒐著
霑化李呈祥木齋　訂定
公安毛壽登鄺菴　編緝

勝蹟

荆屬州縣凡十三惟公安輿考所載山川人物流風遺事百不及一自左公張景而外寥寥不見經傳訪諸故老採及遺編彙成茲帙

雲壑蕩吾心胸亦荆屬子長大觀也志勝蹟

先主營

在油河口今板橋一帶丘陵頹壘溪流宛轉疑即故址其地多美箭嘉樹如遊覽勝處也邑人洪子彥詩曰漢家中葉幾雕枯帝子稱戈起義圖司馬史編空予魏杜陵詩句失吞吳烟生斷岍平蕪合日落荒邨舊壘孤蛮目江干嗟往事蕭蕭苦竹間黃蘆

孱陵城

前漢置縣於此南朝因之至隋始易名公安宋末徙縣於油口遺址猶存今魏奇有過孱陵詩曰秋風禾黍連阡陌夜雨桑麻滿故城舊日甘棠今在否月明猶聽頌歌聲蓋為庾子貞作也學博孫復菴孱陵古意曰左公漢高之苗裔涿郡皇考中山系販履織席豐沛業髀肉枕痕墮悲淚安喜尉下密丞平原相

豫徐牧使君跳身不一睇隆中出山稱用武形便審熟荆州勢夏口濟客師抗衡以決計油口築屯營披堅而執銳璋視與權魯視蟻操充兔窟權僕隸徙許避鋒勇冠軍熊虎巴東皆命世柴桑在昔急難情協規同力帝胄衡吳下阿蒙村市兒白衣賈客樊軍制拔刀斫案意何為驃騎稱臣誤蔣濟均之牛馬驅除者烏程亦隨高貴斃只今昭烈英風綱目

存有孫北地爭兊日月麗蒼梧縣圃雲靉靆草木零落傷荃蕙吊古戰場化蛟宮惟有萬里江波不斷流天際

夫人城

與舊孱陵城接相傳孫夫人居此然孫吳時王夫人亦曾居公安未知夫人誰也

呂蒙城

世傳以爲孱陵舊址或云郎今舊城也按子

明在公安封孱陵侯即卒不應有城當是後人以侯故追名之少陵古本作呂蒙營

古城

在舊邑南十五里大兊村

鷄鳴城

在郝鄔北一一溝壘具整

龍墻

在東西里臨西河亦舊城址也上者曰上龍墻下者曰下龍墻中有城亦曰鷄鳴城遺址甚具此地廼永安鄉疑郎永安橋縣故壘

走馬堤

云昔左將軍走馬處一在大兊村街埒微具一在東西村近趙公橋

劉郎浦

在渡口宋趙汴過公安有詩少陵有詩呂溫有詩黃岡明孝廉王一翥有詩今石首亦有

劉郎浦

天子堰

在大兊村其上爲天子塚或云王夫人塋處

濯足池

在石馬橋相傳洞賓濯足於此池小且汚不稱名故老云舊與湖接後人劃斷之耳今平田一望皆昔湖也又云舊有碑題曰回道人濯足處侍御龔公仲慶聞之欲重勒石會卒

未果焉

呂仙亭

當斗湖勝處其地堰出湖面十餘丈今樹色蓊翠居然勝地但無亭耳地底有杉椿旱涸時見之當是舊日用以捍水者湖之深濶可想見也令魏奇詩霜寒遠樹千林暗月冷平湖一鏡秋大是實景

僊女臺

距呂仙亭半里許相傳洞賓度女子於此然無的據公於湖湘間多著異蹟至近年猶有人見之市上為人除奇疾者公於此地緣勢耶抑偶爾耶令大光亦有仙女堆禱雨輒應

聖母塔

即智者禪師之母在茅穗里

油水

有油客載油河下二聖化童子身入水觧繳船釘油滿河口故名油江後二聖封油客為黄衣使者至今以肉身傳此與史清之說稍異後二聖欲掛松滋之山以塞油口為土神所阻時人為之謠曰千里龍神難壓當方土地二聖怒擊之至今泥塑不能端坐然考荆州碑所載有揹水為油事問之故老云茅穗自有油河非油口也按智者父以益陽侯居公安兄陳鍼為參軍師固世家何其旨之足

虞好事者欲神其說故強為附會

大賢里

智者生處佛祖統記載荆州碑曰智顗禪師初欲出家母謂之曰其旨當誰供耶師遂指茅為穗後人神之因以名村呼其里曰大賢里

靈溪

隋地里志公安有靈溪水今亦不可考按沈

約宋書武帝記何無忌劉道規旣至江陵與桓振戰於靈溪

白龍井

相傳有白龍兎屋能興雲致雨桓爲里人所畏

鼉室

在廖解村吳孫亮初有靈鼉鳴此其穴也

上明

晉書江陵縣界北名上明田土膏潤可以資業今松滋有上明城疑卽晉刺史桓沖治所非此上明也

少陵草堂

相傳在中堤口有亭曰杜息今廢已久子美有言數月憩息此縣考史公安在隋唐從治孱陵草堂不應在此而子美詩有江深風浪等語則爲油口無疑豈水國遷徙不恒耶姑闕之以俟考實

山館

當是古鄣少陵公安山館有詩

憩息亭

在蒿港渡亦子美遺蹟也後人誤爲憩息久廢

觀瀾閣

在油河口象鼻嘴卽舊靈均祠也前有亭俯

視迴瀾最稱勝地惜岈頹遂不復存天臺潘球有詩

蕭寺

建文遜國程濟從亡君臣以師弟稱入楚至公安宿蕭寺二道士同宿不相識夜漏將三鼓微聞兩人泣聲旣去覩遺紙知爲鄗良梁中節兩人皆定海人同爲中書舍人聞建文君出同棄官爲道士建文君作蕭寺黃冠夜

泣詩

孟公隄

郎斗湖諸隄也它如萊公竹二聖洲石洲皆

已别見不贅

桑棗園

諸鄉落皆有之其初官置也今廢

梅園

椒園俱見刹宇條

公安縣志　卷五　九　蘿樵居

孟撫莊

忠襄舊置莊也在南門外

塚子岡

鮑家岡二岡皆袁氏先塋在焉

斗湖書舍

在中堤口王祭酒恂舊讀書處

四堂岡何氏諸塋在焉

西莊草亭

在板橋亦恂别墅自爲記畧曰西莊王氏之

故廬也

白蓮莊

鄒司徒文盛莊也距舊城三里數十頃皆蓮

風香花邑搖蕩數里

空明亭

何方伯珊水亭也在城西北隅周廻皆水公

爲空明亭詩今廢

公安縣志　卷五　十　蘿樵居

杜機園

龔侍御仲慶園也在后浦河東岍有究碧堂

雲在亭軒窻欄楯大似吳兒布置又疊石爲

山高數丈其巔可席因山爲洞曰瀟湘洞下

爲池飛瀑注於簷端有若生成花木皆名品

如中州之牡丹維揚之芍藥嘉州之海棠皆

不遠千里而致之吳人申少師時行劉侍郎

鳳皆有詩後以江漲欲移家斗隄遂盡撤毁

荷葉山房

袁太史宗道讀書處也在長安村入門有老松數十株高古入韻澗水出深竹截松下過曰松風澗跨以小橋古槐壓澗生蔭可十餘丈其下爲臺曰清蔭臺黃山葱然一點在望第中道有記見集中後有室曰白蘇齋公生平酷嗜二公每至之處必以白蘇爲額蓋自況也一時名流多有賦若室之後有土阜高

可眺遠曰幕翠嶺阜上古梅一株虬曲偃蹇開時香雪滿庭其旁爲回廊曰斜月廊從此阜益坦脩竹萬竿構草堂曰淨綠堂後有澗深丈許澗三倍而水常竭少時常與諸弟騎羊於此因名曰騎羊渦渡澗而北爲荷葉山蜿蜒皆土嶺遠見青陽諸山及谷昇一帶湖水浩淼晶瑩搖蕩曉日山中古松千本翠蓋入雲大者可三人圍餘樹稱是一老栗中空而前竅可容足僧名之曰棲蘿山前有池澗可四十畝曰荷葉池繫小舟其中山與池皆故名也袁氏自宣德間已家此至太史爲孝廉始稍治亭榭以粧綴之然地實據勝畧爲芟除居然名苑矣

小竹林

王孝廉承光舊館在斗堤之後前臨油江數十畝皆竹亭亭入雲際梔桂甆橘襍植其中

古梅婆娑數丈王君有巧思意匠所至宛出天成亭軒戶牖之類小如向背意態別出曲路邪循交枝覆蔽遊者幾迷出入王君忝世遂售別墅更而易於袁公中道有撤其室之軍若益以滿碧雪照諸堂勝處稍置亭榭草草點綴幽意倍生易名曰篔簹谷所謂雕題畫閣未嘗有一而清深宛曲殆冠一邑矣

石洲

中郎先生有遊石洲詩

黃山

土石皆黃一名金華山廣輿記入岳州荅安鄉公安界也上有謝晦祠又名謝山晦係劉宋時荊州刺史嘗登黃山徘徊者久之及卒柩過公安至此不肯去因葬焉民為立祠宋封顯應公又云柩過公安一夕風雨大至而柩已移黃山遂葬焉

檜柏山

金牛山

白茅塚在長安村

天子塚大兖村有龍翔之瑞

草亭

余司訓孱陵廣文無官舍因於古剎之前創爲草亭一座亦本少陵乾坤一草亭之意有草亭溪雪詩

偶然居

草亭前建有客堂兩楹題曰偶然居孱陵長者之言也亦以官無常舍偶然居於此耳孫復菴曰萬里橋西一草堂此詩史也草堂疑在夔而不在此息山亭館當亦少陵往來憩適處而未可以為草堂徵也程濟從亡壬午歲也入景陵壬子三十有一年矣師猶公安耶何兩舍人俱無恙也觀其驚惕痛傷似

在文皇初年而詩稱壬子或誤也草亭一鐙席爾胡以跡著東山有小草之蓋卜居標放言之致聊以寄余褱所自見云爾

公安縣志書卷六

黄岡孫錫蕃柴臣　蒐著
黄陂楊兆傑鄂州　訂定
公安陳士璉爕伯　編輯

田賦

歷朝俱無可考但據全書所載明以來一沃壤也今乃土曠人稀水則蛟龍亟立而陸則虎豹踞於深林所募墾佃皆流移之招集爲旦夕糊口計而古耕鑿之風邈矣志田賦

明

一民田七千九百三十頃一十五畝零

内上田四千四百一十四頃四十一畝零每畝科秋糧二升二合該米九千七百一十一石有奇

中田二千一百七十頃二十六畝零每畝科秋糧一升九合該米四千一百二十三石五斗有奇

下田六百八十四頃七十五畝零每畝科秋糧一升六合該米一千九十五石六斗有奇

下下田六百六十頃七十二畝零每畝科秋糧五合五勺該米三百六十三石五斗有奇

一民地二千七百三十二頃一十一畝零

内上税地九百九十九頃七畝零每畝科秋糧一升六合該米一千五百九十八石五斗有奇

中税地九百二十二頃二十六畝零每畝科夏税大麥一升五合零該麥一千四百四石八斗有奇每畝科小麥一合七勺零該麥一百六十四石三斗有奇每畝科夏税絲一厘七絲零該絲六斤二兩一錢有奇每畝科桑絲二毫一絲零該絲一斤四兩有奇

塋基地五百一十頃四十九畝零每畝科夏

稅大麥五合該麥二百五十五石二斗有奇
下下地三百頃二十八畝零每畝科夏稅大
麥六合零該麥一百九十二石七斗有奇
一山岡一千四百四十八頃零
內柴山四百五十五頃八十二畝零每畝科
秋糧米八合四勺零該米三百八十五石六
斗有奇
草山四百九十六頃八畝零每畝科秋糧米

八合四勺零該米一百四十九石六斗有奇
牛岡山四百九十六頃七十九畝零每畝科
秋糧米五合該米二百四十八石三斗有奇
一塘湖二千三百九十一頃九十八畝零
內塘八百七十三頃三十九畝零每畝科秋
糧米八合四勺零該米七百三十八石八斗
有奇
湖五百一十八頃五十八畝零每畝科秋糧

米六合零該米三百二十八石七斗有奇
通共原額秋糧官民米二萬一千六百八十
七石五斗零內奉題免米二千六百七十三
石三斗零外實征米一萬九千一十四石二
斗有奇額泒銀一萬五千九百一十九兩有
奇夏稅大麥一千八百八十八石一斗零內
奉題免麥三十六石二升外實征大麥一千
八百五十二石一斗有奇小麥一百六十四

石二斗有奇二麥共二千一十六石三升有
奇額泒銀一千一百兩有奇

清

一荒上田三千七百一十二頃三十畝零荒米
八千一百六十七石零無徵銀六千八百三
十七兩八錢有奇
一荒中田一千六百五十六頃二十九畝零荒
米三千一百四十六石九斗零無徵銀二千

六百三十六兩八錢有奇
一荒下田八十五頃九十九畝零荒米一百三十七石六斗零無徵銀一百一十五兩五錢有奇
一荒下下田六百六十頃七十二畝零荒米三百六十三石五斗零無徵銀三百四兩有奇

圖籍

公安戶口三十年前人滿之地兵火以後淪喪於梳篦者十之五溝壑於旱潦者十之三疲瘁於軍徭者十之二孑遺所存百中之三五人耳志圖籍

原額人丁八千七百五十四丁

鄉三十二里

平樂村一　瓜渚村一　西村一

西村三　西村四　西村五
大光村一　大光村二　毛穗村一
毛穗村二　毛穗村三　毛穗村四
刀環村一　白湖村一　東村一
東村二　長安村一　長安村二
廖解村一　廖解村二　曾避村一
曾避村二　谷昇村一　谷昇村二
趉避村一　趉避村二　牛頭村一

牛頭村二　市鎮村一　市鎮村二
特丘村一　板橋村半　蘆洋村半

孫復菴曰公安之不復稱沃壤也宜哉雉堞數遷民力困矣兵燹之後人去而田存汙萊所生田占而課在昔之桑麻鷄犬今乃土曠人稀烏覩所謂烟火萬家者乎除荒開荒文移数往邑疲於額矣圭撮之間能盡平均縣休養滋息非良司牧不爲功生聚教訓闢萊

開萊以復則壤之舊將以俟後之爲張卓趙曾者爾

公安縣志書卷七

黄岡孫錫蕃棐臣　蒐著
同邑王澤弘昊廬　訂定
公安田鍾雨公田　編輯

土産

張騰之對眞宗語即邑中之赤米白鹽綠葵紅蓼也志土産

五穀之屬

粘糯黍粟小麥大麥稻粱蕎麥黃豆黑豆菉豆豌豆芝麻

蔬菓之屬

棗菱柑柿木耳枇杷薤鷄榴葱韭東瓜絲瓜莧芋茄芡實梅芹筍苑李

竹木之屬

紫竹鳳尾竹松柏槐桂柳棠棃楊

花草之屬

菊牡丹瑞香薔薇夜落金錢蓮玉簪木犀紫
荊觀音蓮蘭水仙鷄冠碧桃鳳仙葵宜男扁
竹芭蕉蘋藻
鱗介之屬
龍涎魚鯉鰻鯽鱖鱣青白鼈龜
羽毛之屬
鷺鳩雉雞鵝鴨野猪鶴梟虎獐兔牛羊
藥料之屬

天門冬紫蘇枸杞山梔子益母草薄荷茵陳
貨之屬　綿
孫復菴曰地產異宜豈其性然哉夫物一也
而種或異之種一也而名或異之枌榆棗壷
爾雅有焉今日之互生移植者膚閒南北扰
吾詳夫果穀鱗羽之屬公安亦畧備焉寧眞
有冰綠玉米如昔人所云者乎

驛站

邑荊襄之阨雲貴之衝絡繹夫兵往來如織
故荊屬軍需煩重而公安驛站尤苦志驛站

孫黃驛
孱陵驛
民安驛

明計三驛每驛設丞一員拱馬一百四十匹
每馬工料銀三十兩驛夫二十名每名工食
銀七兩二錢賦役舊書可考也自罹兵火額

糧不及舊時十分之一以致各驛廢弛然兵
馬往來邑為要阨於順治八年始奉院檄動
支止供買馬十匹募夫二十名每馬工料銀
十兩八錢每夫一名工食銀七兩二錢止與
復孫黃驛又於順治十一年興復孱陵驛買
馬募夫如例至於民安驛官徒虛設執掌全
無今孫黃孱陵馬雖不及從前之多然上臺
軫念諭令荊門州潛江監利等處協濟驛站

道亦不時須發有差所苦差繁費重倒斃堪憐今暫議兵馬往來凡冬春屬公安之驛站夏秋屬松滋之驛站以松滋山而公安澤也是亦目前蘇息之至計耳至民安驛或俟糧額新增另行申請起復

鋪遞

邑小而水陸衝須滇黔呼吸捷如聲響賴置郵而傳命也志鋪遞

孱陵鋪　窰頭鋪　下灘洋鋪　申伏鋪
上灘洋鋪　井子鋪　積善鋪　芭芒鋪
梁家鋪　民安鋪　沙堤鋪　板橋鋪
棠潭鋪　三穴鋪　范林鋪　灌子鋪
孫黃鋪　塌岡鋪　郝郞鋪　張莊鋪
黃仲鋪以上共二十一鋪

本縣治原在舊縣地名油江口鋪道三路分遞上通荆郢自油江口孱陵鋪起上至窰頭鋪接遞下灘洋上灘洋至江陵界鋪止東通岳陽自油江口孱陵鋪起接遞申伏鋪井子鋪積善鋪芭芒鋪梁家鋪民安鋪沙堤鋪至石首交界鋪止西通滇黔自油江口孱陵鋪起接遞板橋鋪棠潭鋪三穴鋪范林鋪灌子鋪孫黃鋪塌崗鋪郝郞鋪張莊鋪黃仲鋪至澧州交界止自明崇禎元年題請縣治改遷祝家岡西去舊城五十五里去孫黃驛僅五

里見今油江舊縣雖廢孱陵鋪司接遞公文如故也

孫復菴曰明之衰也驛苦極矣區區一公安爾驛三而鋪二十有一站馬斃於徵輸遞夫凋於撥送中家以上胥破産矣一再俯復不逮半焉撥補協濟僅得名爾黔蜀方急繹澧辰而絡忠萬日不暇食也城已遷而鋪站如故易所云改邑不改井以重往來也

公安縣志書卷八

黄岡孫錫蕃棐臣　蒐箸
弟　孫如芝素公　訂定
甥　鄧之愈識韓　編輯

司牧

建官分土縣正與民最親主伯亞旅猶一家也後人而忘先世之有功德於民者猶耳孫而不知其鼻祖所自出心未安也始於周官

以曁今茲志司牧

周曰縣正

周書作雒篇曰千里爲縣縣有四郡

楚曰公曰尹

即縣大夫也春秋時列國相滅各以其地爲縣故縣大而郡小

漢曰令尹丞尉

其人皆闕紀載凡縣萬户以上爲公減萬户爲長侯國爲相皆秦制漢因之成帝綏和元年長相墨綬哀帝建平二年復黄綬其丞尉及諸曹掾多以本郡人爲之

漢末先主以左將軍領荆州牧治公安

按靈帝中平五年改刺史置牧劉焉劉虞並自九卿出領州牧牧之名始重今邑西有先主營即故治所

時諸葛亮龐統法正等皆以軍師别駕等

從

按蜀志曰孫權欲與備共取蜀或以爲宜報聽許吴終不能越荆有蜀主簿殷觀進曰若爲吴先驅進未能克蜀退爲吴所乘即事去矣今但贊其伐蜀而自說新據諸郡未可輕動吴必不能越我而獨取蜀如此進退之計可以收吴蜀之利先主從之權果輟計遷觀爲别駕從事龐統傳先主屯公安時統以從

事守耒陽令在縣不治免官吳將魯肅遺先
主書曰龐士元非百里才也使處治中別駕
之任始當展其驥足耳諸葛亮亦言之於先
主先主與談大異之親待亞於諸葛亮遂與
亮並爲軍師中郎將法正傳或謂諸葛亮曰
法正於蜀郡太縱橫將軍宜啓主公抑其威
福亮答曰主公之在公安也北畏曹公之强
東憚孫權之逼近則懼孫夫人生變於肘腋

之下當斯之時進退狼跋法孝直爲之輔翼
令翻然翱翔不可復制如何禁止使不得行
其意耶按先主在公安孝直銜命而至未嘗
被任觀武鄉此言孝直時已爲謀主矣
操伐荊州表子琮以荊州降先主保夏口遣諸
葛亮詣吳求濟師以吳師來會大破操兵於
赤壁
操下荊州先主敗當陽保夏口亮乃言曰事
急矣請奉命求救於孫將軍會權以操南按
兵柴桑以觀變使魯肅來問且覘軍亮遂與
肅詣柴桑見之亮察權氣豪可激而從也因
說之權大說遣周瑜魯肅等帥師拒操破之
赤壁下先主既得荊州表劉琦爲州刺史自
營油口居之改名公安
權表先主爲荊州牧命周瑜分南岸地以給先
主

時表故吏士多歸先主主以瑜所給地少欲
盡督荊州詣權請之瑜爲戕與權曰備有梟
雄之姿而有關羽張飛熊虎爲之將非久爲
人用者宜徙置吳中盛爲築宮室多美女玩
好以娛之而分羽飛令各置一方使如瑜者
挾與之攻戰大事可定也今猥割地以資業
之聚三人於疆埸恐蛟龍得雲雨終非池中
物也權以操在北方當以好結備又恐備難

猝制拒瑜策而許備荊州且以妹女之後備還聞瑜言太息曰天下智謀之士所見畧同曩孔明諫孤毋入吳蓋慮此也

先主既西取益州權求荊州不許於是分荊州

○權置長沙零陵桂陽三郡守關羽怒逐之

權進駐陸口使魯肅屯益陽以拒羽肅邀羽見責數之羽曰烏林之役左將軍身在行間寢甲枕戈以戮力破敵非直吳力也豈得徒

勞無一塊土而足下雍容來收地耶肅曰不然始肅與豫州覯於長坂豫州之衆曾不當一校計窮慮極圖遠竄交廣主上矜愍不愛土地甲兵之力以濟其患豈可負我而飾情愆德已藉手於西州矣又欲終據荊土此凡夫所不忍行况綱領人物之主乎肅聞貪而棄義必且階禍吾子當明道處分以輔主而圖力爭非所聞也羽無以答會曹操伐漢中於是分荊州長沙江夏桂陽以東屬吳南郡零陵武陵以西屬蜀以湘水爲界而罷軍

巳先主入蜀命將軍守之

時三方鼎峙邑稱重鎮而孱陵當别有縣但志皆不載關羽傅將軍傅士仁屯公安

吕蒙襲荊州克之

魯肅之陸口過蒙屯酒酣蒙問肅曰君今受重任將何以備不虞肅造次無以應蒙曰今

東西爲一然關羽熊虎也能筮人計安可不豫哉肅聞大驚越席就蒙語蒙爲畫五策肅大喜曰卿今者才畧非復吳下阿蒙蒙曰士别三日當刮目相待大兄何見之晚乎肅遂拜蒙母結友而去時肅每勸權以曹操尚存宜撫羽以同仇不可失也及肅卒蒙代將密言於權曰羽居國上流有兼併之心其勢難久今令征虜守南郡潘璋住白帝蔣欽將游

兵循江應敵蒙爲國家扼襄陽如此何憂於操何賴於羽且羽君臣矜其詐力所在反復不可心腹待也權曰今欲先取徐州然後取羽何如對曰操方撫集幽冀未暇東顧徐土徃可自克然徐固六通四闢地也今日取之操後旬來爭雖數萬人守之未得帖然卧也不如取羽全據長江形勢益王權善之會羽擊于禁襄陽破獲之圍曹仁樊城蒙上疏言

羽討樊不克而多畱守兵者恐蒙之圖其後故也蒙常被犬馬病乞還建業治疾以安其心且必撤備趨襄樊之急將南郡可襲而下也於是權露檄稱蒙病篤召之還至蕪湖屯將陸遜迎謂曰關羽接境公柰何遠下後不當可憂乎蒙曰諾我病篤不任將也遜曰羽矜其驍氣陵轢人又始有大功方務北進未嫌於我今聞君病必益無備誠出其不意往

可禽也須深計之蒙陽以浮言應曰羽素猛悍未易圖也至建業權問誰可代卿者蒙對曰陸遜意思深長才堪負重而未有遠名非羽所忌無復是過權拜遜偏將軍代蒙督遜至陸口郎爲書遺羽曰前承觀釁而動用律行師小舉大克一何巍巍遐邇欣懽以爲將軍之勳足以長世雖古晉文城濮之師淮陰拔趙之畧蔑以尚也敵國敗績利在同盟聞

慶拊節想遂席卷共奬王綱近以不敏受任來西延慕光塵思禀良規聞徐晃等步騎駐樊闚望麾葢操猾虜也忿不思難恐潛衆以逞其心雖云師老猶有驍悍且戰捷之後常苦輕敵古人權術軍勝彌警願將軍廣爲方畧以全獨克僕書生迂疎忝所不堪喜鄰威德樂自傾盡雖未合策猶可懷也儻明注存有以察之羽初頗忌憚蒙聞病還喜甚得遜

書謙下自託意大安果盡撤兵以赴樊遜具
啓形便權遂令蒙及孫皎分督左右軍襲羽
蒙曰若以征虜能願用之以蒙能宜用蒙昔
周瑜程普爲左右督攻江陵事决於瑜普恃
久將遂不睦幾敗此目前之戒也權寤乃以
蒙爲大都督蒙至潯陽盡伏其精兵艑艫中
使白衣搖櫓作商估服晝夜行羽所置江邊
屯候盡收縛之麋芳傅士仁素嫌羽輕己羽

出城中火軍器焚羽還撤責芳蒙軍至即降
蒙既入江陵釋于禁之囚得羽及將士家屬
撫慰之禁戢士伍蒙麾下人取民家一笠覆
官鎧又蒙同郡蒙以爲犯令不可以鄉里故
而廢法垂涕斬之於是軍中震慄道不拾遺
旦暮使親近存恤耆老問所不足給醫藥衣
餉羽遣使與蒙相聞蒙厚遇其使之周遊城
中戶致問令家人手書以示信使還入知家

門無恙見待過平日以遂無鬬志羽還走獲
斬之而荆州平於是操表權驃騎將軍領荆
州牧封南昌侯

吳得荆州以呂蒙爲南郡太守封孱陵侯會蒙
卒以諸葛瑾代遷左將軍督公安假節封宛
陵侯繼瑾爲督者瑾子融及孫遵鍾離牧時
周瑜子胤亦以兵千人屯公安
督者督諸軍也晉職官志使持節爲上持節

次之假節爲下吳書陸抗傳抗令公安督孫
遵巡南岸餘見傳中

晉既立南平郡以太守治之置公安孱陵等令
宋以來襲晉故或有封建稱内史令曰相其
秩同也
郡守秦官漢景帝中元二年更名太守郡爲
諸侯王國者置内史以掌太守之任晉郡守
皆加將軍無者爲耻晉宋守相内史並銀章

青綬兩梁冠佐史有丞長史司馬參軍等官郡守銅虎符竹使符晉制大縣令有治蹟報以大郡不経宰縣不得入爲臺郎宋諸縣令銅印墨綬進賢兩梁冠縣佐有丞簿尉

晉郡守内史曰應詹夏侯承王矩陶稱桓石虔部銓謝純王裕之郡主簿曰車育

按晉南平初治作唐後治江安令不敢過爲揀別且作唐亦封内地也晉事桓石虔傳黄

淮反石虔遣南平太守部銓松滋太守王遐之擊淮斬之車育南平人祕之祖也爲郡主簿按郡主簿漢官也晉曰錄事參軍也

宋内史曰王景文桓範之竺超民宋蔵令曰朱道珍繆士通

司馬休之表有南平太守桓範之委郡叛逆之語當是時宋武代休之委郡東下耳南郡王義宣傳世祖即位義宣將佐並加賞勑以司馬竺超民爲黄門侍郎仍除丞相司馬南平内史後與義宣同逆謝晦傳有南平太守謝世猷此係僞職故不載宋蔵南平守朱道珍孱陵令見楚志秩官表繆士通事見雜俎

齊内史曰袁彖張欣泰柳惔令曰庾黔婁劉坦軍主曰周數

軍主齊宋以來有之蕭穎渭傳南平鎮軍主周數

公安縣志　卷八　士　麓樵居

梁内史曰王褒賀革令曰王籍

籍作唐令始附見之

陳置荆州於公安以刺史來鎮者曰陸子隆吳明徹孫陽樊毅樊猛陳慧紀陳叔堅守曰陸子才

漢刺史武帝置自魏以來庶姓爲州而無將軍者謂之單車刺史凡單車加督進一品都督進二品

隋罷郡置公安令唐仍之隋唐以来邑令皆闕

紀載

隋縣有令有長皆以所管閑劇及衝要之處
以爲等級唐縣有赤畿望緊有上中下六等
之差按宋參政馮楫二聖靈蹟記唐大元間

邑令周通

宋初監五代藩政之弊州縣守令多帶中朝執
事官外補終宋之世令可考者僅得三人曰

謝炎張戩程千秌簿一人曰黄注

按宋京朝幕官則爲知縣事有兵戎則兼兵
馬都監户二萬户以上置丞一員以幕置官
或縣令人充千户以上置令簿尉

紹興中充歸峽荆門公安軍安撫使者曰王彥
解潛嘉熙中以京湖制帥屯兵公安者曰孟
珙

楚志及郡書秩官表有安撫使歸峽恐誤

元置尹增監縣

監縣達魯花赤也元制中縣秩正七品不置
丞有簿尉各一典史二

時邑中儒者輻輳詔置荆湖北道提舉司于公
安其人可考者曰文子璋

元制儒學提舉秩從五各行省所置之地皆
置一司統諸省學政公安皆分司云

監曰秃忽赤曰只兒哈郎

哈郎兼勸農事善屬文正誼堂所建立也皆
大德人

尹曰薛友諒毛好義張元愷朱顯文簿劉讓尉
宋廷瑞典史楊文炳儒學論江公望而中書
平章政事廉希憲楚國武定公阿里海牙皆
有功惠於邑故邑人至今述之

按萊公書院記有院長曰王公輔中與儒錄
有曰李道淵亦未詳其爲地方官或流寓

公安縣志書卷九

黃岡孫錫蕃棐臣　蒐著
漢陽熊伯龍鍾陵　訂定
公安龍之繩敬公　編輯

後司牧

公安建官古今不同而天德王道之義則一也縣何以云知乎乾知大始言主此一縣之治也司牧君後乎爾皇帝王霸一元之運猶四時也聖而賢賢而儒年代降而俎豆亦異

矣志後司牧

明設知縣一人掌一縣之政令教養其所治民秩正七縣丞一人理河渠軍政秩正八主簿一人徵稅糧秩正九典史一人司譏察分領縣條教學官教諭一人訓導二人主訓飭生徒凡學政一遵卧碑以聽於督學使者國初視鄉舉人多寡有無爲駁最後弛不行今裁主簿訓導止一員

明知縣

許　德
趙　旻應俱洪武中未詳何處人
鮑　綸舒城人永樂中
俞　雍武監監生
劉　恕宣城監生　俱正統中
劉　敏侯官舉人景泰中

俞　縉華亭監生天順中
黃紹宏宣黃監生
吳　奎新淦監生
陳　鏞長沙監生
魏　奇宣城舉人　以上俱成化中
馬　良玉究山舉人
繆　洙饒縣舉人
周　鉞宿州進士

彭 昉蘇州進士
劉 進吉安監生
王 經全州舉人 以上俱正德中
江 燧歙縣[redacted]
周 臣雲南進士
熊 運富順進士
王 曾莆田舉人
吳 旺莆田舉人

劉 三省簡州舉人
沈 祐餘干歲貢
龍 雲臨桂舉人
周 鑛貴陽[redacted]
張 美長子舉人
毛 自脩涪州舉人
聶 汝孝犍為舉人
包 世節沈丘選貢

蔣 仲梧全州舉人
南 東清江衛歲貢 以上俱嘉靖中
錢 匡之會稽舉人
張 朝東巴縣舉人
李 桂開榮縣舉人 以上俱隆慶中
王 [illegible]慈谿舉人
楊 雲才臨桂舉人
莊 重長洲舉人

張 點金谿恩貢
方 一正龍溪舉人
李 士弘內江舉人
陳 夢斗廣東順德舉人
李 中立上海進士
段 至標晉寧舉人
劉 思中成都舉人
錢 胤選慈谿舉人

孔弘順 吉水進士
李聞詩 雲南進士
段　欽 蘭州舉人 以上俱萬曆中
張國用 貴州定番舉人
高鳳翔 金壇進士 俱天啓中
劉承堯 貴州舉人
朱希萊 晉江進士
羅兆階 樂昌舉人

張大韶 廣東舉人
趙繼鼎 武進進士 以上俱崇禎中

國朝知縣

許奇遇
王百男 掖縣貢
衛藏天 遼東貢
李長庚 正白旗杏山人
董廷洪 大興貢
楚　煜 宜昌貢監 以上俱順治中

孫復菴曰考古者多言周制尚矣然郡縣弗合也秦滅楚而漢承之官制迭更而公安無徵焉故考信者必以三國爲斷然昭烈之在公安止淵田變化間一時從龍之彥夾翼以興未爲專官也周瑜曰劉備寄寓有似養虎則亦知其不受職於人矣自漢前將軍沒而吳之爲督者數人皆尚治行聞事其縣大夫

固無傳晉宋齊梁多設内史之號其係於公安者則亦未知其爲統治與未知其爲附治與宋元間可稽者纔三四人亦謹存其名焉而歲月弗次也豈不以世遠人軼乘籍不具也哉三百年來可考見者六十二人明五十六人 昭代六人余所得見者三人亦云較然禪繼矣余每覲父老聚歎間未嘗不字其賢者而稱之名其不肖者而刺之也余故論

列之均使不没於世云

明縣丞

彭泰吉水進士　崔庸洪武中

江遠浮梁人正統中　汪愷祈門人天順中

李孜河内人　陳愷會稽人

馮富榮昌人　柴眞鄞縣人俱成化中

汪淵未詳　王金高郵人

于鑾陝州人俱弘治中　吳戍六安人

喬禺南名人　尹縉泰和人俱正德中

朱宸雲南人　吳徹灌昜人

王應武建水人　魏潔然四川人

汪錦重慶人　曹邦盛四川人

袁銓華亭人　任相代州人

廖仕明梧州人　吳鵬鄱昜人

彭繡洋鄉人　繆文山陰人俱嘉靖中

何選閬中人　周瓚鎭遠人

熊衮蓬縣人俱隆慶中　夏尚賓仁壽人

雍學詩閬中人　時良江西人

曹以軾四川人　朱家棟石阡人

蒲道無錫人　胡國學宣城人

孫繼京奉化人　周陞會稽人俱萬曆中

呂望周未詳　丁仁安未詳

國朝縣丞

韋士榮石埭人　趙攀勝栢鄉貢監山東兖州同知

聶琰四川富順貢監祥符知縣

孫復菴曰韓子曰丞之職所以貳令於一邑無所不當問然以無分職位高而偪例以嫌不可否事若然則丞之設也徒涉筆占位署紙尾而已哉余在公安見丞專典工時亦操尺箠行郊遂閭受民詞其事之小不及令者丞得以意畀之亦或令之所不欲行者檄丞以代焉甚矣丞之有佐於令也顧丞位卑而

上也人又卑之甚至使爲丞者惋然喪其所欲生則官負丞矣求若對二松而吟哦豈可得哉

明主簿

張　瑝 鄱陽人正統中　鄭　善 臨川人天順中

唐　堅 定遠人　張　瑝 臨川人

李　珏 扶溝人俱成化中　高　永 未詳

趙　慶 人俱弘治中　范守仁 宜賓人

張　漢 新寧人　王　欽 縣人

薛志魁 安東人俱正德中　魏月枝 梓潼人

陳　常 連州人　陳　蘭 六安人

謝文朝 羅城人　李九疇 掖縣人

安廷章 未詳　劉　顏 巴縣人

劉和陽 滎經人　何　儒 貴縣人

張　幹 柏鄉人俱嘉靖中　馮　蘭 浙江人

楊師和 建昌人　林仁淑 未詳

徐希孝 成都人　蕭　璜 丹徒人

張桂林 岑溪人　沈尚賓 未詳

顧　錞 未詳　鄧東藩 未詳

劉一桂 浙江人　蔣　鏞 祈門人

王之鵬 廣元人　王文炌 會稽人

陳士愿 晉江人俱萬曆中

孫復菴曰邑固有簿分令職也亦以尊令統也國家例裁以留者百不一二焉匪獨公

安然矣銳糧徵逋以累令受之起運漁於解胥而令受其罰則簿無人也以令而下褻丞簿之事令斯褻矣況有褻令者乎余感公安之無簿而思天下之簿當復也

明典史

吳　暹 吳江人景泰中　史　通 蒲州人

李　庸 會縣人　向　銘 浩水人俱成化中

黃仁傑 資陽人　陳　政 陜西人

趙大源（四川人俱弘治中）　曹　良（餘干人正德中）
王　韋（霍丘人）　周天祥（莆田人）
鄧仲勳（瀘州人）　鄒　章（當塗人）
王廷用（閩縣人）　井　相（豐城人）
張　鉦（丹徒人俱嘉靖中）　施道正（臨淮人）
張　岫（直隸人）　王　經（南昌人俱隆慶中）
戴　山（浙江人）　何大森（未詳）
區　奇（江西人）　鄧存學（四川人）

蕭　勅（贛縣人）　余寧隆（豐城人）
吳廷仕（徽州人）　晏明德（雲南人）
蔡華芳（四川人）　汪尚海（江津人）
李三九（四川人）　何汝孝（萬縣人俱萬曆中）

國朝典史

黃鶴鳴（未詳）　潘良臣（華州人）
四文元（耀州人）

孫復華曰典史古縣尉也唐多以進士爲之近今則三考吏所出身地嗚乎曹文忠淵矣椒山不慚於狄道臨川無辭於徐聞典史獨家可爲乎余訓公安數年嘗聞其語矣未見其人也

明教諭

房　陵（南昌舉人善屬文初脩邑乘歷官翰林院檢討）　阮　禮（山陰人俱正統中）
楊　敬（江津人景泰中）　王　縉（渠縣人天順中）

梁　善（臨川舉人有文藻取房氏志增脩之）
俞大經（南城舉人俱成化中）　吳　燧（江都舉人）
李　瑛（咸寧舉人）　蔡　壇（南雄舉人俱弘治中）
艾　琥（金壇人）　張　瀾（丹徒人俱正德中）
余　楷（青神舉人）　白　綖（臨桂舉人）
吳可久（臨桂舉人）　潘　球（天台人）
周　謨（巴縣人）　歐陽泉（太和人）
滕　瓚（臨桂人）　陸九逵（臨桂舉人）

向上　彭山人　　劉橋　成都人嘉靖中
周完　上充人　　楊際熙　容縣舉人
蔣遵烈　全州舉人　　蕭繼祥　南昌舉人
趙廷信　隨州人　　賀加士　溆浦人
鍾韶　海鹽人　　劉思明　成都舉人
劉勉　衡州人　　劉毅　寧州人
史寧野　溧陽人俱萬曆中　　鍾昺　四川舉人
劉以昱　安福舉人　　張一德　巵源貢

馬必遂　容縣舉人　　俞有詔　浙江貢
孫景寀　青陽貢　　熊應魁　襄陽貢
藍尚彩　郿縣貢　　王家臣　未詳
羅明臣　巵源舉人　　熊顥捷　當陽舉人
周啓元　黃州舉人

國朝教諭

師覺先　武昌舉人　　李宙皐　嘉魚貢
田必玉　澧州貢　　彭一卿　嘉禾貢

汪沅　黃岡人中辛丑進士　　梅聯甲　武陵舉人陞偃城縣知縣

孫復菴曰教官獨詳於明者文獻有徵也房公以前尚多缺焉先儒有言師道立則善人多諸先生皆振鐸一方者也訑文訑質學士大夫歷歷能言之誰謂位卑無傳耶周先生啟元曹先生之棟皆吾黃產也余少猶及見之其稱良師也宜哉

明

訓導

鍾令　高安舉人　　侯玄　五河人俱景泰中
楊孜　彭山人　　胡永秀　內江舉人俱天順中
王璉　涪州舉人　　劉寬　嘉定人
周尚元　永州人　　王翼　太倉人
唐瑾　浮梁人　　劉遜　巢縣人俱成化中
劉濟　望安福舉人　　章越　貴州舉人
黃啓　確山人　　朱銘　衢州人俱弘治中
徐鐸　金谿人　　于銓　雲南舉人

王文英 長壽人　梁 滄 平南人俱正德中
蘇世顯 晉江人　王 球 高安人
蔣 燧 平樂人　劉邦輝 信豐人
康 進 新野人　高 魁 內江人
李文卿 建昌人　王伯爵 未詳
韓 元 金縣人　朱邦賓 未詳
李崇德 晉寧人　楊 錦 崇仁人
徐 式 關縣人　徐正言 資縣人俱嘉靖中

趙承恩 成都人　王之範 成都人
黃 流 邛州人　冉德寧 東鄉人俱嘉靖中
連 栢 禹州人　谷 乾 臨潁人
莊 誠 成都舉人　傅 賓 鄖縣人
孫 瑞 漢陽人　李大剛 青軍衛人
高 栢 黃岡人　陳廷枰 柳州人
陳 咸 湘鄉人　劉起嶒 巴縣人
郇弘宇 德安人　彭之年 衡陽人

曹國用 臨武人　支可久 茂州衛人俱萬曆中
孫可敬 嘉魚貢　危文奎 衡陽貢
喬沖霄 河南貢　周尚文 京山貢
呂儀鳳 雲南貢　郭時卓 郴州貢
賈文明 襄陽貢　高應甲 河南貢
周應祥 南漳貢　趙居仁 長沙貢
宋一本 陝西貢　易具堯 華容貢
崔連貴 河南人　朱以瑚 潛江貢

孫述曾 貴州貢　蔣毓德 遼東蓋州衛貢
曹以棟 黃州貢　胡永賓 永州貢

國朝訓導

歐易任 黃州貢　楊另闢 鍾祥貢
孫錫蕃 黃岡貢陞遵化縣知縣公安邑志始脩於房梁二廣均重脩於袁中郎兵燹以後隻字無存適奉督學王公發祥命脩輯縣志博蒐廣採搆茲厥成

孫復菴曰先王廣厲學宮博設師儒所以隆教事也故諭一而訓則視其學爲多寡焉自師道衰人溺其職矣公安舊二訓而裁其一今又議裁僅留教諭余爲訓五年幸以還忝此後尚不知得幾人焉自儒學外其諸爲縣屬者曰孱陵驛孫黄驛民安驛驛有丞曰陰陽學醫學學有訓術訓科曰僧會司僧會道會司道會以其冗雜郡邑兼例不收故不載

公安縣志書卷十

黄岡孫錫蕃斐臣　蒐著
霑化蘇本眉鮅浦　訂定
公安田夢張月庶　編輯

名宦

古之宦於一方者非以爲家也而民之奉其賢者如奉其祖禰焉安在古今人之不相及也考之祀典有功於民則祀之以死勤事則

祀之能禦大災捍大患則祀之以彼諸君子或以文毋或以師保彰志貞教則有沒世不忘者矣俎豆馨香豈有濫焉志名宦

後漢軍師别駕

諸葛亮　殷觀

龐統　法正

三國吳南郡太守

周瑜　諸葛瑾

吕蒙　周胤
鍾離牧
晉内史
應詹　夏侯承
王矩　桓石虔
鄗銓　謝純
王裕之　卓育主簿
宋内史

王景文　桓範之
竺超民　宋藏
庾黔婁令　劉坦
周敷南平鎮軍主
梁内史
王褒　賀革
陳刺史
陸子隆　吳明徹

孫陽　樊毅
樊猛　陳慧紀
陳叔堅　陸子才守
唐邑令
王籍　周通
宋知縣
謝炎　張戩
程千秋　黄注簿

王彦安撫使者　解潛
孟珙京湖制置大使
元尹
薛文諒　毛好義
張元愷　朱顥文
禿忽赤監　只兒哈郎監
劉讓簿　宋廷儒尉
文子璋提舉司　廉希憲中書平章政事

阿里海牙楚國武定公

明知縣

許德洪武元年授任有明公安第一知縣也邑舊染元習勵精為治一洗從前之俗彬彬文治自公始也

鮑綸舒城人永樂中來宰是邑病民必涉也建鎮安橋民至今利賴之其奸剔弊治稱神明焉

俞雍正統六年由武監監生授公安令建三穴萬港湖尾浮盆黃溪諸橋力不困而民不病百世賴之考之邑記曰觀諸津梁之上俞公可謂勤矣公之料理如櫛之於髮雖荒村僻壤皆公精神也循吏哉

楊雲才臨桂人萬曆四年由舉人授任公見邑濱江衝城堤奔潰謂地據江下流澎湃之險上游門户周爰度基於城南新築中隄綿亘一十三里邑人利賴咸德侯績合稱曰楊公隄薦紳士民常訊於侯曰邑數罹於江請卜善地而遷焉侯行視太城一里而近地曰椒園者有荊江長流迴繞東西河環而伺之斗湖白蓮諸水曲曲盤抱足稱秀傑公安人文蔚起端必賴此志未伸會侯以考績卓異行取去邑人每思之不忘云

錢胤選慈谿人舉鄉試萬曆三十二年履任

建橋於學宮之東名曰東壁橋濬石浦河故道甃石為之與楊公隄脉絡相貫公憫邑乘殘缺摟緝往事幣聘有加敦請中郎袁先生重修之居三載文治惠政今父老能言之

高鳳翔江南金壇人天啓七年由進士履任值崇禎改元戊辰公安災火竟晝夜城內外民居及官署廟祠城樓皆燬是日天晦暗無色烈風颼忽男女煨燼者七百餘口邑中故

老傅爲興災乇侍御羽建以其事聞於朝請
遷城邑公集士庶謀遷椒園如楊侯議鳩工
興事城垣公署學宮不四月告成民樂寧上
焉
朱希萊福建晉江人舉進士第崇禎七年授
任多惠政尤加意人才故培植學校爲多邑
中由童子試以文章著名者如已卯袁公嵩
年壬午爲公重望馬公芝甲午李公叐松皆

手植桃李也諸所迪翼者數十年未艾云
張大韶廣東樂昌人舉鄉試崇禎九年履任
明年丁丑錦衣衛卿公之有疏請遷城視家
岡公與父老議建城署立學宮未畢事以任
滿擢官太卿公復請於上留任三年邑人愛
戴不忘
趙繼鼎江南武進人舉進士第崇禎十二年
任邑令時城邑再遷公私赤立公念民力衰
疲罷土木之役凡南充諸賦稅就油江舊署
董理從民水運稱便
明教諭
房陵南昌人舉鄉試吾屬文正統間爲公安
教諭倡明理學刻循邑乘有功臺使累薦尋
以内名擢官翰林院檢討
院禮山陰人正統間任教諭適縣令俞公建
三六橋崇倚弘整為諸橋之最俞公易其額

曰大平橋公為銘曰影横星月卧偃蒼龍七
門洞達鉅流莫衝書法遒勁奕世宗之公舊
有詩歌古文行於世迄今猶傳不絕云
梁善臨川人成化中由舉人任教諭取房公
舊志增修之公饒才思有文藻邑學士取以
配房公不愧焉
周啟元黃州人天啓丁卯舉鄉試第五人教
諭公安以文章迪翼諸生故及公門者多先

後捷太後以臺使薦擢山東高苑縣知縣會
青齊中兵禍高苑固下邑陴垣孤淺賊陷城
公從容著朱衣坐堂上厲聲駡賊而死

明 訓導

曹之棟黄州人領諸生中以歲薦司公安邑
訓公爲諸生最久博學多聞著述甚富梓有
四書講意及文集行世與易義侯先生爲莫
逆交故吳中名士多以前輩嚴事之其訓公

安人士每以古道爲先恒言及忠義孝節事
抵掌不倦以故邑人多思之

明 監司

周應中浙江會稽人由進士歷官湖廣兵巡
道下車未浹月威惠大行聞邑大成殿敝即
與前分守梁公捐貲撤而新之邑人感公德
祠祀公於學宫之左事詳中郎先生記中
梁雲龍廣東瓊山人由進士歷官湖廣分守
道公行縣至公安見學宫傾圯慨然出俸鏹
新之每至邑則進諸生徒告以聖賢微旨已
又出書傳若干多先儒所未發邑士民佩公
教爭請祠祀公邑中知有聖學蓋自公始中
郎記中比之羊叔子焉

清 知縣

衛戴天遼東人順治八年由滿洲貢士授任
是時荊湖初定公安草萊四塞公下車招緝
流移户口漸增當畝成畬三年間清逋租三
千有奇邑有奸人謀禍紳衿咸危之公預摘
發邑人安堵及公去而民思之不置焉

孫復菴曰名宦之不以左公也懼褻也故首
武鄉侯焉侯之在公安從事未久也邑人思
之不異益州焉賢者之入人深也千百年間
山高水長閒孱陵之墟尚有奇詭泚筏如吳
下阿蒙者乎抑公瑾風流猶有存焉者也若

吳明徹之志未伸孟忠襄之討不就余愀焉悲之矣每俯仰几筵間諸君子皆邦家之基也廟食百世明德遠矣余司邑祠得以竊下風未嘗不近視房梁而願效執鞭也

鄉賢

崇祀之典惟鄉賢最重蓋以後儒而俎豆乎先聖賢之列非德崇業脩言坊行表曷以稱焉明世廟間典禮大議猶且黜申黨以下吳

澂以上十四人而罷祀蓋其愼也邑叨曠典者遂二十七人而後先之毛公羽健龔公世法侯公偉時袁公彭年等皆有當於行舉言揚之實者也固有俟乎當代君子賜之華袞以爲隱德幽光傳不朽盛事焉志鄉賢

明

王恂有傳　王軾有傳

王貢有傳　何䱝有傳

何珊有傳　鄒文盛有傳

李台有傳　咼校有傳

龔大器嘉靖丙辰進士官河南布政　咼文美有傳

袁士瑜有傳　袁宗道有傳

袁宏道有傳　侯一定有傳

袁中道有傳　蕭九疇毅中父以子貴得封

熊膏萬曆丙子經魁癸丑進士歷官江西巡撫南贛右副都御史

蕭毅中有傳　龐瑜有傳

王格有傳　袁祈年有傳

李守約有傳　咼文光有傳

咼邦永有傳　咼邦久有傳

李清萬曆中貢龍陽縣學教諭　侯偉時有傳

孫復菴曰鄉賢之祀於學宮也蓋釋奠禮畢主者更衣而出質明而行事於戟門之外焉余觀公邑二十七人經濟文章廉孝節義其眞古之鄉先生沒而可祀於社者歟

公安縣志書卷十一

黄岡孫錫蕃韭臣　蒐著
公安禹重望仲達　訂定
黄岡萬年鼎剡峰　編緝

列傳

傳以垂久非得之書册與傳聞而析衷焉未爲信史也邑内德里名賢甲於江之南北然陵谷數易文獻寖湮毎多存其名而莫致其

實載其畧而不獲其詳者安敢臆爲傳記也故信者闡之疑者闕之使後之君子得以推而覽焉補而輯焉誌列傳

王恂

公諱恂字伯宣公安人宋侍郎王邦直之裔永樂辛丑舉進士第官翰林院爲英宗侍講以本官兼大理丞從征黔中凱旋有白雀數千飛輿前數十日不離偶止一處往覘之則白骨也公焚而瘞之餘一雀隨至家止園中三年而去公還自黔復官翰林院轉國子監祭酒賜書賜第及卒勑遣禮部侍郎薩奇諭祭命有司治葬事公有詩集行於世邑人請於學使者以鄉賢祀祠中黔人亦以祀名宦祠舊有奉祀一人　國朝仍存祀典

王軾

公諱軾字用敬三湖其别號也公安人少時傳

遇邑儒許以國器十六歲爲邑諸生天順壬午舉於鄉明年會試塲屋火又明年甲申成進士授大理寺評事恤刑四川多所平反値蜀中告變即陞兵備道僉事督兵事事平晉四川按察司副使兼布政司叅議以論陳敏政黨題有執洛名廷推大理寺少卿公執洛如故隨授節鉞開府遼東轉南京操江都御史晉戶部左侍郎尋晉戶部尚書復遷南京兵部尚書叅賛機務

値貴州土司末魯以爭廕謀叛殺三司方面官擄去鎮守太監廷議討之難其人上曰非王軾不克是任時柄臣有以非本兵阻者上決意用公曰才能之臣奚必本兵於是以南京兵部尚書兼北都察院御史往貴州督八路之師進討絕賊糧道遂生擒末魯餘黨咸伏誅取還鎮守太監計斬首一萬九千級取還掠去男婦四千有奇五月凱旋獻俘上大悅論封賜以伯爵公

固辭不受賜麒麟服玉帶世廕錦衣衛官一員方討賊時以冒山瘴染疾旋乞休歸里屢疏不允特賜璽藥疏七上始允奏賜敕馳驛還鄉歲給月米人夫時加存問訃聞差湖廣左布政華嵩等諭祭七壇復差工部主事姜桂治葬事加贈太保謚襄簡王弇州云我朝南無北衛者惟公安之王襄簡乎議者以配華容劉忠宣不虛矣明入祀鄉賢祠　國朝仍存祀典

王　貢

公諱貢字獻明襄簡公軾長子也襄簡公年二十四即筮仕公方七歲即克侍慈闈太夫人病公憂不食而體漸癯羸俟太夫人病愈公始愈同諸弟勉於學成化甲午秋三弟贊年十七舉於鄉公益自奮讀書不輟成化庚子舉鄉闈襄簡公因程敏政事執法大峻多飲憾者故示二子勿上公車公廼以舉人就選授四川江津縣

知縣有政聲縣有一乳三子麥生二穗之瑞後以輿論祀鄉賢祠中　國朝仍存祀典

何　鰉

公諱鰉字太古明初舉人何永壽之孫成化癸卯科舉鄉試謁選授南直睢寧縣知縣時旱久不雨麥禾咸枯公披髮徒跣齋宿於城隍廟晝夜以身禱飲水茹木果誓不雨不火食果大雨三日遠近霑足麥每一秀三穗巡按御史陳公

特疏奏薦應擢還士民赴撫按泣請留公睢寧又數年南畿蝗邳徐蔽野獨不入睢寧而境內之牛且多產雙犢滿九載當徙去百姓建祠祀之刻有三大異政詩集若干篇御史疏請褒賞奉旨何鼐爲循良報最允堪大用暫留戶部辦事尋以疾告歸世廟御筆賜書曰賜犢歸莊舊祀睢寧名宦又以鄉賢祀公安　國朝仍存祀典

鄒文盛

公諱文盛字[redacted]號黃山公安人生而端介美丰姿每出入人目屬之少爲諸生王襄簡公見而異之曰異時登我座者子也弘治癸丑成進士歷官兵部尚書正德十一年苗酋阿章阿倚等叛據香爐山僭王號朝廷屢討不克公受節往平之獲首逆餘悉縱之破寨之日不妄殺一人嘉靖戊子疏乞休三上得請賜勑歸田給月米役夫卒謚莊簡廕二子世百戶後入鄉賢奉祀　國朝仍存祀典

何珊

公諱珊字[redacted]號梅莊循吏鼐之次子也弘治癸丑科登進士由部郎陞四川叙瀘道會鄢藍兩逆倡亂川湖震騷公以地方官督勦卒擒二賊獻之奉旨加陞廣西布政賜正二品服俸卒入鄉賢廕一子入學春秋奉祀　國朝仍存祀典

王格

公諱格字麓田司成恂之曾孫世廟乙丣舉人授山東高唐州知州輕徭薄賦士民安之每祈禱輒應去之日州人勒石思焉陞江西南康府同知考濟廉第一轉貴州黎平府知府三任俱入名宦萬曆二十五年奉旨入鄉賢祠　國朝仍存祀典

伍文定

公諱文定字時泰公安籍松滋人石浦河李氏之甥也幼時常過石浦與羣兒戲迷失道至二聖寺寺僧先一夜夢伽藍云伍尚書將過此可善視之次晚李遣人覓得僧以夢告李因異之後登倫文叙榜進士以勘徐國公田忤逆瑾廷杖之嗣授吉安府知府宸濠叛王文成郎公謀起兵討賊濠平公功爲多尋以功爲都御史提

督川湖雲貴又陞兵部尚書卒謚忠襄鄉莊簡贈公詩有云石浦昔曾占宅相松滋今已破天荒蓋松滋故無甲第實自公始云

咼校

公諱校字育英幼讀書日記萬言肄業山齋中會大雨有巨鯉自齋中躍出公縱之巨壑有頃雷電大作遥望有上騰而化者鯉也公時十九歲登弘治戊午鄉薦郎力振古文辭爲公安古文之倡子文光孫邦承咸以文章世其家語具袁中郎馮氏家繩集叙內明季入鄉賢 國朝仍存祀典

李台

公諱台字星伯號午溪公安人父爲弘治辛酉舉人任江西新城令署連夜火柱礎俱焚越數日有鐵艘載白雞從地中湧出新城公冠帶焚香拜辭者三祝曰願得賢子孫畢矣富不願也

後一夕夢空中懸一版列姓名若仕籍者數人一人從旁語曰子所應有能再辭耶以是年生公於署中感前夢因以台名之嘉靖丁酉舉鄉薦第六人明年辛丑會南宮成進士除北部主事繼爲成都府知府遠近以廉稱值病劇檢囊中有積俸八百金疆趣命堂吏貯庫中捐修郡城曰家世清白不欲留此以辱吾先子也卒於署寢蜀人思之祀其事蜀志中公冢孫元學後

亦舉鄉闈第六人僉以爲天榜之驗云明崇祀
鄉賢祠中　國朝仍存祀典

咼文美

公諱文美字[redacted]號二峯公安人長身美髯亮
聲如鐘家世貧教授爲業被服儒素以孝謹稱
於時邑瀕江多水患族衆有逋賦者公自鬻腴
産代輸焉人多以是義之數奇不售以明經薦
任栗陽教諭栗陽故居江滸公講求屯田水利

等政士稱良師有子十人崇禎壬午三世孫重
望登賢書順治戊戌四世孫正儀成進士人以
爲積德之報焉明季祀鄉賢　國朝仍存祀典

袁士瑜

公諱士瑜字[redacted]公安人年十五郎冠童子試
爲諸生試冠其曹屢中副車萬曆己卯長子宗
道魁於鄉又七年丙戌宗道試南宮第一人官
翰林又六年壬辰次子宏道成進士己丑覃恩
勅封公翰林院編脩宏道官儀曹進封禮部儀
制司主事丙辰三子中道登進士第入南銓進
封公吏部文選司郎中恩榮駢錫公益恬淡自
若鄉里中有賂以私者公塞耳謝之曰以一經
傳家不亦厚乎所著有四書海蠡篇行世冢孫
祈年天啓甲子舉人彭年崇禎甲戌進士官給
事中嵩年崇禎己卯舉入文章風雅後先一轍
皆公所遺也明崇祀鄉賢　國朝仍存祀典

李守約

公諱守約字道宇萬曆丁丑進士曆官南直隸
安慶府知府爲南太常寺正卿太常爲閒曹禮
樂是司公常考典禮明祀事終其身以冰蘗自
命一時同官者以公故相勵清節卒之日貧幾
不克具殮迄今子若孫家徒壁立非所稱廉吏
可爲而不可爲與壬午督學高公以公舉入公
鄉賢祀焉　國朝仍存祀典

袁宗道

公本姓元諱宗道字伯脩別號玉蟠一號石浦士瑜長子也生而穎敏嘗嬉戲入學宮曰吾終當俎豆此間年十二應童子試督學金公一見奇之曰子當大魁天下但姓同勝國號恐不利首榜吾爲子更之遂易元爲袁萬曆己卯舉鄉試第八人旹年十九明年上公車以曹太安人病回里未就春官試與弟宏道中道肄業於荷

葉山房取歷科元墨方幅而鑑遇之戞戞然以第一人自命丙戌遂冠南宮爲舉首殿策已擬一甲時方羣吠江陵故相疑公鄉人改二甲首由庶常授編脩冊封楚藩入侍東宮講讀是時國本初定輔導乏人公啓沃講筵四年惟謹陞右春防右庶子戊戌分較會闈取張經世等二十人咸一時名宿也庚子以疾終京邸囊橐瀟然鬻一居第爲歸櫬費光宗即位念公昔侍講

讀有勞贈詹事府少詹賜祭葬廕卹有加公生平勤於學古人中尤喜白香山蘇和仲兩公所著有白蘇齋文集二十卷行世明舊崇祀鄉賢

國朝仍存祀典

袁宏道

公諱宏道字中郎號石公宗道次弟萬曆戊子舉鄉試又四年壬辰成進士授吳縣知縣陞禮部主事改官吏部己酉典秦中試進驗封司郎

中庚戌請假歸里即以是年九月卒年僅四十有二公少負才敏每以長蘇自命創意爲文援筆立就縱送恣宕致趣天嫺一洗詰曲豆飣之習爲吳縣日倡爲觴咏遍排名流歷詆往哲舉當世所奉盤帨而揷騷壇者悉掊而仆之雖衆怒弗忌也在陝闈中手合諸卷而甲乙之方分授各房司較丹鉛焉是科秦中獲雋爲多所著有錦帆解脫集及敝篋瓶史廣莊諸集行世公

舊有公安志燬於火人咸惜之曾長后云中郎爲子瞻後身迺子瞻不能作三國史而中郎爲一邑志豈隔世精靈有增益其所未備耶艾千子謂以文爲戲坡公不免作俑而袁中郎爲甚語雖有閒而中郎之爲子瞻無疑矣獨異其寄趣聲色寘心宗典豈彼法中所謂慧業文人應生天上耶竟陵鍾子曰當天下步趨于鱗時而中郎力排之非惡于鱗也惡其人人而爲于鱗

也人人而爲于鱗及使于鱗精神面目不顯於天下李氏功臣誰有如中郎者哉是可以解語中郎之好爲難首者公有子彭年崇禎甲戌進士官禮科給事中公舊祀鄉中名宦明季祀公安鄉賢　國朝仍存祀典

袁中道

公諱中道字小脩號柴紫居士宗道宏道弟也幼負奇氣年十餘歲隨兄宗道官京師即以文章知名多海內長者交公以兩兄皆少成進士益自信功名可立致不意屢試輒蹶居恒鬱鬱不自得遂放浪詩酒或歌呼起舞燃膏數千言且博綜羣書雖稗官野乘山經海誌醫卜星律靡不究極再隨兄册封入都門遂游成均爲國子生庚子伯兄玉蟠先生亡公扶櫬歸悲不自勝萬曆癸丑應順天鄉試舉北闈第三人海內耳公名久以爲老師期儒不知年甫三十有三

壯也太保畢公督師寧夏迎致公幕帷謀公以野服入幕指畫山川時事籌無遺策公數覲公車遂絕意進取擇於堆藍山下構柴紫菴自歸爲及仲兄中郎再逝公懼門祚衰落丙辰復上春官是年成進士辭不爲令改授徽州府學教授陞國子監博士轉儀曹又轉南銓部爲選郎歷官十餘年淡如也熹宗甲子公子祈年姪彭年同舉鄉闈公曰可以隱矣遂請告僑寓金陵

悟釋典建石頭菴為終老計歲丙寅端坐而逝年五十七著有珂雪齋內集五十卷外集三十卷一時為禪學者多謂公為禪定云明季崇祀鄉賢　國朝仍存祀典

咼文光邦永

公諱文光字[redacted]號襄谷孝廉校之子也甫一歲而孤知讀書即奮志攻苦精詩賦家言萬曆戊子舉鄉試為四川巴縣知縣逾一歲即告歸

益工詩古文辭不與世事子邦永號又谷食餼諸生中通諸經史學王疇先生嘗從受一經執弟子禮後登鄉闈授吳川令亦以逾年解綬吟咏風雨不絕郡守熊元明先生博興人也嘗訪公叩以牡丹故實熊得九十公口陳百五十餘條袁孝廉聞而往叩之為歷舉其出於某書第幾篇幾行以對袁中郎以為咼氏世業有過人者亶不虛云明季崇祀鄉賢　國朝仍存祀典

侯一定

公諱一定字豫亭號玉廷公安人萬曆乙酉舉鄉闈丙午任應城教諭陞廣東新寧縣知縣以內艱歸服闋補四川羅江令政清刑平三載不取粒絲寒月不能具服衣葛衣視事見者疑為矯廉久益信之以疾告歸公子偉時以進士仕工部典蜀試羅士庶見泣下請書公名宦碑焉明季督學高公檄祀公鄉賢　國朝仍存祀典

蕭毅中

公諱毅中字元衡公安人萬曆癸卯舉鄉試丁未成進士榜未發夢漢壯繆侯錫以佩劍已而授江西安福縣知縣以廉平著薦剡授監察御史疏忤魏璫詆罪免官歸里崇禎初復原官歷任南贛巡撫右僉都御史墨吏望風解綬卒以疾卒於官邑人思其節槩祀鄉賢祠　國朝仍存祀典

李開美

公諱開美字秋實公安人少以孝友著稱弱冠與復井劉公王蟠袁公游每過名勝古蹟輒為之記故少時紀傳及贈答詩為多嘗詣宣城謁瞑菴湯先生稱及門士後游國學天啓辛酉始舉京闈鄉書謁選授四川郫縣知縣治官五載多所裨益教民以節儉為先人稱為儒雅吏歷任壽州知州未幾告歸舟中自咏曰五年作吏

腰千折萬里歸來鶴一雙卒年七十六著有治略詩文諸集行於世

李濟

公諱清字[redacted]幼而失怙事節母田氏以孝聞敬養三十餘年妻孥皆化之與兄濤友愛尤篤終其身共居合爨無幾微見顏色積學力行屢舉不售萬曆中以明經薦授龍陽縣學訓導龍陽故荒僻邑公力振古學介然以身為士範五載卒於學舍貧無以為殮龍士悲之共斂之扶櫬歸後以輿論從祀鄉賢

毛羽健

公諱羽健字犍卿別號芝田公安人生而饒異質嘗書齋午寐夢關壯繆侯飲以墨瀋一甌覺而舌端有墨顏吐之果墨瀋也由是文思益進天啓辛酉舉鄉試明年壬戌捷南宮授蜀之巴縣令巴民德之建祠以祀公入為雲南道監察

御史以爭阮大鋮營復用事忤當事意思借端去之先是罪督袁崇煥畜逆謀偽為旨賺毛帥殺之故以邊事欺上飾為自任狀數反掌公具疏難之及崇煥言不售邊事大壞奸謀盡露抵極刑死人謂公言驗當大用忌公者以公前疏隱為崇煥地論繫公獄中會上悟得釋歸里後以論薦許起用值流寇中楚中公走鄂岳與梟司李公乾德乘城守李故公門人上封事著公

守城功公竟以疾卒嗚呼才足濟時其施不究悲夫

龔世淦

公諱世淦字竹山別號蒼嶼公安人四歲而孤事孀母有孝名讀書刻苦自勵不欲作一循人語名曰鵲起萬曆丙午薦賢書又七年癸丑成進士謁選授行人司行人冊封榮藩又冊封楚藩簡命不啻二藩皆以疏聞上擢吏部稽勳司

主事歷轉文選郎中主選衡五載選淦清通咸稱不滯崇禎已卯秋以疾捐館舍時楚撫方內除督師特具疏請䘏公入以寇氛未靖為憾里人恒稱公不衰也

李學元

公諱學元字存齋太守台之孫也生而舉止端莊如成人狀幼有學名與一時名士中郎小脩輩爲六人社咸先後得售谷公中萬曆庚子鄉闈第六人屢舉春官不第以副榜謁選高等授北直隸晉州知州以艱歸服除再補山東高唐州知州是時蓮妖煽亂曹濮間洶洶無寧宇公嚴守禦保孤城卒擒賊渠不自言功當事者交章薦上擬內台會魏璫私人陳九疇為御史按山左以大洪楊公故惡楚人謀逐公以逞公亦不自為地璫敗迺起公授廣東惠州司李公讞決明允會海寇起兩粵震索撫臣王公尊德以

公前有禦蓮妖功委同肇慶陶推官往撫之陶以不勝任辭公單車入賊壘委曲諭之因而進勦劉香老李魁寇惠潮悉平南粵以安偶惠屬興寧縣有孽宦激變嘯聚者數萬人撫按以其事聞於朝委公招撫公馳往諭以禍福衆皆伏地泣下請宥公還衆更鑲萬金為獻公悉貯之庫中疏聞上公嘗查盤潮肇兩郡多所平反活死囚二十八人著有矜情錄傳嶺南上官數薦

公會公以目疾乞歸郡人留之不可建祠祀之公歸數年有異人以針術痊其兩目遂工導引法壬午冬闖賊犯楚中公憤恚而死至今人猶念公不絕也

馮邦久

公諱邦久號楚蘭廣文先生文美之第九子也先生素教子嚴有不如旨輒朴之每諸子皆散惟公啣淚不忍去以是先生於十子中篤愛之

遭世不偶無所成名自惜其才與世違益篤志古學串羅經史抉幽通微搜集人間未見書而讀之雖世稱淹貫家弗逮也嘗北走都門授禮部儒士公安令長每重公名咸致禮焉公嘗以歐陽崇公治獄事教其家以爲文忠之生也有自性好施與歲甲子大雨雪公爲粥飯飤人又嘗焚券施棺里人至今能道之卒年八十有四子奎望崇禎壬午舉人有父風孫正儀爲順治戊戌進士能光祖德焉

龐瑜

公諱瑜字堅白公安人天啟間由明經任京山學教諭癸酉秋以撫按會薦陞陝西崇信縣知縣明年流寇至公與鄉官米弦纓城自守寇數攻不克是年九月援絕力竭城遂破公端坐堂上罵賊而死巡撫陸公疏題廕卹得旨贈公固原州知州廕一子入監邑人大公之節也請入

鄉賢祠祀之　國朝仍存祀典

袁祈年

公諱祈年字田祖别號未央叅奥宗道之嗣子也太史無子公生父南銓公命公奉太史祀事年十五爲邑茂才能詩爲古文章卓然成一家言性喜施與嘗賚嬬嫠之無力者有一典史之蜀任舟行遇盜行李罄空憑文俱失沿江哭訴公與以資斧又爲言於縣若府俾齎印文往

寄蜀中上官相知者書俱道其情嘗往南都省
吏部公時弟海年方逝公禱於古先佛寺僧曰
何求公曰余嗣伯父有母弟夭死家大人欲以
余長嗣嗣弟余意嗣國孫也及家大人未老願
祈一弟以慰親心僧曰老衲七十餘矣未見有
祈弟者存此一念當不負血誠也吏部公卒於
客邸公謂長孫貽矣既嗣海年即以吏部遺資
奉生母曰兒祈年但乞得大人一身不敢復得

大人一紙事嗣母生母諸庶母咸以孝聞先宗
立公為太史請卹典以蔭入監天啟甲子試順
天舉亞魁辛未會闈文甚佳以犯諱不售定興
相撫卷惜者久之己卯以病卒年四十九鄉人
念公純孝夙負文章名私謚為文孝先生請於
學使者祀公鄉賢祠所著有梅花輿集南游草
共二十卷行世　國朝仍存祀典

庚偉時

公諱偉時字今丘羅江令一定之第四子羅江
公自蜀歸橐不名一錢公自幼食淡攻苦日孳
孳求所以副先人意年雖少已嶄然見頭角每
試輒弁其曹偶崇禎初以恩選爲貢士庚午舉
於鄉明年辛未捷南宫成進士授廣東陽江縣
知縣廉平有羅江遺風薦剡數上入為工部主
事壬午御命典蜀試所收皆知名士還北都官
吏部驗封司主事值逆闖陷京師時傳入主已

出南幸公披緇脫歸歷青淄道豫章走衡湘間
聞貴陽擁立當事權獰偉與諸君子角江以南
沸羹爭立公口嘻先晚矣會恭順王督兵牧楚
聞公名延致公麾下公長揖不屈餌以官不應
惟曰吏部久應死矣從容就義恭順王嘉其節
禮葬之公先家益落里人悲之請於學使者奉
主鄉賢祠祀焉嘗矣

鄉之有

公諱之有字[redacted]莊簡公文盛之裔孫也莊簡
公於康陵間平叛苗有功予世廕二公其一也
生而倜儻有大志少以補祖廕至京時魏璫擅
大權公不欲仕值崇禎帝在信邸亦惡逆璫焰
而不得行其志公以列校百戶得見信邸中有
所陳說帝悅之於是習見歡甚及熹廟崩無子
帝踐大位思公求百戶姓鄒者而忘其名索見
不得求之益急羣下惶劇中以公名進帝大悅

一見如舊時予官錦衣衛管衛事歷轉都督同
知陞後軍都督府左都督提督東司房官旗辦
事加太子太保錦衣衛掌衛事先公未顯時邑
薦紳先生謀移城事議不及公公心恚之及城
椒園甫次第就公獨建議復遷祝家岡具疏上
之上急報可又二年公憤大工不竣再為疏催
其成上為嚴旨鳩工刻日報完於是百堵興奐
公疏初上時人見為違羣議廢成謀民力歷焉
多囁嚅屬公及城成民樂安止方服公之議矣
之益思公不絕云公卒於崇禎末年未幾獻賊
亂楚中湖南數苦焉人多服公先見也

孫復菴曰余詢諸君子列傳每過其丘里而
訪其子孫多弗悉者蓋經廢興兵火乘籍淪
亡欲問其當年行事而遺老盡矣即得一二
傳聞間言不雅馴而入異其辭弗可述焉如
三袁先生固近時表表入群者而考其家乘

猶多殘缺失次況其遠焉者乎余詳司成王
公而下及襄簡莊簡二十九君子詮而次之
典以質矣獨悲龔公大器熊公膺蕭公九疇
毛公廷爵皆俎豆入聞者也求其一言一行
而不可得今獨存其名焉已余何敢臆為傳
記也惜哉

附

毛公生傳

公諱壽登號廓菴公安之世家也幼讀書日記萬言倜儻有大志崇禎八年上念明經不適於用特命按臣分塲較天下貢儁諸生如大比例拔選其後以聞公名在選中值荆湖寇亂公率義兵城守又數年與闔部堵公諱胤錫者有昔賢鎮江脫難之風至鼎革公齎志不就間關湖南屢阨於險頓而復起以為所欲為

朝廷詔諭數下公不得已束甲以歸天子念公遠來且久知公才因受山東按察司僉事銜駐天津衛任海防道天津固畿南重鎮也運河逶迤南北維舟甚夥無不寘稱毛公云

孫復菴曰余往訓公安時聞毛公為邑豪士而人多諱言以蓋公尚播越滇黔閒也後余令畿輔時遇有公舊同官予言公事甚悉蓋以不識公為憾需化丞津不五百里而不能一見公徒附之歎思已也

公安縣志書卷十二

黃岡孫錫蕃柴臣　蒐著
漢陽吳正治賡菴　訂定
黃岡汪煉南千頃　編輯

選舉

邑梗柟不足而蒲柳有餘譬諸丘陵登高而望則爲平地立窪澤者猶見其巋然也取邑之人文與海內較盛者不能當一家而劣者

猶可壓數郡也志選舉

宋

張景字晦之公安人少從河東柳開遊悉出家書畀之嗜學益力眞宗詔有司計偕天下士景居首列調館陶簿坐累謫全州尋爲房襄二州文學參軍陳堯咨知其才薦爲寶應簿淮島僞雄馮戾峨丞景剪除之後通理眞州事常名見上問曰卿荆州有何勝對曰兩

岸綠楊遮虎渡一灣芳草護龍州又問所食
何物曰新粟米炊魚子飯嫩東瓜煮鱉裙羹
天禧二年卒所著有洪範王霸數十篇廣輿
志以景為隱士仁宗時人称未見國史耶
王邦直官侍郎公安人

明進士

李本
李鳳

李長春公安人四川籍俱洪武中進士
張斌永樂戊戌進士官福建道御史
王必寧永樂辛丑進士
王恂永樂辛丑進士官國子監祭酒
王軾天順甲申進士官兵部尚書謚襄簡
李芳天順甲申進士官侍御以言事謫外
終湖州府同知
陝茂天順甲申進士官參政

何珊弘治癸丑進士官廣西布政
鄒文盛弘治癸丑進士官兵部尚書謚莊簡
李台嘉靖辛丑進士官成都知府
龔大器嘉靖丙辰進士官河南布政
周良臣嘉靖乙丑進士官戶科給事中
劉珠隆慶己未進士
李守約萬曆丁丑進士官南太常寺少卿
龔仲慶萬曆庚辰進士官山西道御史

袁宗道萬曆己卯亞魁丙戌會元官少詹晉
禮部侍郎賜葬祭廕祀鄉賢
袁宏道萬曆戊子鄉試壬辰進士官吏部驗
封司郎中祀吳縣名宦公安鄉賢
袁中道萬曆癸卯順天經魁丙辰進士官吏
部文選司郎中祀鄉賢
蕭毅中萬曆癸卯鄉試丁未進士官江西南
贛巡撫右僉都御史

熊膏萬曆丙午經魁癸丑進士官江西南贛巡撫右副都御史

龔世浛萬曆丙午鄉試癸丑進士官吏部文選司郎中

毛廷爵未詳

毛羽健天啟辛酉鄉試壬戌進士官雲南道御史

侯偉時崇禎庚午鄉試辛未進士官吏部驗封司主事

袁彭年天啟甲子鄉試甲戌進士官禮科給事中

國朝進士

鄒養赤順治辛卯鄉試戊戌進士授山東壽光知縣

咼正儀順治甲午鄉試戊戌進士授河南南陽府推官

關以華順治丁酉鄉試戊戌進士授北直寶坻知縣

馬芝崇禎壬午鄉試己亥進士授陝西涇陽知縣

明舉人

何永壽洪武甲子鄉試

田文質洪武中鄉試官工部主事

宋文謙永樂中鄉試官監察御史

王贊成化甲午鄉試

王貢成化庚子鄉試官江津知縣

李茂成化中鄉試

何韡成化中鄉試官睢寧知縣

何璐弘治壬子鄉試

何怡弘治中鄉試官石埭知縣珊之子

李大本弘治辛酉鄉試

何俊未詳

何愷官沈丘知縣未詳科分

何恂未詳

咼校弘治戊午鄉試

王格嘉靖乙卯鄉試官貴州黎平知府

李　瑋嘉靖壬午鄉試官彭山知縣
龔仲敏萬曆癸酉鄉試官山西嵐縣知縣
禹文光萬曆戊子鄉試官四川巴縣知縣
禹邦永萬曆中鄉試官廣東吳川知縣
王承光萬曆壬午鄉試
侯一定萬曆乙酉鄉試官四川羅江知縣
龔世瀚萬曆戊子鄉試
曹邦台萬曆甲午經魁

鄒昌譽萬曆丁酉鄉試官戶部山東司郎中
李學元萬曆庚子亞魁官廣東惠州推官
袁履道萬曆庚子鄉試
袁致道萬曆庚子鄉試
李再白萬曆庚子鄉試官山東沂州知州
陝嗣宗萬曆癸卯經魁官山西道御史出授
山西督糧道
田于野萬曆丙午鄉試官北直定州知州

羅遇旦萬曆丙午鄉試
鄒得譽萬曆己酉鄉試官邵武知府陞鹽運
司運使
周世顯萬曆己酉鄉試
文希俊萬曆壬子鄉試官徽州府績溪知縣
龔家啓萬曆乙卯鄉試
李進卿萬曆戊午鄉試
李開美天啟辛酉順天鄉試官四川郫縣知

縣陞壽州知州
王嗣美天啟辛酉鄉試官廣西梧州推官
袁祈年天啟甲子順天鄉試
毛羽宸天啟甲子鄉試
戴名世天啟丁卯鄉試
張問明崇禎庚午亞魁
王錦心崇禎庚午鄉試
王彥之崇禎丙子鄉試

袁俊年崇禎己卯經魁

張正乾崇禎己卯亞魁

袁嵩年崇禎己卯鄉試

鄒國儀崇禎己卯鄉試

蕭子逵崇禎己卯鄉試

冉重望崇禎壬午鄉試

毛炳文崇禎壬午鄉試授浙江烏程知縣

陳冉中崇禎壬午鄉試授廣東保昌知縣

國朝舉人

龍之繩順治戊子鄉試授廣東徐聞知縣

李爻松順治甲午鄉試

陳士璉康熙癸卯鄉試

明貢士

袁安仁

祝莊臨

沈承寧

沈承恩

毛袍

毛燮

劉沬 原入鄉賢

蕭九疇 後以子貴封

冉文美由貢官溧陽教諭

李清萬曆中貢官龍陽縣教諭

毛壽登崇禎乙亥選貢官天津海防道僉事

毛炳繡崇禎己卯拔貢

尚養重

國朝貢

田鍾雨順治庚寅恩選官浙江衢州通判

陳信中順治辛卯正貢初授道州訓導陞選

長沙府湘鄉縣訓導

龔學洵順治癸巳正貢授蘄州訓導

周克爻順治乙未正貢授江南潛山知縣

周于文　順治丁酉恩貢授山西和順知縣
田夢張　順治丁酉正貢授岳州府訓導
龔家仁　順治己亥正貢
袁世維　順治辛丑正貢

明人才

祝　選　洪武中以人才薦仕至知府

孫復菴曰余志選舉而宋元間何其寥寥也唐以前無聞矣豈其時地無才耶抑亦文獻

無稽也吾觀張景而下九十餘人或以勳名或以節取文烏可使其無稱也

公安縣志書卷十三

黄岡孫錫蕃裴臣　覽著
同邑高思忠孝移　訂定
公安周克爰來公　編輯

風俗

言風俗者務張其井里而邑故樸鄙夫鄉人入市學爲雅談而俚益甚何則非其質也今畏夫張之而俚也寧質而已志風俗

士好讀古文辭爲文多自出機軸故有飣餖而無雷同亦有學爲詩者繼嘉隆間諸家習氣務爲精實而閒傷廉弱制舉業亦多出性靈但數十年來以宋儒爲腐今始潛心靜業於傳註

從前仕進者以貧相高以靜退相勗以克囊盈篋爲羞以求田問舍爲戒故有發身科甲而貧無擔石者相望邑人以爲常殊不怪也

民有耻負氣一朝入仕雖親故多不肯往或頰
往則鄉里叱笑之以為炎涼其人聞而慚恚
若大惡不可解至若郡邑有搆族黨雖貴有
力絶不相鬬寧負而受科不仰面也
舊志稱人性質樸知耻守廉今猶可得十之六
亦有青衿之徒烏衣之種外行鬼蜮内并犬
豕者此類僅一二見然親戚絶之隣里唾之
其人則喪耻矣而通國之耻耻者未喪也

俗尚農輕末雖士人亦勤播植至於糞灌耘插
皆躬自督之昔司徒鄒公巡撫貴州時寄子
書曰白蓮莊田縣中間了的糞着人早晚挑
運老農云潤一丈不若厚一尺觀公此帖雖
縉紳亦務力作也
佈種最早花朝以後即有下田者至五月望後
嘗新謂之凍粘農家以新之早晚爲勝負也
插秧多用女子男子止擊鼓按節或負擔下食

問之則曰手足鈍滯不如婦女之捷
鄉村多湖居民有湖業者秋冬之閒招諸漁户
聚族矢魚舴艋既集數罟齊張銀刀玉尺飛
舞水面鄉人好事者治酒具輕舠而逐之
婦女勤紡績布衣無華餙雖士紳家主婦皆躬
繅紡染湼以八百縷布爲上婚嫁皆用布亦
有躬蠶者爲瘦而蚕細絲亦生硬織爲土絹
亦有收敗繭爲紬者曰撚紬

俗儉薄不侈節候元旦舉家夙興各盛服祀神
男女序拜尊長已交拜男子出拜戚黨謂之
賀新婦女則否大約卯辰二時彼此拜望便
周
立春前一日邑大夫而下俱簪花盛服迎春東
郊鄗内外諸行户皆扮古今故事金綵爛爛
手執春條謂之迎春至日邑大夫率僚屬祀
芒神畢擊土牛而碎之謂之打春

元宵翦紙爲燈飾以五彩城市入家跨街爲棚
羅列星布士女縱觀花火徹曙
社日賽土神糵飲爲樂秋亦然鄉村皆行之
清明墓祭通貴賤皆往剪紙爲錢插於墓上士
紳家皆携具擇郊外開曠處席地而飲謂之
踏青
四月八日爲浴佛節
端午採艾懸於戶上取筍籜裹米爲角黍相餽

遺離置菖蒲雄黃於酒中飲之婦女佩艾符
小民競渡龍舟荆楚歲時記曰靈均死汨羅
日人傷其死幷將舟楫以拯之至今爲俗
六月六日沐頭晒衣
七夕治酒露坐徹夜謂之觀巧雲會
中元爲盂蘭盆會俗傳是月亡者當迎送錢割
豕通貴賤皆然晝室凜凜常若先鬼之至
中秋家家置酒果賞月

重九士紳携酒登高觴咏
臘八日送米於僧舍煮粥襍以棗栗胡桃白果
之屬入大鑊中煮之一鑊可飼千人謂之臘
八粥
臘月二十四日家家掃塵是夜命丁男祀竈
除日掃庭祀神換桃符門神寫春帖燃紙爆遠
近交應從此至元宵不絕
邑人最重擂茶以茶葉合芝蔴胡桃搗爲穰入

水煎之凡大小晏會皆先飲此故邑人呼巳
末午初爲擂茶時江陵人嘗笑曰一日十二
時貴邑獨閏其一何也問之則曰擂茶時也
冠禮間有行者俗以爲迂不重也
婚禮尚簡易初用釵釧茶禮問名男女家皆以
庚帖付媒妁謂之草茶次納采禮倍於前俗
謂之正茶此後有送鞋段及布疋者俗謂之
過麻最後舉納幣禮金玉釵飾羅綺之類皆

視家爲豐儉女家則為麻几箱籠車騎從侍中人之家大率具體亦有士紳遺形相與六禮俱闕徑行親迎者其初為雅俗共後則俚啇小人偕之以自文甚不可也

喪用文公家禮明季則遵會典盖會典無壓服無三殤臧等與家禮稍異

孫復菴曰古稱楚之人好奇服荆州一都會也而公安尚儉薄勤績紡户日再炊婚嫁常

禮而已烏覩所謂奇服者耶士雄文章郎機軸各出亦其性靈然也因而風會移焉矣

公安縣志書卷十四

黄岡孫錫蕃紫臣　蒐著
同邑王封濚慎菴　訂定
公安鄒養赤沐菴　編輯

流寓

避地避色賢者事也不又有以故而至止者乎孱陵今昔一勝區也覽德輝而下者不乏焉志流寓

劉璋字季玉承父焉業據蜀中建安十六年璋率步騎三萬往會昭烈主簿黄權諫不聽昭烈至遂出降昭烈遷璋於南郡之公安後孫權襲殺關羽復以璋爲益州牧駐秭歸卒

杜甫字子美襄陽人天寶間獻賦擢河西尉不拜改右衛率府曹參軍肅宗初羅賊亂走鳳翔上謁拜右拾遺出為華州司功參軍關輔饑棄官客秦州流落劒南依嚴武表為参謀

檢校工部員外郎武卒往來梓夔間下江陵容耒陽有移居公安諸詩

偰元理字[redacted]其先高昌人官江南因家公安元至正壬辰進士任御史僉江南湖北廉訪司事時郡縣皆八路遂假分司印徵兵屬郡未幾授嶺南參知政事兵潰一門死者過半元理終不屈自號安節先生終焉

陳昂字雲仲號白雲先生福建莆田黃石街人

也自隱於詩游衍所至人不知為何許人明萬曆間莆田中倭患先生携妻子入豫章織屨為食不給則繼之以卜已又至楚由江陵至公安居焉旋附僧舟傭爨入蜀至蜀亦傭於僧舍歷三峽陟劍門登峨嵋所傭僧輒死反自蜀寓江陵松滋公安巴陵諸處莫知其終

孫復菴曰劉季玉亡國主也然能遜昭烈而保身族少陵譽冠羣倫而窮亦奇晉公以節取焉曰雲先生何人而清風襲人骨耶又聞邑士云有莊先生者以盛德寓杜氏定育二子命後二子以進士成名其諱祖誨者猶以石郎過石浦故主人云巍源羅公贄亦以結社至羅雄文章充師多士南溟周先生潛江朱先生均以時賢塾於公安始亦附記焉

逸士

傍曰身將隱焉安用文為然獨行自命者氣充而華滋矣逃名而名隨亦達羽之儀也志逸士

成己字七洲少有奇氣家貧力學尤工於詩所著有七洲詩集明神宗時游京師介節自持江陵相國秉政七洲以詩賦遇客席不讓筵坐當事者叱折之不顧時高其氣骨

侯宗甫字八解著有五經訓解詩文極富王公

軺上其萬言策以博學稱官亦終不仕
孫復菴曰世謂史不志逸志逸自范史始然
孔子不論列逸民乎七洲有不降之風八觧
有中倫之義吾始表而出之以見其一班焉

殉難

生死之際古今難矣或以慷慨或以從容皆
其欲惡有甚於心者也賢者勿喪豈其然哉
志殉難

龐瑜由明經任陝西崇信縣知縣闖賊至城破
瑜珮印篆不屈罵賊而死
庾偉時事載列傳中臨難有詩詩載藝文志
孫復菴曰文皇之起北平也師稱靖難一个
忠臣九族殄矣後死寥寥多歸咎焉余謂其
人非也或記者之失實焉如龐庾兩公者不
稱義烈千秋哉讀書種子何常絕耶

孝子

孝爲行源聖人無加永言不匱奕世吁嗟志
孝子
余三以孝稱事關紀載尚存碑勒文不可讀至
今相傳有孝子崗
王嘉善八歲刲股事母里中以孝稱年少游泮
學使者屢行奬表
田垣字近微父寅山鄉飲賓也年九十六母夏
氏偕老公孝兩親內外無間言寅山老脫二

齒公禱於神齒復生以明經任河南獲嘉縣
訓導旋里帶牝馬與龍交產麟駒獨角鱗甲
有光生即能食金鐵人以爲孝感所致聞於
官一時異之後陞江西安遠縣知縣
侯章曄令丘先生之子也令丘多女獨產章曄
生而聰穎蒙引日除經書章句外每夕必將
古人佳言懿行詔誦數事令丘赴義衡湘間
章曄年方十齡俊偉多文藻恭順王撫愛甚

篤欲養爲子如同己出一日持肉一盤與之含淚不食問其故答曰旣殺吾父吾忍食殺父手中之肉哉恭順王知其志不可奪遂之莫知所終忠孝節烈萃於一門日月爭光矣

孫復菴曰事父而有孝名非人子之心也然至性所篤懿行以彰余過余孝子崗而悲孝子之事失傳也王子奇行弗可以訓近微事多異或純孝所感理宜有徵若侯童子事世

固弗忍言也而湘淚齎焉安不可列之明察之經也哉

列女

無非無儀維詩之訓自靖自矢芳名不隕志列女

胡氏太史王蟠袁二室年二十六太史公卒於京都誓死守節齋素祈佛撫諸子姪如己出家無間言列臺使旌其廬曰彤史頌芬

魏氏夫楊雲伯病以口受夫痰夫亡家貧鄉人勸其改適從容自縊而死

田氏縣令方　申表節母

侯氏縣令高　申表節母

劉氏令丘先生側室也癸未春自金陵侍令丘因其母適梓溪劉君故女以劉爲姓隨令丘赴都門遭逆闖陷沒令丘語劉曰社稷事重君父情急兒女子夙緣從此斷矣送之同年

某所以無負托身初意甫至門下輿厲聲曰若非侯君年講乎柰何以侯娶爲若室烈女不事二夫此何時而尚資色笑耶同年某窘縮無以應急還之劉語令丘曰君早自匿勉圖進取是所期爾君其封貯我一室中饑餓惟命毋復以妾爲念令丘如其言脫身潛匿劉自屢至領背以線縫帷謹自縊而死賊平之日鍼匠康仁甫黃岡人憫其節厚棺成禮

而瘞之仁甫備述其事於禹仲達與余俾爲
紀其始末云

張氏係許聘儒童毛璣者童而未婚璣亡遂矢
志靡它守節五十餘年壽至七十邑侯錢胤
選詳請表獎廬額屢題貞節

侯氏二令丘先生之次女也適本邑茂才田生
流寇犯村公姑皆惶怖莫措氏曰無憂我自
就擄闔室可全矣晚當尋我於紀湖之潭後

公姑果俱無恙翼日尋之湖濱不得公姑感
其義不忍置公遷五六日復泣覓湖側屍迺
冒水而出玉色如生鮮血自鼻出如泉

侯氏三氏江陵王生妻賊摟湖急義不受辱蹈
水自盡

龔氏禹公達之妻罹寇亂欲生脅爲婚以白刃
臨之抗志罵賊從容授首了無懼色

劉氏邑茂才禹脩儀之妻即龔氏子婦也見其
姑傾命抱姑頸而泣亦被及於姑軀之旁姑
媳雙節賊衆嘆息而去

毛氏本邑鄉賓田學謨之妻無子妾王氏生三
子鍾雨鍾霢鍾霖撫愛如己出鄉稱賢母乙
酉冬遇賊被執罵不絕口而死後鍾雨以貢
授衢州通判每言及母遇害事淚涕如霰

孫復菴曰溫陵李生讀唐貴梅傳謂詩書教
化徒以誑世婦人女子何知詩書而稱節烈

者勝男子焉此有激之談故不覺其偏也余
志公安十餘人雖非從事於詩書之林而一
種艱心苦行亦誰非父兄詩書之所訓夫姑
敎化之所澤也哉成之者性有由然矣

義民

末世競利此獨好義處嬉來嚷往之中而能
利物以和豈猶夫民也哉志義民

毛文廣輸粟二千石助邊後奉特旨建坊旌題

義相有孫以明經為廣文

孫復菴曰人謂輸粟亦平平事然世之有粟者不乏而何共輸者之少也卜式至性實有出人非覯御史大夫也若毛公者眞不可無傳

仙釋

邑中氣節則有蕭充御毛提卿諸公經濟則有王襄簡鄒莊簡諸公清操則有李午溪侯豫亭諸公循良則有王麓田何太古諸公文章則有三袁諸兄弟皆所謂長生不死之藥也雖然神農虞夏忽焉沒兮故受之以仙釋終焉志仙釋

回道人名岩即呂仙洞賓河東人兩舉進士不第遊廬山得異人長生訣多往來湘鄂中隱呂爲回柬滕宗諒守岳州嘗遇之岳陽樓自稱華州回道士宗諒密令畫工圖其像賦詩贈之大笑而別公安有濯足處在舊縣斗湖中湖水雖張而清秀傑出時有白鶴翔集其上

道安禪師東晉太和三年與遠師建寺於江濱額曰安遠詳二聖寺志中

慧遠禪師晉太和三年與安師偕來建寺名安遠即今二聖寺也

智顗禪師公安人父以益陽侯居公安遂為牛頭村陳氏隋開皇末年入先出家於南嶽悟道天臺旋里省親勅脩報本寺重理安遠寺傳燈錄及五燈混元記師所集小止觀廣行於世俱已入藏今稱智者禪師隱其顗諱也茅穗聖母塔是師之母塔也指茅為穗指河為油皆出禪師法語

二聖大聖青葉髻王二聖婁至德即西來二鄒行者語詳二聖寺志中

藏嶼禪師唐人刱建報慈寺者也
黃衣使者即杭州商人史清語詳二聖寺記
灰如和尚江西人白雲禪師高弟有語錄行世
余爲之序
孫復菴曰世多稱回道人事亦在在有之而
公安斗湖以濯足傳亦習聞者若也彌天道
安其爲鑿齒來耶遠公固遁跡廬山者翩聯
至止卓錫江滸當必有見懸記千年信歟否

歟智師固公安人迺故侯之子而又恭軍介
弟也油河苐穗堂其然哉豈其然哉灰如僧
則近時能自樹於彼法者余意欲其附見焉

公安縣志書卷十五

黃岡孫錫蕃棐臣 纂著
雷化范明徵仲亮 訂定
公安何其俊粹仲 編輯

藝文

詩無楚風而首二南二南固多江漢之聲也
寧獨靈均大夫辭賦懸日月耶騷子數言而
爲文王師左倚之儔繼起焉丘索墳典不猶

與耀耳目間乎夫言身之文也其人與骨皆
已朽矣其言存焉來者可附見也志藝文

移居公安山館 杜甫 唐人

南國晝多霧北風天正寒路危行木杪身遠宿
雲端山鬼吹燈滅廚人語夜闌雞鳴問前路世
亂敢求安

公安送韋二少府匡贊

逍遙公後世多賢送爾維舟惜別筵念我能書

數字至將詩不必萬人傳昔危兵甲黄塵裏日短江湖白髮前古往今來皆涕淚斷腸分手各風烟

留別公安大易沙門

隱居欲就廬山遠麗藻初逢休上人數問舟航留制作長聞篋笥擬心神沙村白雪仍含凍江縣紅梅欲放春先踏鑪峯置蘭若徐飛錫杖出風塵

曉發公安數月憩息此縣

北城擊柝復欲罷東方明星亦不遲鄰雞野哭如昨日物色生態能幾時舟楫渺然自此去江湖遠適無前期出門轉眄已陳跡藥餌扶吾隨所之

曉發劉郎浦

挂帆早發劉郎浦疾風颯颯昏亭午舟中無日不沙塵岸上空村盡豺虎十日北風風未回客行歲晚猶相催白頭厭伴漁人宿黄帽青鞋歸去來

劉郎浦　呂溫 唐人

吳蜀成婚此水潯珍珠步障幄黄金誰將一女輕天下欲換劉郎鼎峙心

過公安　趙抃 宋丞相

劉郎浦上公安渡我過高吟老杜詩烟浪幾重江幾曲算應風物似當時

張景銘　宋企 宋學士

爵才章兮懿孝至膴仕兮難老褰皇皇兮晚獲伸發吾懷兮露珍神茫茫兮安究尚立言兮不朽

竹林祠　王十朋 宋

油水江頭冠相祠凛然如坐廟堂時一點精忠不負國枯竹知公人不知

蕭寺黄冠夜泣　建文帝 明

壬子春正十三日寺遇黃冠不相識結蒲挂杖坐西偏低頭不語意自閒亡何一人復冠擇髮黃面縐多、愁顏撫掌遽驚還嘆息潸分但聞聲唧唧似衷萬斛愁難傾哀猿夜嗷寒鴉泣余腸縈結詎堪言布衾濕透皆淚痕晨興往探訊其苦雨公蹤跡雲無根空餘蟬蛻字數箇依稀恍是亡匿名我欲把毫悉冒臆冰凍筆花寫不得

出程齋從亡隨筆紀

寇公祠餞江編脩還蜀　王恂 邑人

仙舟西去湖流遲江上登臨弔古時錦纜纔攀巳子國林園先拜寇公祠綠楊霧鎖迷芳還脩竹雲高長茂枝千載忠腸遺憾老嗟君此日天涯思

竹林祠　王軾 邑人

大事當頭只自知誰能協力濟艱危君王不肯為孤注宗社將應到色絲也有通天犀玉帶更無揷地竹生枝尋幽坐徹風篁影山鳥山花總寄思

竹林祠次大司馬王襄簡公韻　鄒文盛 邑人

名在當時敵亦知北門鎖鑰係安危權鋒聊試千鈞弩補衮應須五色絲奸骨已消炎海瘴忠魂猶杙渭川枝崖州咫尺還相遇天道分明可再思

鄒莊簡公文盛銘　顧鼎臣 明大學士

九川七澤地靈瀦殷鍾賢毓秀秉會昌辰忠言直節為國藎臣盤錯屢試器利如新樹勳巖廊正笏垂紳明良都俞一德有鄰惟德濟時惟德潤身功成身退人稱哲人

王祭酒公恂贊　廖道南 明學士

遴羽詞林綴班鑾坡有美一人秉性清和典教成均文行忠信委心文定不失其正 恂為巡撫祭酒深為楊文定公溥所推許

竹林祠　成　已　邑人

江上遺來怒相祠旋將舊竹插新枝北門鎖鑰偏遺憾南國蘋蘩重所思自昔樓臺無地起于今梁棟有人支春回精爽荒烟裏為借鄒陽玉律吹

竹林祠　黄　輝　明庶子

誰謂公不祀祠堂南北存嶽蓮花眷屬江竹筍兒孫海瘴消歸路溪香引斷魂恨無飛鶴淚重

染平湘痕

觀瀾閣　潘　球　天臺

江自西來復東逝游子追追寄所思更好觀瀾適幽賞逢人休說大夫祠　閣舊為靈均寺

過劉郎浦　王一翥　黄岡

牛斗雲横渡草荒漁舟爲髮月為璫黛横白帝千官隊眉鎖青城一夜霜海内雄豪忘漢德深閨追遞夢劉郎分香無事悲銅雀石鏡高懸武

擔傍

龔厰港打魚歌　孫錫蕃

龔厰港水湍濺濺打魚喧呼往來急奔雷前有踵冒後有密罟中有健婦使船如鋭箭大網横鎖截泥沙小網凌空飛雪片鯤鮞分命且無逃生成取盡釜中煎溪邊老人贈雙鯉吹頰曳尾紅蜿變爲我更倩東鄰女纖手提刀供珍饌我有尺素謝老人安得此魚為上林也雁棲中之

幾前行鼓浪託尺書斟重何事金盤羨江湖從此天地濶雷雨動盈蛟龍變

潰隄歌　金碧橋

隄高湖一丈江高隄一尺排山注海當其衝漂沙滚石委流積虎豹無深山之可踞且戰慄而喪魄惟有蛟龍狂驟挾雲雨能徊金谷爲窟宅魚蝦我赤子席捲我菽麥雖有千鈞之弩潮不能射萬人之敵束手無策陟彼高岡樂國適猶

聞濺濺潺潺激流之聲淸天乎何爲生此不仁之河伯河伯謂爲與其虐政殺之吾寧使爾見帝愬爾尼

柳浪湖贈聶子羡明府

中郎之湖名柳浪半淪棘礫半江漲尚餘綠柳拂青波彷彿美人光蕩漾南衛白蓮相曲盤東引石洲透迤向鍬雲築霧隄所天不爲藺綠爲保障昔年蛟窟與龍宮今年腴黍肥稻鄉水部

職掌鳩土工以身塞河成鞏峰大隱朝市中隱吏古傳司馬方外放

泛舟柳浪湖

柳浪千年綠中郎故里墟雙星送夕永孤月挂林疎棹泛銀河踏風高脫葉徐飛花中郎著述處何處是隔岸冷紅蘖

草亭溪雪

春華過二月風捲破茅亭短架收殘春斜窗驚姬霆卿愁草上積客思雨中聽簷滴凝如注雲光黃若停瓊花天蕩漾銀海地飄零凛冽連朝霜堅冰三尺蟆城堆畫粉閣離倒玉沙汀柳浪飛狂絮油江滾白萍挺松搖碧漢瀉竹響空庭對冷驅寒拙官貪放眼青乳兒能解凍稚女淺斟醹床有袁安卧門無游酢經冢僮嫌輿博古木乏添丁訊問蘇湖士山陰棹未寧

弔慈忠懸

社稷牵衣廟見成澶淵趣駕有高瓊天雄鎖鑰讒孤注來太雷州路上竹

竹林詠 祠地而竹自成林故詠竹

古鐘何處覓人道竹林祠地帶瀟湘雨根深霜雪時有心先勁草無向不南枝一節凌丹漢千篁黯翠岬澶淵血化碧孤注絕如絲鎖鑰北門重精魂枯竹如

油江風息晚渡

風歌積靄開秋空皎月來束裝趣僕子艤艇
江限狂漲平如練荒村影似堆水連巴子國雲
散楚王臺漾漾拂溪柳凝洄劃碧笛星從波底
落人自漢宮回鳥道班荆坐天河送酌杯蒼茫
何所際四望倚檣桅

孫復菴曰余學詩而未能詩集且三矣此不過劉眘虛之十三首耳它如公安泛櫂禱雨應辰長安贈答諸什未可概見聊存百一以示始之於少陵而終之於錫蕃云

公安縣志書卷十六

黃岡孫錫蕃棐臣　蒐著
婿　洪　鄭子武　訂定
金陵紀映鍾伯紫　編輯

藝文　文部

公安縣儒學梁公生祠記　袁宏道

天之大也無所不有而非挾其有以角也聖人亦然使天曉曉與春爭華秋爭實與萬物爭洪纖大小天亦物耳故聖人之大以受不以勝天下之爲道者岐且其道皆竊吾近似者也吾儻役之則吾用而角之必且外吾而求張故以宣尼之聖而識小師老聃問道不以是貶大豈於後儒挾吾之所有以求勝而吾之道一變而儒始名再變而儒退然居九流之列三變而儒迺有爲異道用者是則角之而張者也且夫諸子百家固未有能出吾範者也夢而爲名法比而

而爲楊墨遁而爲老釋惟其竊吾似而甚焉則指之曰異學而實不出吾之所有夫聽所言觀所行譽所試是聖人未嘗不名家也春秋之斧鉞雖隱必誅是聖人未嘗不法家也吾蔬食而快愉其樂我席不温轍不解其兼愛是聖人未嘗盡廢楊墨也寢有經食有戒是聖人未嘗盡廢攝生也幾研於未發道竟於無聲臭是聖人未嘗盡廢虛無也唯其無所不有而出之以平

淡故其大至於不可名異學者竊其一以求專其譽援迹詭而言放以為不如是不足以自崇其道而不知千變萬化皆不出吾儒之固有吾取其精以供吾用而汰其甚告之以所敝彼亦且樂為吾用吾覆之以天臨之以君庇之以父毋彼安敢出而為吾害唯吾自挾其道而與之角居然以敵名予之而彼亦傲焉以敵自居於是異端之禍與吾儒相終始名曰尊吾道其實

薄吾藩而益賊以戈者也孟氏善衛道者其言不過曰歸斯受曰反經而已矣反經者使天下曉然知常道之大而本之身以措之天下皆綽綽然而有餘吾常有餘而彼不足又安用借資於彼天下皆知吾之不借彼所謂濯龍之宮白馬之舍其黨不得不少而道自衰此所謂不攻而廢者也故今之欲廓吾道莫若遵孔孟之家法而明其書暢其旨先是中丞梁公以監司臨

敝邑見學宮圮慨然捐鍰新之邊至邑則進諸生徒告以聖賢之微旨其言樸直無雕飾已又出書傳若干多先儒之所未發蓋公之所以衛道者與孟氏反經之旨千古若一券也昔者昌黎氏衛吾道徒為忿激之論而不標其本是以介胄衛也夫介胄所以攻非所以服也今公第發明孔孟之深旨使人知道之無遺覆而諸子百家無異載此猶禮樂盛而悍惇銷聖門之伊

吕也邑士民戴公誨爭請祠公邑錢侯聞之甚喜曰是王政之大者竟如士民請祠成以記屬余余拜手曰公它日當俎豆於白沙諸公之間者也然使後世知邑中有聖學自公始公之從祀自敝邑始一時令長師儒薰其德而快其事而不肖某得以文字濫其後是皆不朽之藉也公名雲龍廣之瓊山人楚人戴公如羊叔子今者特祠釁序聞故畧述其功在聖門者其它威

惠不具載以俟異日志峴首者

公安縣儒學周公生祠記

邑學宮舊濱江江水齧其址宮遂遷邑頻歲苦陽侯殿村蠹過者岌岌然慮其壓則以孫木贅之又十餘年而贅者蝕其半邑人相顧嘆惋竟不敢議興革夫邑之薦紳大夫以至縫衣緩帶皆誦法孔氏者也積縷而繹積壓而嶽邑之人亦能辨此獨以事重而地卑故不敢不緩其議以俟天子之命吏夫令鄉校雖一鄉其始蓋有所受之小至一籩一豆皆奉功令而行不敢加有增損故學宮之重與太廟等而其興革一禀於天子外焉者遐而不得達則禀於天子之命吏令夫佛老之舍朝而圯焉夕而呼於市市之屠佑傭保操其興革烏合而集事者何則其事輕也昔李師道請出私財贖魏徵舊宅白居易論奏以為事關激勸合出朝廷夫此名臣舊第

耳當時惜大體者慎且重若是其敢議數仍之宮墻與必有所操而後議故下之人不得不緩緩於下而急於上故體統尊而事行古之爲治者政學出於一故曰在泮獻囚在泮獻馘後之人特以文章之具觀故其脩舉常後於官寺庭署一有興革直付之一二章縫而其事僅與釋老之宮等於是學宮始輕而絃誦之地鬱爲皆蘚後生末學有經年不窺夫子之門屛者是亦

爲政之責也監司周公醇儒也脩嫮之節關於天下天子超常格拔之論者以比胡威楊道州下車未浹月威愛大行闔邑大成殿敝即與前分守梁公捐貲撤而新之既命有所操無失體衆力遂集而邑人士數十年嘆惋而不敢議者一旦如釋重負宫既成邑錢侯率諸薦紳士落之皆曰非公余等何顔復見先聖洩洩然如唐子之久亡而忽見其鄉也則又曰邑公之畏壘

公安縣志　卷十六　六　麓樵居

也將世世子孫俎豆公舍學宫其安之遂併梁公而祠於宫之左公名應中浙之會稽人夫非謂學宫之能重公而學宫待公而重將使後之作者知其重以時加修飾而後生末學望宫墻而肅然是祠所以作也

叙畾氏家繩集

蘇子瞻酷嗜陶令詩貴其淡而適也凡物釀之得甘炙之得苦惟淡也不可造不可造是文之眞性靈也濃者不復薄甘者不復辛惟淡也無不可造無不可造是文之眞變態也風値水而漪生日薄山而嵐出雖有顧吳不能設色也淡之至也元亮以之東野長欲以人力取淡刻露之盡遂成寒瘦香山之率也玉局之放也而一累於理一累於學故皆望岫焉而卻其才非不至也非淡之本色也里畾氏世有文聲而遂溪公尤多著述前後爲令不及數十日輙自罷去

公安縣志　卷十六　七　麓樵居

家甚貧出處志節大約似陶令而詩文之淡亦似之非似陶令也公自似也公之出處超然世味似公之性公之性眞率簡易無復雕飾似公之文若詩故曰公自似者也今之學陶者率如響搨其句畫是也而韵致非故不類公以身爲陶故信心而言皆東籬也余非謂公之才遂超東野諸人而公實淡之本色故一往所詣古人或有至有不至余束髮已知嚮慕公近者[illegible][illegible]

公梓其家集始獲盡公及禹氏三世之藏吳川公者公仲子高才邃學先兄庶子之師也為令以伉直著聲閱數月亦公遵先轍也襄公集三十年出入必俱今春始成帙遂以先大父孝廉公三詩賦冠首而已所著若干卷綴其后孝廉公之往甫廿有三歲才思滋淅如川之方至吳川自出機軸氣雋語快博於取才而藻於屬詞比之遂溪蓋由淡而造於色態者所謂秋水芙

蓉也昝陶氏五男不好紙筆而遂溪之後雲蔚霞起豈黄頭歷齒所敢望哉王元禮論家門集曰史稱安平崔氏及汝南應氏並累葉有文采所以范蔚宗云崔氏雕龍父子三世然未有七葉之中人人有集如吾門者也余邑不能文而耻言文最為惡習獨禹氏能世擅其業噫彼安知烏衣諸郎為史所豔稱若此也

遷城祀家園疏　鄒之有

欽差提督西司房官旗辦事錦衣衛管衛事都督同知臣鄒之有謹奏為流賊勢逼荊襄土城濱水非地懇乞　聖明俯允輿情擇基遷建以安保障以垂永久事竊照流賊豕突鄖襄則荊州有剝膚之勢臣籍公安正當要害雖蕞爾小邑實荊州之襟帶江漢之門户洞庭之咽喉也省之孔道也茲至惟憑城守以無恐若臣邑則有不可恃者矣臣忝禁衛痛切時艱桑梓利害

不容不及時為我皇上陳之而有所請也臣邑地勢下流滄桑靡定二百年間自狀林街遷至二聖洲復自二聖洲遷至孱陵驛遷之者凡再而古蹟三清二聖皆附縣并遷焉至崇禎元年又以江圮請遷蒙皇上鑒允下臣鄉撫按估費欲動錢糧一萬八千兩卜遷地名椒園計土址初成四門學宮建立并現存磚料等項謹費七千金其餘將次第經營矣不期江水奔潰異常

亡何遷基又復近大江之澤家鄰蛟室民切魚心人情俱趑趄而不前城工亦蹉跎以漸緩迄今七年仍成壙壞空立泥垣此何城也而可為要地保障耶目兹皇威振赫羣賊旦夕就殄或可無慮但創建之初正欲為久安長治之計避江而遷則近江之地絲不可卜迄今雉堞未底厥成錢糧尚餘多半不宜另擇安土以立不拔之基乎臣邑中文老子弟僉擇本縣西南四十

里曰祝家岡前有峯巒後有岡埠左右岫壑環遶層崇凝結世世保無水患蓋與其近而就窪不若遠以依高且地與新遷舟楫相通可以運載移此造彼朝發夕至遷果得地一勞永逸矣况暫成之而復淪於江朝廷含錢豈不可惜若遷祝家岡不惟永免波沉之害即未動之一萬一千用於實地並已費之七千亦歸實際矣臣思錢糧仍本舊估基址可為長業且時正切保障而事又下屬人心上關國計用是瀝陳上請伏乞我皇上俯憐一方魚鱉之可悲洞鑒千里河山之所繫勑令臣鄉撫按道府縣諸臣速給未發錢糧早遷催竣庶金湯永固帶礪長存萬民享樂利以無驚千載共乾坤而并久臣與闔邑士姓同戴皇恩於世世矣臣不勝激切待命之至崇禎七年二月初四日具奏初七日奉旨還城避水依高有裨保障但事關闔邑動費

萬金着彼處撫按官會議具奏該部知道

催新城疏

欽差提督東司房官旗辦事太子太保錦衣衛掌衛事後軍都督府左都督臣鄒之有謹奏為遷城奉旨已久流氛橫突宜防伏乞 聖明嚴勑速竣城工以固保障事臣邑公安濱江水齧城圮又罹火災臣於崇禎七年二月內具疏流賊勢逼荊襄等事一疏奉聖旨還城避水依高

有裨保障但事關闔邑動費萬金着彼處撫按官會議具奏該部知道欽此隨該巡按湖廣監察御史余應桂會同巡撫湖廣右僉都御史唐暉題覆前事奏聖旨該部議奏欽此又該工部尚書劉遵憲等部覆前事奉聖旨是該部知道欽此欽遵迄今三年矣時流賊逼瀕臣鄉官民憑何守禦誠有足爲寒心者蓋國改遷以來縣官凡經五易掌篆有如傳舍是以朝受事夕忽

輟工倘非久任責成雖號金湯鞏固玆賴撫臣余應桂爲按臣時加意地方苦心設處捐貲助費錢糧陸續接濟今有新任按臣徐之垣激揚振作剋期可竣兼之道府協力贊襄縣官張大韶精練敏達諸務綜核並督工驛丞袁之彥等分任催趲羣力方當畢舉工力正有頭緒但恐轉盼瓜期銓陞忽至經手之人倏而謝事將垂成之蹟爲半途之墮矣公安一邑不足惜其如皇上封疆何伏勅吏部暫停陞轉俟其工完優叙示酬庶責任專而城工可計日竣矣臣不勝激切待命之至崇禎九年内具奏奉　旨公安奉旨改遷如何久不竣役着該撫按責成見任官作速鳩工措費勒限報完不得延諉該部知道

募脩章田寺序

孫錫蕃

公安勝蹟甲於南郡刹宇之星羅棊布比之棲

霞靈隱兵火以後所傳黄衣行者之靈異且銷沉於銅駝之棘況其它乎間有一二頹垣毀塑存之苦海蜃耳至今之報慈則公邑之巋然也據特丘之西南而章田則公邑之五臺也據曾陂之東北報慈闢草於灰如和尚一袈裟地業經營爲百二山河矣迺章田之阿賴耶識不神抑亦和尚之吾道未東也於是付衣鉢予霜葉以爲開山行腳蓋霜葉自壬辰憩息南嶽挂錫

此山曾協寺僧潤城欲撤其地而更新之志緣已久而功行未湊茲乃足踏紅雲結香爐供以了此夙願爰製疏簿一方銜泥而諮於予曰是役也肇自宋太和壬寅婺婦王氏所建榱題節然今僅存觀音毘盧二殿墻斜尾倂積雨之秋野如露處且衆像屹然中立不忍聽其崩壞丐一言以勸土著賢者多寡助更爲居高之呼請篆於當事者塵之徵信從也雖然竊有疑焉予

脩公安縣志舊有雙田寺者一以爲東晉太和時禪林一以爲唐開元遠法師建然唐時公安有遠上人傳燈錄疑卽此也云東晉者蓋誤以爲廬山遠耳然則今名章田或雙與章音韻相合俗傳之譌耶且東晉業有太和年號而襄山亦有以太和名豈王氏丘隴地乎嘻乎遠公同而晉唐異田寺同而雙章異太和同而代地異世遠年湮夏五部公徒存其闕以俟稽古之君子推而覽焉獨是皇宋一孤舟婺婦爾振江離杜若之芳名於晉唐二遠公之後豈不磊磊落落稱偉丈夫哉人生稟五行之秀而爲男子應等黃金於土壤破慳除悋以無貽巾幗羞矣

建鄉賢祠疏

三百年來公安人物甲於江之南北然功德彪炳或當時則榮歿則已焉是故莫爲之後雖美而弗傳以致名湮滅而不彰何莫非青雲之士

哉戊戌余膺絃教鐸舉向之所聞者顧碩德者晨星天上矣卽孫枝一葉亦雜處於寒烟衰草不可得見惟與高陽之苗裔皇祖之隆準徒深太廟香爐之感而已用是網羅舊聞諮詢故老編爲邑志若干卷名宦自諸葛殷龐而下稽採者七十六人爲一牒鄉賢自王公諱恂而下稽採者二十九人爲一牒條陳四院請命學使允告置主獲以崇祀典綦曠哉然不能望空而端

禮也竭三年之力鏤心枯血方屆　聖殿而營
建之志始也今兩廡大成門且次第竪立鳩工
而未竣事言有加也諸君子飲水思源念祖父
之在上在旁同聖道以與日星並永所當塵芥
視軒冕耳但後儒而俎豆乎先聖賢之列既不
敢以升堂立配哲之班又不可以入室登賢儒
之座則鄉賢不可一日無祠子孫不可一日令
先人無祠此百倍於宫室家廟而切且重於壙

穴塋兆也蓋子孫藏父祖之骸不可以不固以
爲國所自盡云爾然而既朽之骨矣彼焄蒿悽
愴昭明者其父祖之氣之發揚於上精聚而爲
神乎忍令其凄風楚雨飄忽而失所憑依獨何
心哉雖然未有聖賢其父祖而子孫甘處於不
肖舍其堂構而弗肯之者也舊制名宦鄉賢列
大成門左右今名宦祠爲重望孝廉已肩工師
之任而鄉賢祠亦鋭意兼攝李爻松孝廉何其

像文學則謂諸君子報本反始之禮不當以獨
爲君子讓焉於是重風木之悲者心摇摇如縣
旌而寢食不之安也爰鬼斧神輸而落之

眞武觀記

楚之南火也其峯七十有二焉高峻者五而祝
融爲最位置離宫以配火德嚮陽而向明也然
相傳禹祭衡山夢一男子自稱蒼水使者曰若
欲得簡書知導水爾其齋焉禹迺齋三日果得

金簡玉牒余登岣嶁讀禹碑蝌蚪文良然是時
洒沉淡災取火以濟水天一地二生成之序神
啓之矣考之天官北斗運天中而臨制四方七
政之樞機陰陽之原本也故主宰之謂帝篤生
聖賢以嶽鎮之維然不北而南乾坤所以終坎
離既未平又取水以濟火之義焉楚南爲祝融
君熒息之所炎上作苦非玄武不足以當此是
以眞武帝棲神於天柱紫霄之峯頂與南嶽分

長三楚上奉元君之言下聆老嫗之喻玄弋軌
衛大角杓指安在無土不帝無土不王又奚必
朝太和而夕武當始稱足踏虹霓哉孱陵之三
十二村即太嶽之三十六巖也祝岡之土堊圿
宮即石階之地肺救窮草也大姓聚族而謀曰
北門鎖鑰孤聳天宮神所憑依將在德矣爰撤
圯而更新之届期採木鳩工予見其三閱月而
告竣事顏其額曰佑聖宮紀之石曰眞武觀且

公安縣志　卷十六　十六　麓棋居

併樂為之記亦以慨夫脩建學宮之難且重如
此謹率子衿而最之曰儒者有志終當俎豆其
間獨不得余一言以告成事反不如鐵脚道人
操行堅而立志永力能使雲壑畱其心胷也
孫復菴曰志以志事也而藝文者何詩以言
志文以足言則因事而文亦見焉少陵往來
公安詩日月常新矣後有作者寧不欲遺響
俱著於千秋耶夜泣詩祟忍讀矣文所見者
惟中郎一二篇廣莊錦帆之吉光片語耳白
蘇珂雪諸集照耀千古矣若鄒公疏亦矯矯
負氣骨郎非信卯故識其人亦有以自見者
余何能文然在公安月流雲駛軌轍古人實
有不能自已於言者焉然如脩學諸序報慈
諸文建廟諸引隨筆所記等而身之未能盡
採入志以災梨僅附見於文集而已

公安縣志　卷十六終　十九　麓棋居

自序

學規何爲而作也平日得之聖賢之所傳父師之所訓學以爲己而質之同人也儒者立身立命莫重於實行莫尊於聖學迺次之而以月課爲首務抑末矣然命官造士之職業不得不由乎此也且聖人四教先學文及脩行以存忠信非講習無以爲踐履也古者小學大學之教先以禮樂射御書數之文而後及誠意正心脩己

學規自序 一

治人之道非致知無以爲力行也孱陵卑濕澤國棘草荒烟金谷化爲虎阱冗穴淺爲蛟宮所幸讀書種子不絕如綫誠能拔起流俗而察識擴充之以至於塞天地橫四海天爵正未亡矣然非藉制義以貫道又無以爲講習爲致知也爰出其生平之志學衆斟共酌以與先聖賢目擊而道存焉而體之於身爲踐履措之於事爲力行然後見此道之所以明體適用也究其饑思食行赴家不過掃灑應對之節而精義入神者寓焉矣故嚴月課者使下學由末以窺本也正文體興古業博學詳説究其類以精之也從此而心源一貫迺以聖學統成焉然孝弟忠信外無學次敦實行視聽言動外無學次慎威儀庶幾使學者表裏如一內外交養矣迺寒氈一席規模狹隘鮮不爲有道所厭棄然吾道司鐸北面人宗體統不卑損矣尊憲綱崇師儒也至

學規自序 二

若君子小人天理人欲義利公私邪正善惡之辯判若黑白出乎此即入乎彼聖賢爲學如克大敵如臨深淵誠兢兢致慎也刑賞忠厚之至故受之以重優劣終焉廣文無出位之謀惟隨分自盡推本於設科立法之初意而次第舉之學規亦猶行夫古之道也與

順治戊戌孟夏楚黄岡孫錫蕃任公安學訓識於鐘署之一艸亭

學規八則

一曰嚴月課以勤本務

士始於爲民終於爲聖人學以至乎聖人之道也然非藉詩書六藝莫由敬業樂群焉故講學以會文則道益明取善以輔仁則德日進勤則不至於聖人不止惰則求爲民而不可得學可不勤乎學猶植也不植將落遜志務時敏厥脩乃來是之謂内外交植今本設

科取士之意約每月初二十六兩課〻每四書二藝經文後場漸次究討與諸生日月刮劘起衰扶敝而爲貫道之文章名山國門千秋期許所當寸陰是惜毋落吾事

二曰正文體以淳風尚

言者心之聲也古人以道德爲文章而人品學問事功無一不出於其中感於心而動於外言與行一也即近代制舉家如薛文清羅文毅王文成鄒文莊諸公日星河嶽之文不至今存乎彼以六經爲歸宿以四子爲關與以濂洛關閩爲階梯以躬行心得爲踐履故見之立言粹然一出於正今之爲帖括者詭外本文不閱傳註秪以惡濫時文謬謂科第捷徑以至父兄之所告詔師友之所訓誨相習成風而此道棄如土矣上之軌幾誤世惟妄無稽下之圖囲囈語盜襲陋習此制藝之

賊也論語之言如天庸孟之言如四時學者以口代聖賢之言非心通默識身體力行豈能洞見本原惟貫通六經四子之理出之以周程張朱之集解行之以韓柳歐蘇之真氣而乃知王唐歸胡諸先正之制義爲登峰造極也今與諸君倡開蓁闢莽之風焉

三曰興古業以振先型

文章一道有功聖學者博物洽聞必能立德

立功立言以垂不朽先代如劉青田宋潛溪方正學諸公開山於前唐荊川茅鹿門王遵巖諸公闢草於後可推而覽矣楚中如楊文定劉太保李文正李本寧吳名卿郝楚望郝明農王夢澤瞿睿夫諸公風會雖殊古學代不乏人即公安輿處於三湘七澤間廼有五嶽方寸如三袁兄弟崛起於中原白雪之後為詩歌古文八代之倡力觴瑯琊濟南蕃生

也晚來髮話書便切高山之仰茲叨皋帳峨眷姓字嘗有三石因緣制義之餘與諸君子出入風雅振起絕業旁及天官河渠兵制史館音律度數之實學焉

四曰講聖學以明道統

通天地人曰儒父母生身便是堯舜禹湯文武周孔榜樣故人者天地之心也心者萬事之主也孔曰正心孟曰存心人禽脩悖介在幾希人惟失卻本心所以與天地不相似也然非有大疑深懼卓然知為生身立命之原未有能學者也周之主靜程之識仁陸之先立乎其大朱之居敬窮理宗旨不一然求所以生身立命則同也胡安定教授於湖州吳草廬講明於華蓋近代吳康齋胡敬齋陳剩夫王心齋諸君子皆以布衣倡道於崇仁餘干閩南泰州之間不擇地擇人而學也同心之誼諸君其發為拔本塞源之論毋令凍解

於西而冰堅於東霧釋於前而雲霾於後朝夕質疑而問難焉俟學宮規制粗定講習有地漸倣鵝湖鹿洞之遺意而行之下至樵夫牧豎皆可與言學是所望於豪傑之士振拔頹流以繼往開來為己任者

五曰敦實行以端士習

士先器識而後文藝孝弟忠信以立其基言

坊行表以尊其範廉頑立懦以厲其俗故士首四民必以六德為教之本以六行為教之務而後及六藝以爲教之全其悖行亂俗者不得奸焉是以聖賢論士諄諄於行已事君入孝出弟言信行果與夫處兄弟朋友之間一本司徒敷五教三代明人倫之意至於記誦之多文辭之工皆所以發明人道之大端則貴焉今約與諸生踐履實行德業相勸過

學規八則　五

失相規凡婚姻喪祭之禮一以會典家禮為法痛戒時弊以挽頹風而諸境內有孝子順孫義夫節婦志行卓異者請叙旌門閭如制見大節焉重大義焉倘有匪彝慆淫詭飾浮華虧玷行檢者斯文之妖而吾道之蠹也則有明倫之典在

六曰慎威儀以考視履

學始於不欺暗室先儒有云晝則觀諸妻子夜則卜諸夢寐兩者無媿始可以言學其要在主敬敬者一心之主宰而萬事之本根也究其所以用力之方則敬之始莫如程子之所謂整齊嚴肅尹氏之所謂其心收歛不容一物也至主一無適及常惺惺法則敬之成也雖然難言矣是四者皆以有所畏而入學者燕閒端坐澄心游衍適性言有教動有警瞬息有考程時時於獨知幾微處檢點此王

學規八則　六

霸義利夢覺人鬼之關也而可不畏乎故內外脩省足容必重手容必恭衣冠必正瞻視必尊周旋揖讓必嫺天則掃灑應對必合典文此之謂清脩實踐之士謹幾入德而漸以底於敬之成也不難矣倘足高氣溢舉動乖張甚至淫營酣歌俳優不恥始由於放心無以晉攝而究不至於蔑滅禮法得罪名教不止諸生能無夜半雷聲之警與

七曰尊憲綱以肅師紀
前代初制重學官之選取耆儒宿學以充凡
國家推選坊局纂脩典籍會試校文必與焉
故養育人材類多眞脩實學之士經保薦及
優考者倒得授翰林科道部曹官彼時廷臣
薦士以翹家學官爲美譚後更輟翰林院脩
撰檢討爲郡學官化民成俗始於斆學由師
儒之得人也今

皇上崇儒右文之典優以民社抜以國雍諄諄遴
選學官之至意較古爲切其有視學官爲棄
士敝屣我風教渺廣文爲腐儒傖父我典章
是剪滅
聖訓而弁髦
國紀也以後師爭規儀一恪守憲綱成法與諸生
凜凜隕越之是懼
八曰重優劣以彰黜陟

十年樹木百年樹人本學職司教鐸育才造
士如植嘉禾非其種者鋤而去之彰善殫惡
罔敢以意爲甄別一本
朝廷黜陟幽明之典
部頒體訪優劣之條
上臺激揚清濁之法士子賢否吾尊禮而優嘉之
甚且詳請敘錄之士子不肖吾秉公而擯逐
之甚且申黜揆畀之抜一人而勵千百人懲

一人而儆千百人庶幾以無負國家尊賢敎
士發奸剔惡之至意也師道立而善人多學
規具在脩之吉悖之凶今將詳舉四款申黜
四款開列於後以示勸戒
一倡明理學直接鄒魯之傳闡發濂洛之奧
守待先後扶正人心者本學北面之詳舉
一力敦孝友望重家邦六德賦性四維範身
者本學表彰之詳舉

一學優才練敷陳王道通達治體有關經世
大務者本學徵禮之詳舉
一博通天地古今著書立說能以古學文章
起衰扶敝者本學就正之詳舉
一忘本壞俗不孝不弟十惡不赦者申黜
一犯倫滅律荒淫酗逞穢行彰聞者申黜
一越禮犯分刁頑健訟怙勢武斷包攬把持
者申黜
學規八則　九
一群居結黨蠅營誣詐毀謗正學妖術惑衆
者申黜
順治十五年乾月公安司訓楚黃岡孫錫蕃訂
定以示合學

公安脩建學宮條約

十則

一學宮重典土木重役興此大工於軍需孔亟
水患方殷官貧士憊之日慮始樂成古人猶
兢難之但治理從上化理從下居高順呼捷
若聲響具詳肫懇各
上臺請示頒行以彰信從以明曠典
一建學明倫三代首重生身立命儒者尊師較
條約　一
祠堂家廟更切未有不好行其德者但豐歉
不一或捐貲捐俸多至數十金少或一二金
皆可爲宫牆之助所期實註登給預爲辦理
一獨力難成衆擎為大積少成多莫如十八年
諸生之隄免也今皆義願捐脩此亦不忘源
本之意
上報以公獎勵
一事莫大於脩學教莫重於明倫士子出自黌

序怠惰本業終歲不謁先聖不見師長視學宮如棄土朔月課爲具文悖德莫甚令檄通庠屆期取齊詣縣公同商訂以襄盛舉如臨時不到者申究重罰

一學中舉有聲望而勤能者數人爲首董理治事輪派鳩工一切聽其號招務期一人收一人之效一工盡一日之能

一公安人文宗匠科名淵藪然必以學宮爲發之本春闈蜚鳴而奪巍科者三人文運蔚興雲蒸霧變敦請主之壇坫重以領袖英賢鼓勵纖趨之階木騰翥者

一輸助攙數登簿付首事者公其出入查記必確支放必清遠採近辦典守必恪分毫無濫取予以負好義雅意倘有假公濟私先聖殛之

一買木料造磚瓦備條石鑿石等項務期價實物真堪充棟柱堂堦之選者永遠不替之業未可艸艸塞責

一創建量捐助之豐耗以爲緩急次第舉行先聖殿及先賢儒主位次兩廡泮池門垣次明倫堂而後及他制爲山九仞慎始一簣酌力準工庶幾求爲可繼底於有成

一上丁二祭春秋大典全書舊額銀四十兩啓聖祠二祭舊額七兩從前除荒竟歸烏有今詳

縣轉司議摘王田湖糧派給庶盛典不虛俎豆永賴至若祭田亦祀典之不可闕者隨俟後之君子斟酌而叙建焉

條陳學務十二款

湖廣荆州府公安縣儒學訓導孫錫蕃爲
遵奉　部頒嚴飭教職謹據公安情形條
陳力行學務仰祈
憲裁批行以彰信從事竊惟伊洛傳經直接萬
古道統蘇湖課士斯稱百世師資是以上
有治法而下有眞儒要先廣厲學宫以扶
植文運卑學自戊戌春初任公安荒城茅

屋數簷近郊皆成林之虎豹低鄉晨星多
士遍野盡窟水之鯨蛟禮義救死贍乎讀
書種子絶矣軍需如雨徭爲丁徭而青其
衿驛路若雷誰念
文廟而鞠爲草如此土曠人希之地端賴纂開
莽闢之功八代起衰志也而未逮六經註
我時乎爲其難於是力倣先哲伊尹所志
顏子所學之願懷掃盡教職苟且偷淺規
模狹隘之陋習課士則藉文藝而闡註理
非濂洛關閩不言講學必先致知而後力
行惟文行忠信是務人知讀書爲本分雀
鼠靜於公庭家崇積善之餘慶指視嚴於
幽獨紳衿官吏脩學而恊力同心誠哉
先聖在天所感商賈農工撫車而雍容揖遜咸
有我家先生之風邑乘何嘗作者之堂總
執事之畱心文獻古學謬窺前人之奥先

風會以考究天人鄉賢復而奉祀與所邀
隔世盛典司牧傳而名宦著如聞曠代賢
聲　院薦　道奬頻加瑣瑣良書生時務
聖經賢傳自勉兢兢惟末路端趨尚能言
而不能行志大才疎終成畫虎期實心而
有實事誠感神應響若蔡龜但井凍氈冰
不無暖谷噓寒之望而官卑職末仰冀居
高順風之呼一經品題便成佳士三代直

道豈泯公心謹列芻言敬陳管見恭逢
大宗師詩書再旦鉛鐸時縣教術闢濂南斗一
人造士化行江漢百川萬派朝宗念凋敝
之化成人文或告無罪於　部飭之欵鑒
蒭菲之裨在學政更籍不朽於
憲檄之頒懇勅府廉通行縣正永遵畫一之守
俱見信從之徵庶卑職益加鼓勵以無負
朝廷設官課士之典
條陳十二款　三
欽憲崇儒重道之意合學幸甚卑職幸甚爲此
今備前由另具書冊理合申請伏乞
照詳施行須至申者
計開
一脩學宮以倡聖化
公安邑地新遷兵火以後學宮茂草僅存
空名卑職歷任鋭志脩建面請
院道府　廳鈞示勸諭各量輸粗有成

畫但土木重從工程浩大官貧士憊難以
猝舉且以戊戌水災已亥再行會試今春
與縣令楚捐俸募資百計經營已經脩葺
聖殿及明倫堂二重現今楚令又捐貲鼎建
大成門築臺監木將告成功方擬今冬明春闔
邑紳士効力次第構東西廡及泮池欞星
諸制特懇　鈞示鼓勵同心伏候
憲裁
條陳十二款　四
一嚴條教以端士趨
卑職課士八則一曰嚴月課以勤本務二
曰正文體以淳風尚三曰興古業以振先
刑四曰講聖學以明道統五曰敦實行以
端士習六曰愼威儀以考視履七曰尊憲
綱以肅師紀八曰重幽光以彰黜陟三年
以來多士遵守學校凛肅屢經
學憲牌行優奬奉取脩學課士三十部須

行各學在案同志觀摩日新月異鼓舞作
興有加其蕩廢行檢傷風敗化者蓋已絕
少但習俗所使稗類間有已經填入
部頒功過簿內仰俟勸懲大典伏乞
憲裁
一公用印以尊　朝廷
公同用印奉
旨頒行上而左右方伯下而諭訓廣文尊卑雖
條陳十二款　五
新令奉裁小縣止諭一員大縣諭訓二員俸同
異　部選一也目今
職同非正佐品級降等可比迺一切事務
諭不關會訓而可以竟行訓若無印百計
申報而莫必是訓名未裁而實裁也卑職
屢叨正薦俸滿縣正可望何變此印但志
存遠大不安局量窄小竊欲以蘇湖之教
姚許之學而振起於彈丸荊邑倘事有掣
肘則廢閣不行統祈
憲示勅諭用印必須訓花押不得竟填訓名
而限於不知訓雖以单名請印諭亦不得
阻難正所以和衷而存
朝廷頒印之體也伏候
憲裁
一申單名以考嵩責
事屬一體從公起見同心協力上也然志
條陳十二款　六
行各有不同或係一己私見或係千古盛
事一行一不行終成畫餅懇勅以後有事
諭行而訓不願行者止書諭名用印訓行
而諭不願行者止書訓名用印庶正事趨
先惡事知戒人爭上進而後來責成亦有
攸歸矣伏候　憲裁
一梓課藝以正文體
公安舊屬人文盛地士子千餘今子遺所

存止得二百七十八人資分有餘而學力不
逮三載以來幸蒙
院 道 府 廳 縣觀風季考作養之餘
長進如雲蒸霞變奉 學憲九次月課益
復起衰扶敝又兼卑學每月朔二十六日
課彙成佳藝數百首卑職細加評閱研摩
註理苦心致忘寢食今本 諸上臺蔚興
文教之意不惜捐俸募貲付梓行世益使
學者曉然知傳註如日星河嶽非同濫塲

社刻焉
功令所禁者故敢申請伏候 憲裁
一刊志書以傳勝蹟
公安邑乘明時始事於房梁二廣文重脩
於袁中郎先生經祖龍後隻字無存卑職
奉 學憲嵩檄委脩縣志如持斧鑿於空
中樓觀無從下手乃博採幽討行則錦囊
負背居則門圂置筦口閱墨記備極網羅
今據聞見所到隨填隨補雖文獻僅存什
一然無於當事取覽紙不勝錄謹擬募本
土同志及鄉賢嫡支次第刊欣一以報
上臺採訪史乘之委一以存名邑人傑地
靈之概伏候 憲裁
一重鄉賢以存名位
崇祀之典鄉賢最重以後儒而俎豆乎先
聖賢之列漢之五經宋之濂洛明之河津
餘姚益其慎也非功德如二曜經天五嶽
在地者何克濫登其名焉公安遷播焚燬
之餘大典廢缺名位莫紀卑職奉
學憲通行取鄉賢名宦等冊隨經檄行委
脩邑志搜得自明以來原入鄉賢二十四
位先經冊報繼奉詳允再闔邑公舉曾經
崇祀毛公諱廷爵補遺一名又現今批行

新奉祀邑公諱邦久侯公諱偉時李公諱
清三名俱經詳允置主入祠雖其中有年
遠廢絕如王公諱軾諱貢等無子孫嫡支
奉祀者然先世功德天壤不忍泯闕聽其
銷沉存製主而削奉祀所以嘉念儒脩而
令後學知有耆舊姓字也伏候
憲裁

一復祀生以守俎豆

鄉賢舉行尊禮碩彥耆儒賴以不朽矣然
非子姓承祧亦無以昭崇德報功也舊例
鄉賢一名應嫡支子孫一人奉祀公安離
亂之後至今所存過半不勝風木之悲焉
卑職詳請　學憲在案蒙批據該學詳請
招報祀生仰查前冊有名現在有人者造
冊報道併詳註其祖先功德事蹟以憑酌
奪批行其久經廢絕無後者不必開列以

防冒濫此繳蒞因卑職之蒐輯志書而後
有鄉賢有鄉賢而後有奉祀以當事嘉意
盛事之一舉而公安邀光前垂後之典卽
卑職有名山國門之榮矣豈期天爵已亡
人心不古此輩凋敝之餘遂若置祖宗於
不問藐曠典於罔聞以致卑學無由詳復
現今招致嫡支而禁制冒濫不得不慎重
詳確以報盛舉伏候　憲裁

一興名宦以光全舉

學宮脩建名宦鄉賢併列大成門左右鄉
賢興復而名宦聽其淹沒無傳典猶闕也
但以他省姓氏世遠年沿難於紀述非如
鄉賢之有子孫可稽有本土耆舊可詔卑
職奉命脩志或考之稗官野乘或詢之老
師宿儒蒐得自蜀漢以來功德表著者七
十六人併詳註其事蹟彙冊報道業奉批

允製主崇祀在案從此俎豆併列前賢賴
以不朽而兼使後之居官者覩先烈而各
勉爲傳人亦激勵風節之大勸也伏候
憲裁
一講六言以訂鄉約
聖學入門由講習討論以及於省察克治
知行合一也由小學節目以及於誠意正
心脩己治人之務體用合一也爲天地立

心爲萬物立命悉由於此然孔子所樂何
事顏子所好何學孟子所居何物雖身通
六藝若未有卓然自立於生身立命之原
者也故六言勸勉四科首重德行正與
臥碑立教之意同條共貫而下及樵夫牧豎無
有不爲子而言孝爲弟而言悌者但每見
故事通行究托空言無補今一以
欽定鐸書爲則而變通以藍田涑水諸法庶幾

隨地可行隨人可學如鵝湖鹿洞能令門
人泣下耳但每月或一再舉行不無公費
是在提調賢能主之壇坫以與本縣招立
義學　憲檄通行社學互相表裏講六言
正所以講聖學之實事也伏候
憲裁
一招禮生以習儀典
公安士子雖素養能文之士率多樸野文

辭固有而威儀絕無細如灑洒應對進退
之節大如見賓祭廟周規折矩之儀舉足
錯亂由於任性不加檢束全不識橫渠教
人以禮之意今畢學新輯
孔廟禮樂圖考數卷擬招報禮生數名選其素
行謹厚彬彬儒雅者訪會典家禮諸要款
畢學責令督率士子平素不時嫻習禮儀
凡遇朔望丁祭朝賀表詔諸大典先期班

次演禮必至毫無紊亂及臨時執事必誠必恪從容乎禮法之常程子所謂嚴肅整齊不惟變化氣質亦所以內外交養而全主敬之學也至公安雲貴通衢滿漢大人官長賫詔拜疏往來迎送絡繹不絕禮生一事文習學校大禮而武備
天使公典兩善之道也但優免作興皆無此項應募實難其人懇 敕提調加以優禮免

其雜徭亦郊外議禮之遺意也伏候
憲裁

一分門役以供傳喚
經制舊全書諭一員訓二員門子六名看守文廟明倫堂等處二名祭品庫子一名教官三人各一名新全書裁訓一門子一俱係分用本學士子明季千餘今始得二百七十教官無齋無署自剪茅簷不敝風雨終朝門堪羅雀故募役最難門斗三人皆卑職設法新招鵠面鳩形如木偶備數而已惟是素加體恤是以忍受饑餓尚依依不忍舍今皆願去歸農且有逃亡者現在及以後另招仍如舊例分役應用聊供傳喚士子急催上件亦官吏兩便之術也伏候
憲裁

以上共條陳壹拾貳款
順治拾叁年捌月 日訓導孫錫蕃

一奉
總督湖廣太子太保兵部尚書張 批詳
仰湖北督學道查議行繳

一奉
巡撫湖廣兵部尚書楊 批詳
仰湖北督學道查依議力行報繳

一奉
撫治鄖陽都察院白　批詳
公安荒歿學政廢弛據詳條陳足見該學
留心盛舉仰　督學道查議嚴飭力行繳
一奉
巡按湖北監察御史顧　批詳
據詳條陳學政具見該學留心盛事仰
湖北督學道查議舉行取遵依報繳
條陳十二款
十五
一奉
提督湖北學政王　批詳
據詳條陳各款俱係有裨學政仰該府即
行該縣會同該學實心釐舉端本崇化仍
各款具詳遵依以紀實效轉報
各院繳
一奉
分守上荆南道郭　批詳

據詳條陳各款皆與學政有關教導之師
盡如此湖州之風洽於海內豈致貽墻壁
具之歎哉仰府速行該縣協同該學照款
實心力行務臻成效即下其事以爲他邑
法可也此繳
一奉
分巡上荆南道王　批詳
據詳條陳十二款足徵該學擇而後言起
條陳十二款
十六
而可行蔬蒲化爲轘橋乎大約克己主敬
是學問本源以身教者從仰府即行該縣
會同該學逐款實做起來以學風化徐觀
弦歌可也此繳
隨經　府　縣逐款具詳遵依申報蒙
督學道覆詳奉
督　撫　治　按四院批行
既經該道確議前來仰即飭行繳